R 18291

1643

Chanet, Pierre

Considérations sur la sagesse de Charon

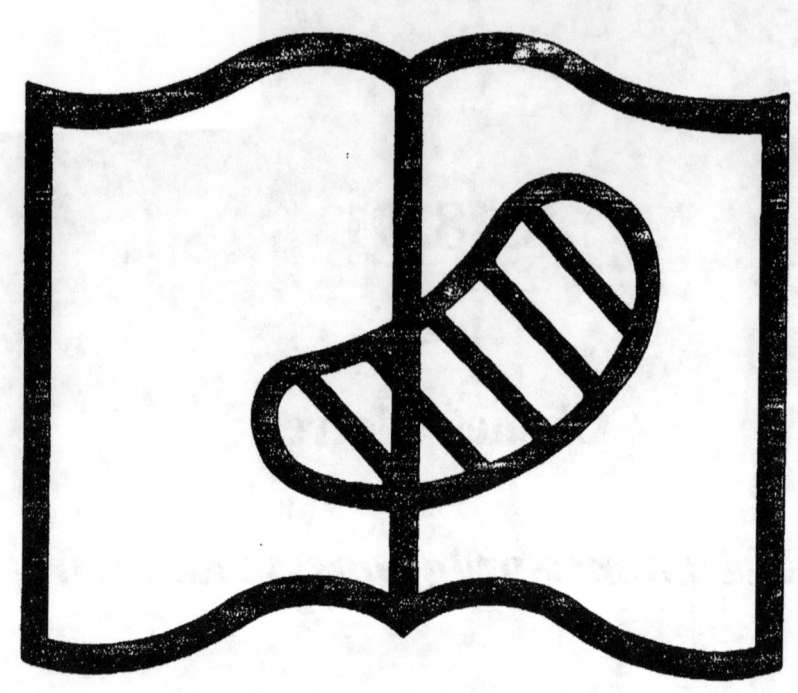

Symbole applicable
pour tout, ou partie
des documents microfilmés

Original illisible

NF Z 43-120-10

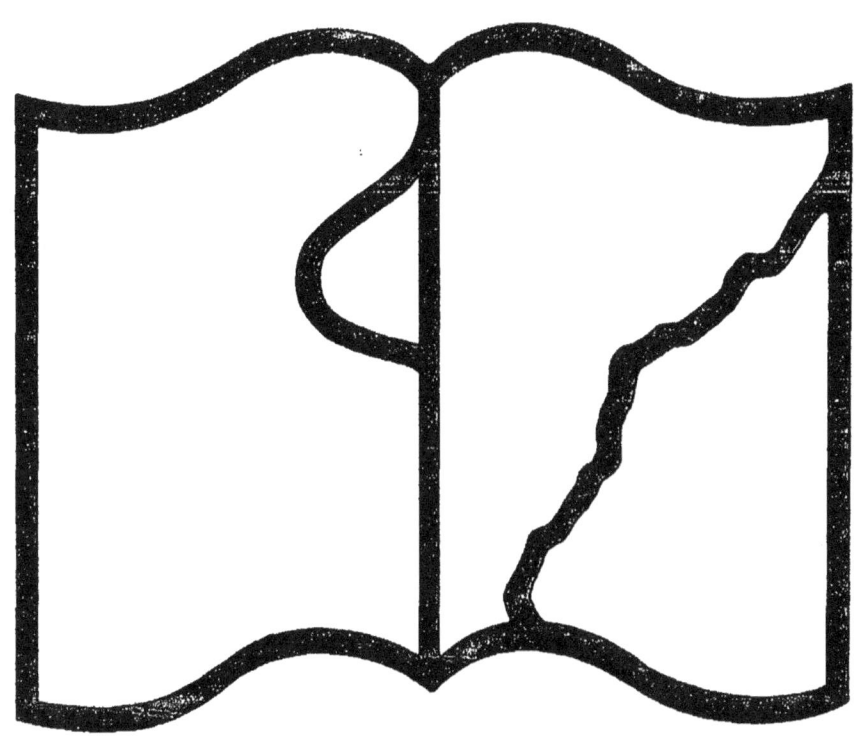

Symbole applicable
pour tout, ou partie
des documents microfilmés

Texte détérioré — reliure défectueuse

NF Z 43-120-11

P.

(Por Pierre Chanot, d'auprès Barbier
et Biard)

CONSIDERATIONS SVR LA SAGESSE DE CHARON.

R...

(Par Pierre Chanol, d'apres Barbier
et Brunet)

R 977
+2767.
1

18291

CONSIDERATIONS SVR LA SAGESSE DE CHARON.

EN DEVX PARTIES.

Par M. P. G. D. en M.

A PARIS,
Chez CLAVDE LE GROVLT, ruë S.
Iacques, proche S. Benoist.
Et IEAN LE MIRE, au dessus de sainct
Benoist, au Chef S. Iean.

M. DC. XXXXIII.
Auec Priuilege du Roy.

AVX LECTEVRS.

CEvx à qui i'ay communiqué cét ouurage, m'en ont tousiours promis de si petites loüanges, que ie seray satisfait de les ouïr donner à tout autre. Aussi bien n'escris-je pas pour acquerir de la reputation, ny pour me faire connoistre; mais seulement pour donner à quelqu'autre la curiosité de bien estudier ces matieres, & les expliquer auec plus de soin qu'elles n'ont esté iusques à present. Ainsi il ne faut point s'estonner, si le peu d'honneur qu'on m'a fait esperer de ce liure, ne m'a pas empesché de le faire imprimer. Et ie l'eusse fait il y a plus de six ans, si mes amis me l'eussent voulu permettre, & s'ils ne m'eussent dit, que ceux qui ne me connoissoiēt pas, m'accuseroient de vanité, ou de malice; que quelques-vns ne prendroient cecy que pour vn attentat fait à la reputation de Charon. Que ceux mesmes qui me connoissoient, trouueroient estrange qu'vn homme de mon âge entreprist au sortir de l'Eschole, de dire son auis des sentimens d'vn Autheur, qui est mort plusieurs années deuant que ie fusse né, & qui se peut vanter qu'en sortant de ce monde, il y a laissé beaucoup d'honnestes gens qui sont admirateurs de ses escrits, & partisans de sa doctrine. Cét aduertissement supprima ce liure, & en fit mourir pour quelque temps le dessein. Enfin ie me suis imaginé, que pourueu qu'on n'en connust point l'Autheur, il pourroit plaire à quelques-vns; & qu'il y auoit trop de sortes d'esprits au môde, pour n'y rencontrer pas des approbateurs. Aprés, i'ay consideré, qu'encore que les maximes que ie condamne soient approuuées de beaucoup de personnes, elles ne peuuent pourtant pas plaire si vniuersellement que celles que ie defens: Et qu'ayant voüé ce trauail à l'explication des opinions qui sont receuës de tout le peuple, & enseignées dans toutes les Escholes de l'Europe, ie ne deuois pas craindre d'estre tout seul de mon party, ny que mon dessein fust condamné, que de ceux qui prônent Charon pour Socrate, & l'Apologie de Raimond Sebond pour l'Euangile. A moins que cela, ie ne laisse pas d'estimer Charon, & de croire qu'il doit estre estimé sçauant, & encore plus iudicieux : que son liure de la Sagesse est fort bon en gros : & qu'il y a fort peu de sçauans hommes en France, qui n'ayent profité de sa lecture. Ceux qui auront assez de loisir pour lire plus auant, verrõt que i'aime la reputation

ã iij

de cét Autheur: que ie fay valoir quelques-vnes de ses opinions, & que ie respecte toutes les autres. Car celles que ie refute ne sont pas proprement de luy, ayans esté litteralement & punctuellement transcrites de quelques autres, lesquels pour beaucoup de raisons ie n'ay pas voulu nommer. I'aurois eu le mesme respect pour Charon, si i'auois peu rencontrer quelque Autheur viuant, qui se fust declaré en faueur des opinions que ie pretens combatre. Ie considere assez le peu d'honneur qu'on peut acquerir en escriuant contre vn mort, & cōtre vn liure dont la reputation est desia bien establie. Il eust fallu en dire son auis, lors qu'on deliberoit encore du iugement qui s'en deuoit faire. Ce n'est pas que ie voulusse pour cela, auoir esté du temps de Charon; & que pour auoir esté assez heureux pour naistre en ce siecle, ie sois obligé de croire, qu'il ne me doit pas estre permis de publier mes opinions contre luy, puis qu'il semble bien permis à d'autres de démentir la doctrine d'Aristote sans l'entendre, & de condamner Platon sans l'auoir iamais leu. Mesmes i'estime qu'on ne deuroit pas blasmer ceux qui s'attaquent aux escrits des plus grands hommes, pourueu qu'on y employe du iugement & de la discretion. C'est qu'il n'y a point de si bon liure, où l'on ne puisse reprendre quelque chose, à tout le moins, qui ne doiue estre examiné. Et cela ne se peut pas si bien faire du viuant des Autheurs, comme apres leur mort; pource que les plus sages apprehendent de se faire des ennemis, & que les autres ont tant d'enuie contre ceux de leur siecle, qu'ils ne pourroient iuger de leurs ouurages auec assez d'equité, & sans aueuglement. Aussi est-ce la veritable raison, pour laquelle les Anciens n'ont recusé que les censures de ceux de leur temps. Ainsi nous ne leur faisons point de tort de les soufmettre à nostre iugement, puis qu'ils s'y sont volontairement soufmis. Ils n'ont voulu reconnoistre autres iuges que la posterité: c'est à dire, nous qui iugeons en leur cause auec authorité, leur rendans de cette sorte la iustice qu'ils nous ont demandée, lors qu'ils nous ont choisis pour leurs Arbitres: & qu'ils ont protesté de vouloir subir toute sorte de iugemens, pourueu que les iuges fussent equitables, comme ils ont creu veritablement que nous serions.

Apres cela ie vous prie de considerer, qu'encore que i'escriue icy pour le peuple, i'y traite pourtant des questions d'Eschole assez difficiles: & qu'ainsi il ne faut pas trouuer estrange, si ie n'ay pû en éuiter tous les termes, & si ie les ay quelquefois repetez en toutes les lignes d'vne mesme page, pluftoft que d'en fubftituer quelques autres, qui n'euffent pas efté également propres. I'ay principalement trauaillé à me rendre intelligible, ayant au refte tellement negligé mon ftile, que vous verrez bien que ce n'eft pas par là que i'ay effayé de plaire: & que bien loin de fonger aux enrichiffemens, & aux pointes, i'ay laiffé des rudeffes que i'euffe bien pû corriger. Outre les fautes que i'ay fait, il en eft encore furuenu, qui ne font pas de moy. Elles font d'vn perfonnage, à qui i'auois donné mon manufcrit à mettre au net, auec ordre d'enuoyer la copie à Paris, fans qu'vne maladie que i'auois lors, me permiff d'en examiner la fidelité. Ainfi il n'a plus efté temps d'y remedier, lors que i'ay reconnu qu'il auoit bien fouuent changé l'orthographe, & plus fouuent encore la punctuation. En beaucoup de lieux il a changé les mots, renuerfé l'ordre & le sens de quelques periodes, & si fort meslé son stile parmy le mien, que cela fait quelquefois vne bigarrure assez estrange. Ce n'est pas que ie le vueille accuser de toutes les bassesses qui se rencontreront en ce traité, ny que ie pretende me descharger sur luy de toutes les autres fautes que vous y remarquerez, puis que la pluspart ne viennent que de ma negligence. Desorte que ceux qui ne lisent les liures François, que pour apprendre à mieux parler nostre langue, feront bien de s'adresser ailleurs. Ie ne pretens pas leur enseigner ce que ie n'ay iamais appris. Ie ne me suis seulement pas efforcé de rendre mon liure recommendable par là, m'estant desia accoustumé en toute autre chose, à ne vouloir que ce que ie puis. En celle-cy mon impuissance a heureusement secondé mon inclination, en sorte que quäd ie serois capable d'obseruer toutes les puretez, & toutes les delicatesses du langage, ce ne seroit pas dans vn traité de Physique que ie les voudrois obseruer : ayant remarqué en beaucoup de liures François, que plaire par la beauté des paroles, & persuader par la force des raisons, sont deux choses presque incompatibles. C'est que nostre langue n'a pas encore tout ce qu'il luy faut pour cela. Toutes les plus belles expressions de nos Escriuains tiennent si fort la metaphore, qu'il est impossible qu'elles soient bien propres pour exprimer ce qu'ils veulent dire. D'ailleurs les plus propres de leurs beaux mots sont encores si nouueaux, qu'ils ne sont bien entendus que des Autheurs qui s'en seruent. Il n'y a que l'vsage qui les puisse rendre assez significatifs parmy le peuple ; lequel n'approuuant pas toutes ces nouueautez, ou bien y arrestant son esprit plus qu'il ne faudroit, cela l'empesche de iuger de la verité des choses. Pour moy, encore que le sujet que ie traite m'eust pû permettre beaucoup de liberté pour les ornemens, ie n'ay voulu employer que les plus naturels, afin que personne ne se desfiast de mes raisonnemens, & que hors l'éclaircissement, ils ne deussent rien aux paroles, qui seruent à les expliquer. I'ay encores à vous supplier, de ne iuger point de la peine que m'a donné ce liure, par ce que vous en verrez dans les trois premiers Chapitres ; lesquels i'eusse retranché, ou bien caché en quelqu'autre endroit, n'estoit le bruit que nos Aduersaires font sur cette matiere, ou que l'ordre que tient le principal d'entr'eux, ne m'eust point obligé de commencer par là. Au reste, i'espere que personne ne trouuera estrange, si voulant prouuer qu'il n'y a que les hommes qui soient capables de raison, & expliquer quelques autres questions de la Physique, ie fay quelques emprunts sur les maximes de la Medecine, veu le rapport qui est entre ces deux sciences. Outre que toutes les sciences doiuent ce respect à la verité, que de luy fournir des explications & des preuues, sur quelque sujet qu'on l'examine. Et sur tout, puis qu'elles sont toutes des productions de la raison de l'homme, elles sont aussi toutes interessées à l'honneur de leur mere. Et elles ne font que des actions de deuoir & de bien-seance, lors qu'elles s'efforcent d'oster cét aduantage aux bestes, pour le conseruer à l'homme seul, à qui elles doiuent tout ce qu'elles sont.

TABLE
DES CHAPITRES
de la premiere Partie.

QVE l'homme est la fin du monde, chap. 1. pag. 1.

Que tous les Mixtes sont pour l'vsage de l'homme, chap. 2. p. 21.

Que l'opinion que plusieurs ont de la raison des bestes, ne contrarie point la creance de nostre immortalité, ch. 3. p. 46.

De la difference, qui est entre la raison & l'instinct, chap. 4. p. 56.

Preuues de l'instinct en general, auec la responfe aux principales obiections, qui se peuuent apporter contre cette doctrine, chap. 5. p. 73.

Que les actions les plus merueilleuses des bestes, doiuent plustost estre rapportées à l'instinct, qu'à la raison, ch. 6.   p. 103.

Autres preuues, que les bestes ne raisonnent point, chap. 7.   p. 127.

Responce aux argumens que Charon apporte, pour prouuer la raison des bestes, chap. 8.   p. 148.

Que la discipline, de laquelle les bestes sont capables, n'est point vne marque de leur raison, chap. 9.   p. 160.

Examen des histoires que Charon a tiré de Plutarque, & de quelques autres Autheurs, chap. 10.   p. 191.

Du sixiesme sens, chap. 11.   p. 210.

Que la parole est propre à l'homme, ch. 12.   p. 235.

TABLE DES CHAPITRES
de la seconde Partie.

DE la certitude des sens, chap. 1. pag. 257.

Que nostre raison ne se contrarie point à elle-mesme, chap. 2. p. 257.

Que ce n'est point vne temerité de se fier à son propre iugement, & le preferer à celuy de tous les autres, ch. 3. p. 288.

Qu'vn mesme homme peut auoir toutes les facultez de son ame également parfaites, chap. 4. p. 304.

De la connoissance de nous-mesmes, ch. 5. pag. 335.

Opinions de Charon, touchant les loix de la Nature, chap. 6. p. 366.

Qu'vne loy ne laisse pas d'estre naturelle, encore qu'elle ne soit pas receuë vniuersellement de tout le monde, ch. 7. p. 382.

Qu'il y a des loix, dont la iustice a esté vniuersellement reconnuë, ch. 8. p. 409

Qu'il y a des coustumes plus conformes à la Nature, que celles qui leur sont contraires, chap. 9. p 425.

De la coustume d'enterrer les morts, ch. 10. pag. 445.

CONSI-

CONSIDERATIONS SVR LA SAGESSE DE CHARON.
PREMIERE PARTIE.

Que l'Homme est la fin du Monde.

CHAPITRE I.

YANT entrepris de faire voir en cette premiere Partie les veritables aduantages de l'Homme; i'ay creu deuoir commencer par cette question, dautant qu'elle est necessaire pour l'esclaircissement des difficultez qui suiuent : outre qu'elle sera la plus facile, ayant desia esté expliquée par beaucoup

A

d'Autheurs, qui souſtiennent auec le commun des hommes, que tout le monde n'eſt fait que pour nous: & que celuy qui le crea ne le compoſa de tant d'eſpeces, & ne le meubla ſi richement que pour nous y loger plus à noſtre aiſe, & fournir plus de diuertiſſement à noſtre eſprit. C'eſt là le ſentiment de tous les peuples: que les Cieux ne roulent que pour nous; que c'eſt pour nous que les ſaiſons ſe changent, & que les pluyes tombent en leur ſaiſon ſur la terre. Il n'y a que Charon & fort peu d'autres, qui nous veulent diſputer ce priuilege, ſoutenant que les plus chetifs animaux, par exemple, les oiſons en peuuent dire autant, & peut-eſtre plus iuſtement, & conſtamment. Nous ne nions pas que tous les animaux n'ayent leur part aux effects de la Prouidence, & que le gouuernement du monde ne ſe faſſe en partie pour leur bien, [*soit*] ſans pourtant que cela nous puiſſe empeſcher de conclure, que l'homme eſt la fin du monde, le tout ſe rapportant à luy comme à vne derniere fin: De fait lors que nos Aduerſaires auront plaidé pour les oiſons, & monſtré que l'ordre qui eſt au monde, eſt en quelque façon eſtabli pour eux, il nous sera aisé de leur monstrer que les oisons nous seruent, & que le Ciel ne leur fait du bien que pour nostre vtilité; de sorte que ce qui a son raport à ces animaux comme à vne fin, se raporte encore plus proprement à nous, comme à vne fin derniere & principale. Nous leur aduoüons apres cela, que les hommes ont quelque soin des oisons, & que quelques-vnes de nos peines sont pour leur conseruation: neantmoins il n'est pas difficile à deuiner qui sont les maistres, ou nous, ou ces pauures animaux; pource qu'encore que nous ayons quelques petits soins pour eux, ils sont beaucoup moindres que ceux que nous auons pour des valets, & moindres encore que ceux que les Topinamboux ont pour leurs captifs, lors qu'ils les engraissent, en attendant la solennité de leur feste: cependant personne ne se met en peine de sçauoir, qui sont les maistres de ceux qui engraissent, ou de ceux qui sont engraissez, pource que le temps fait facilement comprendre à quelle fin c'est que ces sauuages prennent tant de soin de leurs prisonniers. Il en est tout de mesme du soin que nous auons des autres animaux; nous ne nourrissons des oi-

A ij

sons que pour nous, & eux-mesmes ne viuent pas pour autre fin, ne se chargeans de plumes que pour nous en payer le tribut vne ou deux fois l'année, & nous donner de quoy mieux reposer, & de quoy pratiquer vne de nos plus belles inuentions, qui est l'Escriture: ainsi on peut dire, qu'ils contribuënt eux-mesmes à leur abaissement, fournissans aux Escriuains des plumes, qui seruent à rehausser l'homme par dessus tout ce qui est au monde. Leur chair nous sert de nourriture, il n'est pas iusques à leurs excremens, dont ie n'aye leu que les Pharmaciens preparent des remedes contre certaines maladies, qui ne cedent pas, disent-ils, à l'actiuité de tous les autres: De sorte qu'il est bien raisonnable de dire que ces animaux sont faits pour l'homme, puis qu'ils n'ont rien qui ne luy serue, au lieu que l'homme n'est ny pour les oisons, ny pour les pourceaux, encore qu'il en prenne quelque petit soin, pour les faire puis apres seruir à sa nourriture. De la mesme façon les Cieux & les Elemens, ne sont pas à proprement parler pour ces animaux-là, encore qu'ils soient vtiles à leur conseruation, pource que tout cela se raporte à l'homme.

Il est encore plus considerable, que de tous les animaux il n'y a que l'homme à qui tout le monde serue, estant tres certain que la plus grande partie du monde auroit esté creée inutilemét s'il n'y auoit point d'hommes, lesquels se seruent de tout, & sçauent tout employer à leurs vsages. Ie commenceray par le Ciel, duquel la vaste estenduë, & toutes les diuersitez ne peuuent estre que pour l'homme, non plus que tant de mouuemens contraires, qu'ils font à mesme temps sur diuers poles. Les bestes n'admirent point toutes ces beautez, puis qu'elles ne peuuent pas seulement les reconnoistre; Elles ne sçauent point la grandeur des Estoilles, qui seruent d'ornement au Ciel, ny que c'est l'esloignement qui les fait sembler petites. Elles ignorent les causes de cét esloignement, qu'vn chacun de nous peut lire dans les liures des Astrologues, où on verra qu'vne des principales raisons, qui *pour lesquelles sont* les a placées si haut, est pour nous faire admirer celuy qui les y a mis, ce qui ne peut estre reconnu par les bestes, puisque ceux d'entre les hommes, qui ignorent l'Astronomie, & qui ne sçauent pas se seruir de ses outils, ne peuuent soubçonner qu'vne petite partie de cette grandeur; mais ils s'en rapportent facilement à ce que les Sçauans leur en disent, & se laissent conuaincre par l'euidence de leurs demonstrations. Ainsi iusques à ce que nous ayons trouué l'inuention d'enseigner l'Astrologie aux bestes, ou que nous les ayons veu se seruir des instrumens, qui sont necessaires pour approcher des choses si esloignées, nous serons excusables de croire qu'elles n'en sçauent rien, & qu'elles ne se mettent pas en peine de le sçauoir, n'y ayant que l'homme qui s'expose à la nuit seulement pour ce dessein, & qui prefere cette connoissance à son repos. C'est encor pour le bien de l'homme que les saisons se changent, & sont si fort diuersifiées que nous les voyons; s'il estoit au choix des oisons, & de presque tous les animaux, nous n'aurions autre saison que le Printemps; le Ciel par ses influences ne feroit aucune diuersité en la terre, toute la terre seroit en prairies, enuironnée de riuieres & de mers, tous les animaux y trouueroient ce qu'il leur faut. Ce n'est pas que certaines especes n'ayment dauantage vne autre sorte de terroir, mais toussiours est-il certain que chaque espece d'animaux ne demande qu'vne seule sorte de pays & de Climat, qu'il n'y a qu'vne sorte de terre & vne sorte d'air qui luy plaise, & qu'il n'y en a point qui se puisse vanter que tout luy sert, & que tout luy est commode. L'homme est seul qui tire profit des diuerses saisons, & des diuersitez de la terre, il trouueroit cette terre desagreable si elle estoit tout d'vne sorte, il y veut des montagnes aussi bien que des prairies: mesmes il ne trouue pas que le monde soit assez diuersifié à son gré, puis qu'vn chacun de nous s'efforce de renfermer toutes les diuersitez de la Nature dans vn petit champ, & dans vn seul iardin, dedans lequel nous essayons d'auoir toutes les saisons à la fois. Nous y faisons vn hyuer durant la Canicule, par le moyen des fontaines & des ombrages, nous y conseruons la neige & la glace pour les faire seruir à nos plaisirs, au lieu que durant le plus fort hyuer, nous ramassons en fort peu d'espace tout ce que nous pouuons auoir des rayons du Soleil, rappelans l'Esté des Climats qui nous sont les plus esloignez. Le Printemps nous importuneroit s'il duroit toute l'année, à cause que nous aymons la varieté:

mais il seroit indifferant aux plantes, l'hyuer ne leur seruant qu'à cause qu'il y a eu vn Esté, & afin de reparer ses dissipations: s'il n'y auoit point eu d'hyuer la chaleur du Printemps suffiroit pour la production des fruits aussi bien que des fleurs, comme cela se voit en de certaines regions fort temperées.

Ce n'est donc pas vne grande temerité à l'homme d'attribuer à ses vsages tous les mouuemens du Ciel, & le changement des saisons. Mais disent nos Aduersaires, ces grands Cieux dont nous admirons l'estenduë, se remueroient-ils bien pour si peu de chose, & pour vne si petite creature comme est l'homme, n'est-ce point plustost pour eux-mesmes? n'ont-ils point quelqu'autre raison, que nous n'auons garde de soubçonner, puisque nous leur ostons la raison, encore que nous tenions du Ciel tout ce que nous en auons? Ie respons, que nous ne tenons point nostre raison du Ciel, mais seulement de celuy qui a fait le Ciel, & qui le gouuerne, lequel ne nous a donné cette raison que pour sa gloire. C'est cette mesme raison qui nous a persuadé que le Soleil n'en a point du tout: Au moins nous sommes obligez d'en parler ainsi, pource que nous ne le connoissons que par sa lumiere & son mouuement, où nous ne trouuons rien de raisonnable. Premierement, la lumiere n'est ny la cause, ny l'effect de la raison, & par consequent ce n'en peut estre vn signe, ny vn indice qui soit naturel. D'autre-part ce grand mouuement du Soleil estant tousiours vniforme, & reglé d'vne mesme sorte, ne peut pas estre vn effect de la raison, ny d'aucune deliberation raisonnable, mais vn effect purement naturel d'vn principe necessaire & inuariable. C'est encore la raison qui a persuadé les Philosophes, que les Cieux ne branloient pas pour eux-mesmes, ny pour vne fin qui leur fust vtile, pource, disent-ils, que toutes les situations leur doiuent estre indifferentes, comme nous apprenons de ce mesme mouuement; car s'il estoit institué pour le propre bien du Ciel, ce seroit pour l'approcher de ce bien, & le faire iouïr en repos du but qu'il s'y seroit proposé. Mais nous ne voyons point qu'vne Planete qui va d'Occident en Orient s'y areste y estant arriuée; elle s'esloigne de ce terme auec autant de vistesse qu'elle en auoit employé pour s'en approcher. C'est d'où les Philosophes ont inféré que ce n'estoit point pour eux-mesmes que les Cieux se remuoient, mais pour quelque autre fin, de sorte qu'il faut que ce soit pour les mixtes qui sont dans le plus bas estage du monde, & que l'homme ayt raison d'y prendre la meilleure part.

Apres cela nos Aduersaires nous reprochent, que si nous auions bien consideré la domination & la puissance que les Cieux ont sur nos vies, sur nos conditions, & sur nos volontez, que nous ne les rabaisserions pas iusques à nos vsages. Ie responds que les Cieux ne peuuent rien sur nos volontez, comme l'aduoüent les plus grands Partisans de l'Astrologie iudiciaire, c'est plustost nostre volonté qui corrige les influences de ce Ciel, nostre liberté nous faisant mocquer des menaces des Astres, lesquels nous maistrisons en quelque façon, puis qu'ils ne nous fournissent que des inclinations tres-legeres, & qui ne sont point à l'espreuue des resolutions de nostre volonté: ce qui ayde à nous confirmer que nous sommes les maistres du monde. En recompense ie veux bien reconnoistre que les Cieux alterent nostre santé, & qu'ils causent des changemens à nostre vie, sans que delà on puisse inferer que les Cieux ne sont pas faits pour nostre vsage, puisque les viandes que nous mangeons font bien la mesme chose. Au contraire on peut prouuer que les Cieux nous seruent, puis qu'ils aydent à nostre destruction. Estant tres-certain que la Nature a vn si grand soin d'éuiter les violences qui accompagneroient les corruptions, qu'afin de les adoucir elle n'employe pour cela que ce qui d'ailleurs peut estre vtile au corps qui se corrompt. D'autre part c'est que cette Nature ayant dessein de faire vn eschange perpetuel de generations, & de corruptions, & de rendre plus ineuitable la corruption de chaque estre particulier, n'employe à sa conseruation que les mesmes choses qui peuuent contribuer à sa ruine. C'est de cette façon que les mesmes Elemens qui nous composent, & les mesmes alimens qui entretiennent nostre vie, contribuent à la ruiner ; de sorte qu'il ne faut point trouuer estrange si les Astres qui nous esclairent font la mesme chose, ny en inferer qu'ils ne seruent pas à nos vsages. Si nous auions dauantage de connoissance du Ciel, & de ſes mouuemens, nous pourrions en tirer des preuues pour noſtre ſentiment, plus fortes que celles dont ie me ſuis ſeruy : Tout ce que i'en pretends eſt de mõſtrer que toute la connoiſſance que nous en auons, nous porte beaucoup pluſtoſt à ſouſtenir l'opinion commune de tous les hommes qu'à la refuter par des comparaiſons ſi baſſes, & des raiſonnemens ſi chetifs, que ceux que nos Aduerſaires apportent contre cette opinion.

La Nature des Elemens nous eſtant vn peu mieux connuë, il ſera aſſez ayſé de monſtrer qu'encore qu'ils ſont la matiere commune de tous les mixtes, & les vrays principes dont tous les animaux ſont compoſez, neantmoins l'homme y rencontre vn aduantage particulier, c'eſt qu'il s'en peut dire le maiſtre, forçant leurs inclinations naturelles pour les faire ſeruir à ſes vſages : Le feu eſt le plus merueilleux en ſes effects, cependant il ſemble qu'il ne ſoit que pour l'homme. Ie ne veux point parler icy de l'opinion de ces Philoſophes, qui diſent que le Feu n'entre pas en la compoſition des corps, ny me preualoir d'vn ſentiment particulier pour la defence d'vne verité si vniuersellement receuë, que celle que ie souſtiens. Ie veux seulement dire qu'encore que la substance du feu entre en la composition de tous les mixtes, l'homme est pourtant le seul, qui puisse tirer profit des proprietez du feu, le seul qui se serue de sa lumiere, & de la grande actiuité de ce feu pour corriger les rigueurs de l'hyuer, la crudité des alimens, & faire la fusion des Metaux. Les bestes ne se preualent point de tout cela, de sorte que l'homme a raison de dire que la Nature n'eust point donné de lumiere au feu, ny vne si grande chaleur, si elle n'eust songé qu'aux bestes. Il y a bien des bestes qui mangent les viandes cuites auec plus de plaisir que les cruës, & qui l'hyuer s'approchent de nostre feu, mais ils n'ont point d'industrie de s'en seruir toutes seules, ny d'apprendre de nous comment il faut l'allumer, ou l'entretenir. Les Singes mesmes n'en furent iamais capables : car encore que l'inclination qu'ils ont pour l'imitation leur ait fait ietter quelquefois du bois dans le feu, c'estoit aussi bien en l'Esté qu'en l'Hyuer, sans dessein d'en retirer aucune cōmodité. C'est l'homme seul qui l'employe à tous ses vsages &

à ses delices, qui le gourmande à son plaisir, forçant les plus naturelles inclinations de ce feu, lors que nous le retenons icy bas par force, & le faisons sortir des mixtes quand il nous plaist, pour l'occuper seruilement à nos moindres necessitez.

L'Air a bien esté fait pour tous les animaux qui le respirent, il n'y a pourtant que l'homme qui le puisse maistriser à son plaisir, qui sache opposer des obstacles à ses violences, pour l'agiter puis apres quand il luy plaist. Il n'y a que l'homme qui sache changer les qualitez les plus naturelles de cét Air, ny le rendre susceptible d'autant d'impressions, que nous voulons qu'il en reçoiue, pour seruir à nos voluptez.

Ie ne sçaurois croire que la mer n'ait esté faite que pour les Oisons, il y a bien plus d'apparence que ce soit pour ioindre les pays les plus esloignez, pour nous ayder à la connoissance du monde, & nous faciliter la distribution de ce qui croist en diuers Royaumes. Les poissons ne s'y nourrissent qu'en faueur de l'homme, & iusqu'à ce qu'il luy plaise d'employer ses artifices pour les faire seruir à ses repas, comme ie diray plus au long cy-apres. Et peut-estre que la mer n'auroit point de reflux, si ce n'estoit pour les commoditez que les habitans des costes ont experimenté leur en reuenir. Il y a bien des animaux à qui la Mer est necessaire; d'autres qui ayment les riuieres, comme il y en a qui ne peuuent viure que sur terre. Il n'y a pourtant que l'homme qui tire son profit de tout cela, & au lieu que les autres animaux terrestres trouuent la terre plus spacieuse qu'il ne leur faut, l'homme la trouue trop petite pour ses desirs, elle n'a pû autrefois contenter l'ambition d'vn seul homme. Les autres animaux la trouuent, comme i'ay desia dit, fort grande, & se contentent du Climat où ils naissent, tant que les intemperies de l'air ne les contraignent point d'en sortir. Les hommes sçauent bien corriger ces intemperies, & s'ils changent de pays, c'est qu'ils ne s'approprient iamais si fort vne contrée, qu'ils ne conseruent le droit de posseder tout le reste, comme maistres absolus. De fait quand les hommes partagent la terre entr'eux, ils ne laissent point de part pour les bestes qui l'habitent, & ne leur destinent que ce qu'ils ne daignent pas occuper.

Les hommes font encore mieux reconnoistre la superiorité qu'ils ont au monde, lors qu'ils prescriuent des bornes à la mer, & qu'ils la reculent pour leur commodité, au lieu que d'autres fois nous contraignons la terre de luy faire place, & d'ouurir son sein pour receuoir cette mer aussi auant que nous voulons. Et encore que la terre ait éleué en beaucoup d'endroits des colines & des montagnes, afin d'arrester les cours de cette mer, ce n'est pourtant que sous nostre bon plaisir, & iusqu'à ce qu'il plaise à quelqu'autre Xerxes d'enleuer tous ces empeschemens, de faire vne isle de toute l'Afrique, & de partager l'Amerique en deux portions presque esgales. Maintenant que tout le reste des animaux complote de changer l'estenduë de la Mer, & de remuer les bornes qui sont sur la terre afin de s'en dire les maistres, qu'ils y employent toutes leurs forces, qu'ils concertent tous leurs artifices, iamais ils n'y acquerront aucun tiltre de maistrise, & ne fourniront iamais aux disciples de Charon aucun acte de leur superiorité.

Apres les Elemens deuroient suiure les Meteores, afin de prouuer que la nature les a destia destinez aux vsages de l'homme; ce qui n'est pourtant pas necessaire pour mon dessein, pource que tous les Meteores sont des monstres, & des ouurages par accident, qui sont faits contre l'intention de la Nature, laquelle n'assemble jamais les Elemens qu'à dessein d'en faire de vrais mixtes. De sorte que Nature n'arrestant point sa fin à vn assemblage confus, comme est celuy des Meteores, elle n'est pas responsable de leur extrauagance, au cas qu'ils ne soient pas assujettis à l'homme, & qu'il n'en puisse pas disposer à sa volonté. Ce qui n'empeschera pourtant pas que nous ne fassions vne reueuë generale sur les principales especes de cette sorte de confusions, n'y en ayant presque pas vne qui ne serue à l'homme, & à ses necessitez corporelles : les autres sont l'objet de ses connoissances, quelques-vnes ne sont que pour luy seulement. De fait quand ie considere la Manne, cette espece de rosée plus merueilleuse en sa production, qu'elle n'est encor en ses effets, ie comprens bien aisément que l'homme est bien considerable à la Nature, puisque dans ses erreurs & ses esgaremens elle a soin de nos profits. Il n'y a encor que l'hom-

B

me seul qui sçache se seruir des vents pour les voyages sur mer, & pour faire reüssir tant d'autres artifices dessus la terre. De nostre temps les Holandois ont pratiqué l'inuention de certains chariots, qui monstrent euidemment qu'il ne tient qu'à nous si nous ne disposons pas absolument de toute la Nature, & si les vents ne nous rendent en tous lieux l'hommage de toute leur force. Les autres Meteores ne nous sont pas inutils, il n'est pas iusqu'à la glace qui ne soit vtile en certain pays, & qui n'y soit souhaitée en sa saison, afin d'y rendre le trafic & la communication plus faciles. Nous en retirons d'autres profits, mesmes durant les plus grandes chaleurs, lors que pour nous monstrer les maistres de la Nature nous conseruons cette glace en despit de l'Esté & de ses ardeurs, pour la faire seruir aussi bien que la neige à nos rafraichissemens & à nos delices. Si les Cometes & les foudres ont quelque vtilité, ou quelque fin, ce ne peut estre que pour les hommes seulement, seruans quelquefois de chastimens à leurs crimes, & quelquefois de presage à leurs malheurs. La Philosophie ne nous a encore point enseigné dequoy les Cometes peuuent seruir aux bestes. Mais on sçait bien que s'il n'en paroissoit iamais, l'homme y seroit fort interessé, perdant vn des plus agreables obiets de sa connoissance, & vne des plus belles parties de sa Physique. En general il n'y a point de Meteore, qui n'occupe puissamment l'esprit de l'homme, qui ne luy fournisse vne belle occasion de se produire, qui n'exerce toutes les contemplations dont il est capable, & qui enfin ne le porte plus loin que toute la Nature, nous faisant comprendre que cette Nature & tous ses reglemens releuent d'vne puissance superieure, qui interrompt bien souuent l'ordre du Monde, pour nous y faire voir des monstres & des prodiges, qui ne laissent pourtant pas d'auoir leurs vsages. Le Tonnerre est vn des plus grands dereglemens de cette Nature, cependant il nous sert à beaucoup de choses. La pluye & les pierres qui l'accompagnent bien souuent, ne laissent pas d'auoir leurs vtilitez, à ce que disent ceux qui les ont experimentez. Cette violence si espouuentable nous a fourny la curiosité d'en deuiner la cause, & nous porté si auant, que nous l'imitons maintenant

B ij

par nos artifices. Personne n'eust creu deuant l'inuention de la poudre à Canon, que l'homme pût disposer du Tonnerre & des foudres, ny qu'il pût par le moyen des mines les mesmes choses, que la terre souffre durant ses tremblemens, ie veux dire esgaler des vallées, & renuerser des montagnes, malgré la Nature, qui les auoit rehaussé si superbement. Il n'est pas necessaire que ie fasse vne description particuliere de tous les Meteores pour faire cette conclusion generale, qu'ils seruent tous au profit de l'homme, & pour inferer en suite qu'ils ne seruent point aux bestes, qui ne retirent aucun profit de tout ce qu'il y a de Meteores, si ce n'est que vous exceptiez la pluye & la rosée. Encore n'y a-t'il que l'homme qui s'en puisse dire le maistre, ny qui en sache corriger les excez, suppléer les defauts, & faire pleuuoir artificiellement sur la terre.

Que tous les Mixtes sont pour l'vsage de l'homme.

CHAPITRE II.

LEs Mixtes sont communément diuisez en trois especes, dont la premiere est celle des Mineraux, à la production desquels la Nature a trauaillé auec beaucoup de soin, acheuant dans le sein de la terre beaucoup de sorte de corps, qui sont tresparfaits, & tres-parfaitement mesſangez, accompagnez d'vne grande durée, quelquefois d'vne incorruptibilité, & de plusieurs autres perfections, qui les font beaucoup estimer parmy les hommes. Aussi ne sont-ils faits que pour eux seulement, n'y ayant entre tous les animaux que l'homme seul, qui se puisse approprier les Metaux, les pierres precieuses, les eaux minerales, les Aluns, les Vitriols, les Souffres, les Bitumes, & tant d'autres sortes de corps, qui demeuroient enseuelis iusqu'à la fin du monde, sans l'auarice industrieuse des

B iij

hommes, & sans l'vtilité qui leur en reuient. La Nature ne les auoit pourtant point fait sans dessein, ce ne sont point productions monstrueuses contre l'intention de la Nature. Elle y a trauaillé auec tant d'artifice, qu'il est bien aisé de voir qu'elle s'y vouloit faire admirer, ce qu'elle n'auroit peu faire s'il n'y auoit au monde que des Oisons, & de ces animaux, qui n'ont ny curiosité, ny industrie. Ce n'est point pour eux que le fer a tant de dureté, que les Diamans sont si esclatans, & que l'Aimant marque les Poles du monde. De sorte que de trois genres souuerains, qui diuisent tous les Mixtes, nous en auons vn tout entier, que les hommes ont droit de s'attribuër, sans apprehender que les bestes en partagent la possession. C'est en cette occasion que les disciples de Charon doiuent confesser l'ingratitude dont ils vsent enuers la Nature, & auouër qu'elle ayme bien l'homme, puis qu'elle a destiné le tiers de ses ouurages à nos profits & à nos contentemens.

Il semble y auoir dauantage de difficulté en ce qui concerne les Vegetaux, parce que veritablement les plantes ont esté créées pour la nourriture des bestes, qui ont droit de se les approprier ; mais pour cet vsage seulement, puis qu'à proprement parler, elles n'en retirent aucune autre vtilité qui soit considerable. De sorte que si la Nature n'auoit consideré que les bestes lors qu'elle a produit les plantes, elle n'en eust pas fait de tant d'especes, il luy suffisoit de faire croistre du foin & de l'auoine en tous les endroits de la terre, & en toutes les saisons de l'année, afin de fournir la pasture à ces pauures animaux, lesquels la Nature a si fort negligé, qu'ils mourroient bien souuent de faim & de froid pendant l'hyuer, si nous ne leur faisions part des fruits de nostre preuoyance. Ce n'est point pour les bestes que la terre produit tant d'herbes de mauuais goust, ny tant d'autres plantes medecinales, dont l'vsage n'est que pour des personnes raisonnables, quelque opinion que le monde puisse auoir de l'industrie de certains animaux, dont il se fait tant de relations fabuleuses. Ie veux qu'elles soient veritables, il sera encor plus vray que les plus nobles d'entre les plantes, c'est à dire les arbres, ne sont que pour les hommes, ils ne produiroient presque point de fruict, sans le soin que nous auons de les cultiuer ; & ceux qu'ils produisent se pourriroient pour la plufpart, & sans aucune vtilité, si nous en ignorions les vsages. Ces arbres renferment du bois sous leurs escorces, qui n'est vtile que pour l'homme, & que la Nature auroit fait sans dessein, s'il n'y auoit que des bestes au monde. C'est pour les hommes que les forests produisent du bois de tant de sortes, & de tant de differentes couleurs, qui est vne diuersité qui nous est fort vtile, & que nous employons à des desseins tous differens, mais qui seroit inutile à toutes les bestes qui sont au monde.

Parmy les herbes celles qui produisent les belles fleurs doiuent estre les plus estimées, pource que la Nature y estale plus de richesses, & y fait montre de certaines beautez, que les animaux ne considerent seulement pas. Ils ne font point estat des roses, ils marchent sur les tulipes & sur les œillets, auec vne si grande indifference pour ces merueilles, qu'il faut conclure qu'elles n'y demandent point de part. C'est pour la recreation des hommes que la Nature en a voulu parer la terre, les distribuant à chaque saison de l'année, de peur de laisser eschaper aucun iour sans se faire admirer par cette sorte de productions. Il faut estre extrauagant pour croire que les fleurs n'ont esté diuersifiées de couleurs, que pour estre mangées par les bestes. Mais plustost il faut dire, que puis qu'elles ont des qualitez qui leur sont particulieres par dessus les autres plantes, qu'aussi elles ont des vsages qui leur sont propres, & qu'elles n'ont esté enrichies de tant de belles couleurs, que pour estre regardées.

Apres cela ceux qui considereront que le blé n'est que pour les hommes, puis qu'il ne subsiste que par leurs soins, depuis qu'il a esté recommandé à leur prouidence, que la vigne se charge d'vn suc si excellent, & les arbres cocos de tant de raretez; ceuxlà, dis-je, ne pourront croire que les plantes les plus vtiles soient pour des bestes, qui ne s'en sçauroient seruir. Que s'ils viennent à considerer ce que les herbes du lin & du chanvre, & celles qui portent le cotton, enferment dans leurs tuyaux, ou font esclore par des boutons, ils ne pourront comprendre comment c'est qu'vn autheur iudicieux a pû escrire que les Oisons se croyent aussi bien que nous les maistres du monde, & qu'il ne se presente rien à leurs yeux qu'ils ne se l'attribuent.

Les hommes ont bien dauantage de raison, lors qu'apres s'estre attribué ce qu'il y a de plus beau & de plus excellent parmy les plantes, ils ne veulent pour cela rien relascher des pretentions qu'ils ont sur les plus viles, & les plus chetiues, puis qu'il n'y en a pas vne qui ne leur soit vtile, encore qu'il semble y auoir quelque difficulté pour beaucoup d'herbes, qu'on croit estre inutiles ; cependant les Naturalistes ne sçauroient nommer vne herbe, dont les hommes se puissent passer sans s'incommoder en quelque chose, ou à tout le moins sans en regreter la perte. Les vnes seruent à nostre nourriture, les autres à la guerison des maladies; quelques-vnes pour les teintures, & des plus communes, & des plus mesprisées. Les pauures en font du feu, ou bien nous en nourrissons des bestes qui nous seruent. Mesmes il n'y en a point, dont quelquefois nous ne soyons bien aises de repaistre nostre faim, suppleant par là au defaut de nos viandes ordinaires. La famine a souuent mis les Chardons & les Orties en credit parmy les hommes, leur faisant remercier la Nature, & sçauoir gré à la terre de ce qu'elle en est si liberale. Les curieux ramassent toutes les plantes en leurs iardins, toute la terre n'en produit pas assez pour leurs desirs, ils employent des soins tres-penibles pour conseruer ce qu'ils en ont, & s'hazardent aux perils d'vn long voyage pour en auoir qui ne soient pas communes, n'eussent-elles aucune vertu, comme on parle. Ce n'est pas que toutes les plantes n'ayent d'admirables qualitez, & qu'elles n'ayent toutes des vertus tres-vtiles à l'homme, sans excepter la Ciguë, & les autres qui nous empoisonnent, dont les vtilitez sont assez connuës. Il est vray que les vertus de beaucoup d'autres sont tellement cachées, que cela nous fait souuent regretter la perte de ces beaux liures, que le plus sçauant de tous les hommes auoit escrit sur cette matiere, n'y ayant point moyen maintenant de reparer cette perte. Neantmoins qui voyageroit par tous les endroits du monde, & s'y enquerroit des facultez de toutes les plantes qui croissent en chaque lieu, apprendroit sans doute qu'il n'y a point d'herbe si inutile parmy nous, qui ne soit employée vtilement en quelque part. Mesmes ie croy que qui assembleroit tous les Medecins de l'Europe, verroit qu'ils ne pourroient s'accorder d'aucune herbe qu'ils creussent tous estre inutile, & dont quelqu'vn d'entr'eux ne se serue quelquefois. C'est sans doute que toutes les herbes ne sont pas esgalement en credit par tout, & qu'encore que nous en ignorions les facultez, que d'autres ne les ignorent pas. Il est en cela de nous comme des Bresiliens, qui se moquent des Chrestiens qui vont cercher du bois en des prouinces si esloignées, & comme de certains Tartares, qui ne se seruent de la Rhubarbe qu'à chaufer le four. Ainsi ie croy que ce n'est que la negligence des Medecins, qui leur fait ignorer les vertus de beaucoup de sortes de plantes. Au moins ils disent tant de bien de leur art, & ie me rapporte si fort à eux en ce qu'ils disent de leurs connoissances, que i'estime qu'en quelque lieu de la terre que la tempeste ietteroit vn Medecin, il y trouueroit auec l'ayde de son raisonnement, tout ce qu'il faudroit d'herbes pour la guerison des maladies, quand mesmes il n'auroit iamais veu aucune des plantes de ce lieu-là. Et si les plus certaines promesses de la Chymie ne sont trompeuses, il n'y a point d'herbe si chetiue, dont vn Chymiste ne tire de tres-vtiles choses pour le recouurement de la santé. Du foin il en tirera vn sel & vn esprit tres-efficacieux, à ce qu'on dit, & qui pourroient estre fort heureusement employez. Pour moy ie me suis souuent estonné de ce que les plantes enferment dans la grossicreté de leurs mixtions des substances extremement vtiles, qui ne peuuent pourtant estre tirées que par la Chymie, ny descouuertes que par les hommes, qui sont les vrais maistres de la Nature, qui en destruisent les ouurages quand il leur plaist, qui l'enuisagent dans les endroits où elle semble estre la plus cachée. Aussi sommes-nous les seuls à qui elle est obligée de se laisser voir, ne nous opposant des voiles & des nuages que pour accroistre nos desirs, nous animant par cette resistance à poursuiure plus actiuement cette glorieuse fin, pour laquelle nous auons esté créez, & mis en la possession du monde.

Les autres animaux, qui font la troisiesme espece des mixtes, n'ont esté créez que pour le service de l'homme. Ce n'est point nostre vanité, qui nous y fait pretendre vn empire si absolu, c'est la connoissance, que nous auons de nos aduantages, & de leurs soubmissions. Au moins nous ne deuons pas craindre que les Oisons se puissent vanter, qu'ils sont les fauoris de la Nature, & les plus excellens de tous les animaux, puisque leur foiblesse les fait seruir de nourriture à beaucoup d'autres, sans qu'ils puissent se glorifier que cette foiblesse est recompensée par leur raison, & par vne industrie assez grande pour se garantir de la contrarieté de leurs ennemis. Au lieu que nous nous mocquons auec raison des reproches, qu'on nous fait de la petitesse de nos forces en comparaison de celles des Elephans & des Lyons, pource que nostre adresse en triomphera toutes les fois qu'il nous plaira. De fait il nous est aussi facile de dépeupler toutes les Indes d'Elephans, & toute l'Afrique de Lyons, & de les exterminer de tout le reste de la terre, comme il a esté aisé aux Anglois de destruire les Loups de leur Isle, tous les animaux terrestres ne deuans leur subsistance qu'à nostre volonté. Mais nous ne voudrions pas en auoir fait

petir la moindre espece, à cause du seruice
que nous en retirons: & tant s'en faut que
l'homme vouluſt se passer d'aucune des especes, qui sont au monde, puis qu'il accou-
ple pour son profit les differentes especes, en
faisant par ce moyen de monſtrueuſes, pour
en croiſtre le nombre, & en faire de nouuelles en deſpit de la Nature, afin de s'en
monſtrer en quelque façon le maiſtre, & en
retirer quelque nouuelle vtilité. Il n'y a
que l'homme qui soit nay pour commander
aux autres animaux: Les Lyons n'ont point
de valets, les Aigles ne retirent aucun profit des aduantages qu'ils ont sur les autres *elles*
oyseaux, si ce n'eſt lors que la faim les contraint de leur faire la guerre. Nous ne
voyons point que les Singes & les Renards
se sachét seruir des Aſnes & des Chameaux
pour porter leurs neceſsitez, & se soulager
de leur laſsitude. Cependant qui conſide-
rera la nature de ces animaux, auſsi bien
que celle des Cheuaux, & de quelques autres, verra facilement qu'ils ne sont faits
que pour seruir, & pour s'aſſujetir à quelqu'autre espece, c'eſt à dire aux hommes,
car ils ne reconnoiſſent point d'autres maiſtres au monde, non pas meſme les Oiſons,

que Charon dit se pouuoir dire les maistres du monde plus iustement & constamment.

Il est outre cela tres-faux, que chaque beste ne reconnoisse rien de plus noble que son espece, puis que celles que ie viens de nommer auec quantité d'autres, comme cela se voit aux Chiens, s'assujettissent aux hommes sans resistance. Mais ils ne voudroient pas auoir cedé à d'autres indiuidus qui fussent de mesme espece. Les Taureaux subissent le ioug qu'il plaist aux hommes de leur imposer, & leur soufmettent toutes leurs obeyssances, ils ne s'assujettissent point pourtant à d'autres Taureaux, & ne quittent point leur rang aux Lions & aux Tygres, de mesme qu'ils ne prennent point d'empire sur les especes les plus foibles.

L'Elephant est le roy des animaux terrestres, puisqu'il surpasse les autres en force & en industrie. Si est-ce que pour cela il ne pretend aucune domination sur tout le reste, il n'en retire ny hommage, ny vtilité, il ne les fait seruir ny à sa nourriture, ny à ses plaisirs, les considerant comme des choses qui ne luy appartiennent point; Il ne fait dessein que sur les plantes dont

il se

il se nourrit. Mesmes hors les fougues impetueuses qui le transportent quelquefois, il reuere tousiours la presence de l'homme, il se sousmet à ses commandemens, il employe toutes ses forces pour le seruir; & s'y fatigue bien souuent au dela de ce qu'elles peuuent. Ce qui me fait dire que si ce Roy des animaux est capable de tant de soufmissions & de reconnoissances à nostre égard, que le reste doit bien reconnoistre nostre superiorité, puisqu'il semble que cét Elephant nous fasse l'hommage pour tout le reste des bestes, comme vn Prince le fait à vn autre plus grand, tant pour soy, que pour tout ce qu'il auroit de sujets.

Les Lions sont des animaux solaires, comme on parle, qui estans tout de feu, & remplis d'esprits, ont beaucoup plus de sympathie auec le Soleil que nous n'auons pas, & doiuent aymer dauantage la lumiere. Nous les voyons pourtant forcer la grande inclination qu'ils ont pour cette lumiere, afin de laisser aux hommes la plus belle moitié du temps, se tenans cachez tout le iour, afin que nous puissions vaquer auec moins de frayeur à nos affaires. Ce sont des Sujets rebelles, ou plustost des Esclaues fugitifs; mais qui ont encore du respect pour le visage de leurs Maistres, se contraignans en leurs inclinations les plus naturelles afin d'éuiter nostre rencontre. Ils nous fuyent par consideration, & ne nous attaquent iamais s'ils n'y sont contrains par la faim, ou pour se garantir de nos attaques. Dés qu'ils sont pris ils se conforment si facilement à tous nos desirs, qu'il est aisé de voir que l'obeyssance qu'ils nous rendent est naturelle, & qu'elle vient d'vne certaine inclination, qu'ils auoient naturellement à cela, la reconnoissance de leur seruitude n'estant pas tout à fait esteinte en leur ame, non plus que l'image de Dieu n'est pas entierement effacée en la nostre. C'est ce qui fait subir aux Liõs tout ce que nous leur ordõnons de peine, ils souffrent de grands coups par des mains qui seroient bien foibles, si elles n'estoient point les mains de leur Souuerain.

Les Ours & les Tygres n'ont de rage ny de force que pour nous donner dauantage d'esbatement, & nous faire reconnoistre, malgré l'ingratitude de nos Aduersaires, que nostre raison nous releue par dessus tous les animaux qui sont au monde. Elle nous fait triompher de la force des vns, de la rage des autres, & de tout ce qu'il y a de plus dangereux sur la terre. C'est ce priuilege, qui nous doit empescher de nous estonner des soûsmissions que nous rendent des animaux beaucoup plus puissans que nous, puisque c'est vn droit que la Nature & nostre naissance nous ont donné sur eux. De mesme que l'on a veu parmy les hommes des enfans qui presidoient en vn Conseil d'Estat, qui commandoient des armées, gouuernoient de grands peuples, seulement à cause qu'ils estoient nez Rois, & à cause des aduantages que leur donnoit cette naissance.

La grandeur des Baleines est tellement prodigieuse, qu'elle ne peut estre cruë que de ceux qui l'ont veu. Mais l'industrie des hommes est encor plus admirable, & plus difficile à croire, puisque leur raison les rend assez hardis pour colleter les Baleines, afin de leur estouffer les auenuës de la respiration, & les cramponner de sorte qu'on les puisse tirer à terre, & les faire seruir de nourriture aux plus pauures. Pour moy ie ne puis pas estre icy de l'opinion de Charon, ny croire que les Oisons qui ont quelquefois veu des Baleines sur le riuage, se soient imaginez que c'estoit pour leur vsage que ces prodiges ont esté faits, qu'ils se chargent de tant de graisse, & que c'est encore pour leur bien que les hommes fondent cette graisse, afin de la conuertir en huile.

Si les poissons peuuent auoir des pensées de la nature de celles-là, elles ne sont pas si raisonnables que celles des hommes, qui soustiennent que la Mer ne se peuple de tant d'habitans que pour satisfaire à nostre dégoust, & à la passion que nous auons pour le plaisir de la pesche, aussi bien que pour le changement de nourriture. Quelques-vns d'entre les poissons se chargent de Coquilles & d'Escailles, & les diuersifient de tant de belles couleurs, qu'il est euident que mesmes dans les plus profonds abysmes de la Mer leur instinct les auertit qu'ils ne sont point faits pour eux-mesmes, ny pour le plaisir des autres poissons. Mais que sur la terre il y a vn homme bien plus noble, pour les repas duquel ils se doiuent remplir de chair, & en mesme temps separer le dehors des couleurs les plus auantageuses pour seruir d'ornement à ses cabinets, & satisfaire nos desirs les moins necessaires.

Il n'y a pas dauantage de difficulté à expliquer pourquoy la Nature a fait des reptiles sur la terre, parce qu'outre que cette grande diuersité d'especes sert à nous diuertir, & à l'embellissement du monde, les Pharmaciens tirent de la chair & de la graisse de ces reptiles, des choses assez excellentes, pour nous obliger de remercier la Nature qui les a fait pour nostre profit, au lieu de nous plaindre de cette sorte de productions. Il n'est pas iusques à la peau, dont ces animaux se despoüillent tous les ans, qui ne nous serue. Leurs excremens trouuent leurs places parmy les parfums, & croissent le nombre des odeurs qui nous sont agreables. Ie laisse à part tant d'autres commoditez, dont la moindre peut bien nous recompenser du mal que nous receuons quelquefois de leurs poisons, lors que nous ne daignons pas employer assez de diligence pour nous en contregarder.

Quelqu'vn me demandera : La Nature ne pouuoit-elle pas faire toutes ces especes

C iij

de reptiles, mesmes leur donner toutes les bonnes facultez que vous pretendez qui y sont, sans les infecter de ce poison : Le venin qui s'y rencontre n'est-il pas vn des Estres de la Nature? qui par consequent, & selon les maximes que vous suiuez, doit estre vtil à l'homme, & n'estre fait que pour luy. Plusieurs respondent à cela, que la Nature n'est point responsable du dommage que nous apportent les poisons, d'autant qu'elle n'eut iamais l'intention de les faire. Elle a bien eu intention de faire la Ciguë & les Aconites, mais non pas le venin qui s'y rencontre. Elle n'a fait ces herbes que pour les faire vegeter, ny les Serpens que pour en faire des animaux. Le venin qui y est attaché, ne fait pas vne des parties de leurs corps, ce n'est qu'vn suc indigest, qu'elle n'a pas eu encore le loisir d'adoucir suiuant son dessein, ou bien c'est vn excrement comme dans les Viperes, qu'elles s'efforcent de reietter comme vne chose inutile. Ils adioutent, qu'il estoit necessaire mesmes pour l'homme, que ces animaux eussent du venin, pource que l'antipathie naturelle qu'il y a entr'eux & nous, porteroit vn chacun des hommes à destruire toutes ces especes, & à se priuer des profits que i'ay dit qui en reuiennent, si ce poison ne rendoit leur rencontre dangereuse, & ne seruoit à les garantir, comme font les dents & les grifes en certains autres animaux. Ils asseurent qu'outre cela le poison de ces reptiles ne laisse pas d'auoir ses vsages qui luy sont propres. Premierement il nous fait souuenir de nostre foiblesse, & de ce que les premiers hommes ont perdu par leur faute. Sans cette petite contrarieté que nous trouuons en de certains animaux, nostre orgueil s'accroistroit encore à l'infiny. Sur tout cét aduantage que nous reconnoissons auoir sur les plus excellens animaux, & la sousmission qu'ils nous rendent, nous feroit peut-estre oublier ce que nous sommes, & nous porteroit à des pensées fort dangereuses. Ie croy que c'est la mesme raison qui a presque contraint la Nature de mettre de tant de sortes d'insectes au monde, dont la compagnie nous est plus dangereuse & plus ineuitable que celle des Lions & des Tigres. Ils troublent nostre repos, & nous réueillent de nos assoupissemens, pour nous faire sentir leurs piqueures, &

nous faire songer à la cause de cette petite rebellion. Mesmes i'oserois bien asseurer que les poux, qui finirent la felicité de Sylla, le regne d'Herodes, & celuy de quelques autres Princes, ont esté fort necessaires au monde, pource que le bien qu'ils y ont fait durera long temps en l'esprit des Grands, & en la memoire des autres hommes.

Cette matiere nous pourroit fournir beaucoup de semblables pensées, n'estoit que ie me haste de monstrer par ailleurs, que les poisons ne sont pas inutils au monde, afin d'acheuer de ruiner l'obiection que l'on nous fait à cette occasion, lors qu'on nous dit que la Nature deuoit donner aux Viperes toutes les facultez qui nous y sont vtiles, sans y mesler ce poison qui est si dangereux. Ie respons que cela estoit impossible, & que si les Viperes n'estoient pas venimeuses de leur nature, qu'on n'y rencontreroit pas ces hautes qualitez, dont l'excez sert à corriger celuy de quelqu'autre poison, qui resulte necessairement de l'infection de l'air, & de cette sale pourriture que la Nature produit necessairement en tous les corps.

Il n'y a point en Physique de grandes vertus qui ne tiennent de l'extreme, & qui n'ayent quelque chose de dangereux, ce qui a enhardy quelques-vns à soustenir que cét excellent degré de temperament qui fait les grands genies, & les esprits les plus releuez, n'estoit iamais sans quelque meslange de folie, pource qu'ils pensoient que l'esprit fust vne faculté qui despendist du temperament seulement. Il estoit encore fort bon que la terre portast des plantes venimeuses, & que parmy les animaux qui respirent l'air, il y en eust de cette nature, afin d'attirer par sympathie les vapeurs empoisonnantes qui sont en cette terre, qui ne se meslent que trop souuent parmy nostre air. De mesme que les Scorpions & les Aspics appliquez sur leurs picqueures en succent la malignité : ou plustost de mesme que les Aux & les Oignons estans plantez auprés des Rosiers attirent ce qu'il y a de plus puant dedans la terre, & empeschent par ce moyen que les Rosiers ne s'en nourrissent, ce qui diminueroit la bonne odeur que nous attendons de leurs fleurs.

Il faut bien apres cela que le poison ait

quelques autres vtilitez bien connuës, puis-que les plus rigoureuses polices permettent qu'il s'en vende publiquement. Les venins ont quelquefois serui à maintenir la paix dãs vn Estat, & à se desfaire par l'authorité des Princes de certains sujets tres-dangereux, dont il estoit impossible de pouuoir se desfaire autrement. Ie pourrois facilement nommer des Politiques, qui ont compté les empoisonneurs entre les instrumens necessaires d'vn regne bien estably, aussi bien que de la tyrannie; ils trouuent leurs vsages aussi bien que le fer parmy les abus qu'on en fait. Et c'est sans doute que ceux d'entre les hommes qui employent toutes leurs estudes à les sçauoir rafiner, trouueroient beaucoup à redire à la perfection du monde s'ils ne nourrissoient point de poisons, pource qu'ils seroient priuez d'vn beau moyen, dont ils abusent à plaisir, pour la satisfaction de leurs haines, & l'execution de leurs vengeances. C'est ce qui me fait conclure, qu'il faut bien que tout le monde serue à nostre vtilité, puisque par raison de Physique & de Morale, les choses qui nous sont les plus contraires, y contribuent beaucoup.

sur la Sagesse de Charon. 43

Ce que i'ay desia dit des insectes par occasion, pourroit suffire pour excuser la Nature qui les a produit, puisqu'il est euident que mesmes en cela son dessein nous a esté profitable. Ie sçay pourtant bien que ie parle en cecy contre l'intention de beaucoup de sçauans hommes, qui de peur d'estre contrains d'expliquer le dessein qu'auoit la Nature dans la generation des insectes, disent qu'elle n'en a point eu du tout, que ces petits animaux ne furent point creez comme le reste au commencement du monde. Mais que ce sont des monstres, qui sont suruenus depuis par la corruption de quelques autres especes plus parfaites. Cette opinion, qui est appuyée de beaucoup de probabilitez, ferme entierement la bouche à ceux qui nous demandent dequoy seruent les insectes au monde. Car puisque ce sont des productiõs monstrueuses, & purement fortuites, nous ne sommes pas obligez d'en chercher la raison. Cependant pource que nos Aduersaires pourroient s'imaginer que cette responce ne fust qu'vn eschapatoire pour pallier vne mauuaise cause, & sur tout que ce seroit abandonner les sentimens du peuple, pour lequel ie me suis obligé d'escrire maintenant, i'ayme mieux dire que tout cela nous est vtile. De fait tous ceux qui considereront les Vers à soye, leur generation, leur artifice, & ce que nous en retirons, croiront facilement que ces petits animaux ne sont ny pour eux-mesmes, ny pour les Oisons, & que l'instinct que la Nature leur a donné doit auoir quelque fin, laquelle se doiue rapporter à nous. Toutes les Mouches, principalement celles qui font le miel, seruent à nos vsages, il n'est pas iusques aux Araignes & aux Vers de terre, qui ne seruent beaucoup à la guerison de nos maladies. Ie pourrois monstrer la mesme chose de tout le reste, si ie voulois transcrire les Autheurs qui ont escrit expressement de cette matiere, & qui ont trouué dans ces insectes dequoy bastir de gros Volumes du recit de leurs proprietez, lesquelles ne laissent pas d'estre fort grandes, encore qu'elles soient inconnuës à la plus-part des hommes.

La Nature ayant trauaillé à leur generation auec plus d'artifice que par tout ailleurs, il semble qu'elle a eu dessein de se faire plustost admirer en la production des

sur la Sagesse de Charon. 45

Cirons & des Puces, que lors qu'elle a fait les Elephans & les Baleines. En effet si ie n'auois iamais veu de Cirons, & de ces autres petits corps, accompagnez de mouuement & de sentiment, ie douterois si cette Nature souueraine qui a fait le monde pourroit bien renfermer en si peu d'espace tant d'organes & de facultez, sans vne extreme confusion. Qu'on lise ce que les modernes ont escrit de l'Anatomie des insectes, & ce qu'ils y ont trouué à l'ayde de quelques verres, qui grossissent extraordinairement les obiects. Qu'on lise encore ce que Pline, & les autres Naturalistes ont escrit de la nature des Moucherons, & on auoüera qu'il estoit necessaire que la Nature se peignist par abregé afin de se faire mieux connoistre. L'esprit de l'homme n'est iamais plus hautement occupé qu'en la consideration de ces merueilles, ausquelles on peut adiouter cette grande diuersité de couleurs, dont la Nature a embelly vne partie des insectes. De ces couleurs les vnes sont vrayes, les autres ne sont qu'aparentes, mais toutes si merueilleuses, que les meilleurs esprits ne s'y contentent qu'à demy. Il n'y a que les stupides qui ne s'y daignent pas seulement arrester, il faut à leur esprit grossier des objects de mesme nature. Sur tout, les bestes qui ne comprennent rien en l'industrie de cette grande maistresse, & qui ne reçoiuent point d'vtilité de cette sorte d'effets n'ont garde de s'attribuer la gloire de ses desseins. Il n'y a que l'homme qui puisse admirer tous les ouurages de la Nature, ny qui ait raison de dire que tout se rapporte à luy, & a esté fait pour son bien particulier, qui est tout ce que i'auois dessein de monstrer contre ceux qui disent, que les Oisons y ont pour le moins autant de part que nous, & autant de pretentions à l'Empire du monde.

Que l'opinion que plusieurs ont de la raison des bestes, ne contrarie point la creance de nostre immortalité.

CHAPITRE III.

DE toutes les questions de la Philosophie, il n'y en a point qui se trouue si souuent en bonne compagnie que celle-cy, ny qui y soit traitée auec tant d'affection de part & d'autre. Ce n'est pas tant à cause de la beauté de la matiere, comme à cause des consequences dangereuses que plusieurs en pensent tirer. C'est ce qui fait que d'vn costé quelques-vns soustiennent, auec beaucoup d'ardeur, que les bestes raisonnent, s'opiniastrans à la defense de cette opinion, à cause qu'elle contrarie les sentimens du peuple qui leur sont tous suspects, accusans d'erreur toutes les opinions communes, sans auoir autre preuue de l'erreur de ces opinions, que ce qu'elles sont receuës de tout le monde. Leur probabilité qui leur a acquis vne approbation presque vniuerselle, est le seul tiltre que ces Messieurs produisent contr'elle, comme si cette probabilité suffisoit pour les faire reietter.

Apres cela les libertins s'imaginent, que puisque toutes les Religions supposent l'excellence de nostre ame & son immortalité, qu'il n'y a point de plus seur moyen d'endormir leur conscience, & de la deliurer des frayeurs qui l'importunent, qu'en monstrant que nostre ame n'est pas immortelle ; & pour le monstrer ils s'efforcent de prouuer que l'ame des bestes est de la condition de la nostre, aussi excellente en sa nature, aussi parfaite en ses operations, de sorte que puisque tout cela n'empesche pas qu'elle ne meure auec le corps, nostre ame ne doit pas attendre vne fin plus glorieuse. Outre cela, comme il n'y a point de libertins qui soient solidement sçauans, & que les plus doctes d'entr'eux n'ont estudié qu'à demy, ils se sont imaginez que l'immortalité de nos ames n'estoit cruë qu'à cause des preuues qui en roulent dans les Escholes de Philosophie, & que toutes ces preuues n'ont autre fondement que le priuilege de nostre raison. De façon qu'il ne faut pas trouuer estrange s'il se trouue quantité d'esprits foibles qui s'alarment de cette opinion, opposans tout ce qu'ils peuuent de resistance pour en empescher le cours, l'estimans tres-dangereuse, comme directement contraire à la seule consolation que les gens de bien peuuent auoir durant les malheurs ordinaires de cette vie. Mais les Philosophes se monstrent bien plus raisonnables, ne s'esmouuans que fort peu de tout ce que les Anciens & Modernes

sur la Sagesse de Charon. 42

nes ont dit touchant la raison des bestes, ne traitans cette question qu'auec brieueté, & auec autant de froideur qu'elle en merite. Ils sont trop persuadez de l'excellence de nostre ame, ils sçauent bien qu'elle n'a pas besoin de forte preuue pour estre cruë, ny d'estre defenduë auec beaucoup de soin, puisque ceux-là mesmes qui employent plus d'esprit & d'artifice pour ruiner l'opinion que nous en auons, l'establissent plus fortement par cét artifice, qui est vne des plus seures preuues de nostre excellence. Ensuite ils se moquent des efforts inutils que font nos Aduersaires pour attribuer la raison aux bestes, comme si cela contrarioit les veritez Chrestiennes, ce que les grands personnages ont tousiours estimé fort indifferent. De fait beaucoup *tres faux* de Peres ont creu, que les bestes auoient quelque degré de raison, & l'ont publié par leurs escrits, ce qu'ils n'eussent pas fait si cette raison eust preiudicié à la creance que nous auons de nostre immortalité, ou si elle pouuoit en esbranler les preuues que l'on en apporte communement. Car ceux qui ont entrepris de prouuer l'immortalité de nostre Ame, ne disent pas qu'elle est immortelle, à cause qu'elle fait des raisonnemens, mais à cause de la reflexion que l'ame fait sur ses raisonnemens. Si nostre ame ne faisoit que raisonner, sans faire puis apres des reflexions à l'infiny, sans doute que communement on n'entreprendroit pas de prouuer que ces actions sont immaterielles, on se contenteroit de croire cette immaterialité, sans s'hazarder de la prouuer par des argumens de Physique. Ainsi ie presupose que c'est la reflexion du raisonnement qui fait la preuue la plus ordinaire de nos Escholes, sans que i'aye intention d'en examiner la force: cela n'estant pas necessaire pour mon dessein, qui est d'auertir nos Aduersaires, que s'ils veulent prouuer que les actions des bestes sont aussi excellentes que les nostres, il faut qu'ils monstrent que les bestes font des reflexions sur les raisonnemens, & que ces reflexions se font à l'infiny. C'est ce que ie ne leur conseillerois pas d'entreprendre, en danger d'y reüssir tres-malheureusement. S'ils y reüssissoient i'auoüerois facilement que l'ame des bestes ne meurt pas, pource que dés à present ie me laisserois plus aisément persuader à cette fausse opinion, que l'ame des bestes est immortelle, que de douter seulement de nostre immortalité. Et en cela ie suiurois les sentimens de certains Philosophes, qui ont fait de gros volumes, pour monstrer que les ames des bestes ne perissent point par la mort, mais demeurent dans la matiere sans y faire aucune fonction euidente faute de dispositions, ce qui ne me semble pas probable. Cependant si les preuues de ceux contre qui i'escris maintenant, m'auoient reduit à l'vne de ces deux extremitez, ou de dire que l'ame des bestes est immortelle, ou que la nostre ne l'est pas, ie me resoudrois bien plus facilement à soustenir, que les ames des bestes ne meurent point.

Ie voudrois pourtant conseiller à toute sorte de personnes, qui n'ont pas bien estudié en Physique, de se moquer de toutes les questions de cette nature, pource que la creance que nous auons de nostre immortalité ne laissera pas d'estre fort certaine, encore qu'elle ne se peut pas prouuer par la Physique, de mesmes que nous ne doutons point de nostre resurrection, encore que nous n'en ayons point de preuues physiques. Ainsi ceux que ie refute se deuroient contenter que la Religion a beaucoup d'autres fondemens, qui sont crus sans autre preuue que celles de l'Escriture, ce qui les deuroit empescher de prendre tant de peine pour monstrer que les bestes raisonnent, puisque cela est indifferent à la fin qu'ils s'y sont proposez.

Ie suis neantmoins d'opinion que l'immortalité de nostre ame se peut prouuer par des raisons naturelles. Et peut-estre entreprendray-je de le faire voir vn iour, lors que l'âge & l'estude auront auancé mes connoissances. Ce n'est pas que i'espere y pouuoir reüssir au gré de tout le monde, puisque cela n'est encore iamais arriué à personne, ny sur cette question, ny sur pas vne autre. Il suffit que nous monstrions nos sentimens par des raisons plus probables, & plus fortes que celles qui se peuuent apporter en faueur des opinions contraires, qui est vne chose fort facile en cette occasion. Les Naturalistes n'entreprennent pas de confirmer leurs conclusions par des demonstrations si euidentes, qu'elles puissent forcer tous les contredisans, en despit de la resolution qu'ils auoient fait de croire autrement. Et sur cette matiere nous ne pretendons que tirer cette confolation des connoiffances que nous auons en Philofophie, que de toutes les veritez qui fe prouuent en Phyfique, il n'y en a point qui ait de fondemens fi feurs que celle de noftre immortalité, ny qui nous fourniffe tant de facilité pour refpondre aux obiections contraires, n'y ayant rien de fi foible, ny de fi ridicule que cette forte d'obiections. Cela m'a fait quelquefois fouhaitter qu'il fuft permis aux libertins d'efcrire contre noftre creance, & nous faire part des raifons, par lefquelles ils font femblant d'eftre fortifiez en leur incredulité. C'eft fans doute qu'elles feroient pitié à tout le monde, & il fe trouueroit encore des Philofophes qui feroient triompher euidemment la verité au deffus de l'atheïfme, quafi de la mefme façon que les premiers Chreftiens triompherent à la voûë de tout le monde, des liures les plus artificieux, que les plus doctes d'entre les Payens auoient oppofé au cours qui fe faifoit de l'Euangile. Au lieu que maintenant on esbranle beaucoup d'infirmes, en leur difant que la Religion s'eftablit par tyrannie, & qu'elle feroit contrariée par

D iij

toutes les raisons de la Nature s'il estoit permis de les publier, ce qui est impertinent, pourueu que la Philosophie ne contrariant en rien chose qui soit, ce qui nous est reuelé en l'Escriture, encore que nostre science ne se puisse pas tant esleuer, que de fournir des demonstrations à toutes ces veritez reuelées, ce que i'estime fort indifferent, ayant trop mauuaise opinion du raisonnement des hommes, pour en faire le fondement de toutes mes creances. Ie ne veux pas finir ce chapitre sans rapporter ce que disent quelques-vns, qui croyent qu'encore que l'opinion de nos Aduersaires touchant la raison des bestes, ne preiudicie point à la creance de nostre immortalité, elle ne laisse pas de contrarier à vn endroit de l'Escriture, où il est dit que les Cheuaux & les Mulets n'ont point d'intellect. Ie respons qu'en cét endroit il n'est point parlé de la faculté de raisonner, mais de l'intelligence ou iugement, que cette mesme Escriture reproche souuent n'estre point en beaucoup d'hommes, encore qu'ils ayent la faculté de raisonner, autrement ils ne seroient pas hommes. Il y est parlé au mesme sens que nous employons, lors que nous disons d'vn homme, qu'il n'a point d'esprit, ou qu'il n'a point de raison, encore que necessairement il ait l'vn & l'autre. De fait s'il estoit parlé en ce Pseaume, de la faculté de raisonner, il n'y seroit pas recommandé aux hommes de n'estre pas sans cette faculté, puis qu'estans hommes il leur est impossible de ne l'auoir pas. Ie croy pourtant bien ce que quelques-vns inferent de ce passage; mais ie ne croy pas que ce soit l'intention de l'Escriture, de dire en cét endroit que les bestes ne raisonnent pas. De sorte que i'espere traiter cy apres cette matiere, sans y interesser la Religion, & sans imiter les passions des autres, encore que i'y apporte plus de longueur que tous ceux qui en ont escrit iusques à present, & qui ont passé sur ces questions auec tant de negligence, que les aydes que i'ay retiré de leurs escrits sont beaucoup au dessous de ce que i'en auois attendu.

De la différence qui est entre la raison & l'instinct.

CHAPITRE IV.

LA plufpart de ceux qui tiennent que les beftes ont de la raifon, prennent en mauuaife part tout ce que nous difons de l'inftinct, comme fi c'eftoit vne desfaite malicieufe, forgée pour obfcurcir la verité, & comme fi nous appellions inftinct aux beftes ce que nous voulons qui foit raifon aux hommes, difans vne mefme chofe fous des noms differens. Mais cette accufation ne peut proceder que d'ignorance, ou de malice, pource qu'en effect nous ne nous feruons de ces deux mots differens, que pour defigner des chofes encore plus differentes, comme ie fay deffein de monftrer en ce Chapitre. Il ne faut pas non plus nous imputer les fautes de quelques perfonnes, qui n'ayans iamais appris la fignification de l'inftinct, defignent par là toutes les actions des beftes. Si vn cheual

sur la Sagesse de Charon. 57

a faim, s'il cerche à manger, ils disent que c'est vn instinct; ils disent encor la mesme chose, lors qu'vn animal retrouue le chemin par où il aura quelquefois passé. Toutes ces choses ne sont point des effects de l'instinct, appartenans ou à vne des facultez, qui seruent à la nourriture, ou à l'imagination, ou bien à la memoire, qui sont des fonctions qui nous sont communes auec les bestes, lesquelles ne different de nous qu'au regard de la raison, qui est vne faculté de prouuer vne chose par vne autre chose differente, & qui procede à l'aquisition de sa fin en faisant preceder vne deliberation. C'est ce que nous nions que les bestes puissent faire, ne pretendans pas d'obscurcir cette question par quelque definition de la raison qui soit extrauagante, puis que nous n'entendons par là que ce que nos Aduersaires appellent ainsi. I'auoüe bien qu'vne beste qui a veu de l'eau, la discerne d'auec vne pierre, & qu'ayant soif, son imagination la porte vers cette eau qu'elle reconnoist estre propre à desalterer. Mais ie nie qu'vn chien soit capable de deliberer s'il doit boire ou non, & qu'encore que la soif le porte à boire, il fasse iamais ce raisonnement, il faut que ie boiue pource que i'ay soif. Nous ne raisonnons pas nous-mesmes en des occasions de cette nature, si ce n'est en certains cas, hors lesquels nostre imagination se laisse determiner à l'obiect, à quoy il ne faut point de raison, puisque les plantes qui mesmes n'ont point d'imagination, attirent bien ce qui leur fait besoin, sans deliberer & sans faire preceder cette conclusion, qu'il faut qu'elles l'attirent à cause de ce besoin.

Ie voudrois qu'on s'accordast aussi facilement sur la signification de l'instinct, y ayant vne diuersité d'opinions qui rend la chose plus difficile, encore que toutes celles, dont il me souuient, se puissent reduire à deux principales. La premiere est de certains Philosophes, qui considerans la preuoyance des Fourmis, l'industrie des Abeilles, la connoissance que les Brebis ont du Loup, & voyans que tout cela ne venoit point de coustume, & ne pouuoit estre rapporté à l'imagination & à la memoire, ils ont inuenté exprés vne nouuelle faculté, & vn quatriesme sens interne qu'ils nomment l'Estimatiue, differente de la raison, encore que le mot, dont ils expriment cette faculté, soit tres-mal propre pour marquer cette difference, pource que l'estimation que nous faisons des choses, est l'effect d'vn raisonnement, ou le raisonnement mesme. D'ailleurs les actions qu'ils attribuënt à ce sens interne, font voir que ce ne peut pas estre vn sens, ny vne faculté moins noble que nostre raison, puisqu'elle fait des conclusions raisonnables, comme sont celles des Fourmis, sans auoir besoin de principe pour ces conclusions, & sans estre aydée d'aucune espece qui luy soit venuë de dehors, comme cela se voit dans les Agneaux qui fuyent le Loup sans en auoir iamais veu auparauant, qui est vn effect dont mesme nostre raison ne seroit pas capable. Apres cela cette pretenduë Estimatiue ne s'accorde point auec la doctrine des Philosophes qui la soustiennent, ny de pas vn autre, puisqu'ils accordent tous que l'ame de l'homme embrasse toutes les facultez qui sont en l'ame sensitiue des bestes. Cependant si ces gens-là prennent la peine d'examiner toutes les actions de leur ame, ils n'en reconnoistront iamais pas vne qui se puisse rapporter à cette Estimatiue. S'ils disent qu'ils la reconnoissent en eux, ie leur auoüeray que leur ame a vne faculté qui n'est point en moy, & que ie n'ay iamais pû reconnoistre aux autres, encore que i'aye esté long temps à l'eschole de ceux qui l'enseignent: S'ils la reconnoissent aux hommes, d'où vient que pour la prouuer ils ne se seruent que des actions des bestes? au lieu que lors qu'ils parlent de l'imagination & de la memoire, ils les expliquent toutes deux, par ce qu'ils en ressentent en eux-mesmes, ce que nous appliquons puis apres aux bestes. Si les hommes auoient cette faculté, toutes les fois qu'ils verroient des animaux venimeux, ils les discerneroient d'auec ceux qui ne le sont pas, sans autre experience, de mesme que les bestes reconnoissent leurs ennemis par le moyen de cette faculté. Il y a donc bien plus d'apparence de dire qu'elle ne se rencontre ny aux vns, ny aux autres. Ie n'ay encore pû comprendre comment c'est que l'Estimatiue, qui est vn sens interne, pouuoit connoistre vne antipathie sans en ceuoir aucune impression par les sens externes; & comment c'est que la contrarieté, que l'on dit estre au Loup, se peut communiquer aux Brebis, sans qu'il sorte de ce Loup aucune espece de cette contrarieté, & sans qu'il en entre rien par aucun des sens externes de la Brebis. I'ay leu quelques Autheurs qui respondoient à cette derniere raison, qu'encore que cette qualité antipathique inherante au Loup n'envoyast aucune espece, neantmoins à cause de l'estroitte connexion qu'elle a en mesme sujet avec d'autres qualitez qui envoyent des especes, il faut necessairement, & en vertu de cette connexion, que cette antipathie soit connuë. Cela est absurde, car delà il s'ensuiuroit que les hommes qui voyent le Loup, deuroient connoistre cette antipathie aussi bien que les Brebis. Il s'ensuiuroit encore qu'vn aueugle qui mange du fruit en reconnoistroit la couleur, à cause qu'elle est en mesme sujet que la saueur, ainsi il ne faudroit qu'vn seul sens externe pour toutes sortes d'objects. Et s'il estoit vray que les Poulets qui voyent vn Renard, & qui ne voyent rien en sa couleur, ny en sa taille, qui soit effroyable, sentent neantmoins l'antipathie du Renard, à cause qu'elle en est le sujet, d'où viennent les especes de cette couleur. Si cela, dis je, eſtoit veritable, il ſeroit dangereux de regarder de l'Arſenic. A tout le moins nous connoiſtrions ſon poiſon en regardant ſa couleur, & ne pourrions regarder aucune plante, ny aucun autre mixte, ſans en reconnoiſtre incontinent la forme, & les facultez les plus cachées. C'eſt ce qui me fait conclure que cette opinion n'a rien de vray-ſemblable, & que l'inſtinct doit eſtre quelqu'autre choſe que cette pretenduë faculté. De ſorte qu'il vaut bien mieux ſe tenir à l'opinion la plus commune, qui nous enſeigne que l'inſtinct eſt vne direction de tous les Eſtres naturels vers leur fin, lors que cette fin eſt trop releuée pour leur connoiſſance, & qu'ils n'ont d'eux-meſmes aucune faculté naturelle pour les y conduire, Dieu ſuppleant par ſa prouidence le defaut de tous les agents naturels dans les actions, qui ſont trop hautes pour leur eſtre attribuées, & qui ſont au deſſus de l'actiuité de leurs formes naturelles, & des cauſes ſecondes, qui dans l'exercice de leurs actions naturelles ne reçoiuent qu'vn ſimple concours de la cauſe premiere. Mais dans les actions que nous attribuons à l'instinct, la cause premiere agit toute seule en ce qui est de la conduite & direction des autres causes vers leur fin. Ainsi l'instinct n'est pas vn terme chimerique, forgé exprés pour oster la raison aux bestes, puis qu'il sert à toute sorte d'agents, qui sont en la Nature: esperant monstrer cy-aprés que les Plantes & les autres corps insensibles ne sçauroient venir à bout de toutes leurs actions sans l'assistance de cét instinct, c'est à dire, sans la cause premiere, ou sa direction. Il sera encore plus clair que la doctrine de l'instinct n'est pas controuuée exprés pour esblouïr ceux qui donnent la raison aux bestes, lors que j'auray prouué que l'homme qui est raisonnable, a souuent besoin de cét instinct, pour suppléer ce qui manque à ses connoissances & à ses actiõs, dans lesquelles nous remarquons trois sortes de mouuemens differents, suiuant tout autant de determinations differentes. De ces mouuemens, les vns procedent de nos facultez libres, qui se determinent ellesmesmes par le moyen d'vne deliberation & consultation. Il y a d'autres mouuemens qui dependent des facultez vegetantes & sensibles, qui ne se determinent pas elles-mesmes, mais sont determinées par leur object toutes les fois qu'il est present, & qu'elles ne sont pas empeschées. C'est de cette sorte qu'agissent l'Imagination & la Memoire. Mais il y a encore vne troisiéme sorte de mouuemens, qui se diuisent en deux especes, dont l'vne est celle des mouuemens, qui nous sont imprimez par violence; l'autre est des mouuemens de l'instinct, esquels l'homme est conduit par la cause premiere. Il est pourtant vray que Dieu ayant donné de la raison aux hommes, il s'est en quelque façon deschargé sur eux-mesmes d'vne grande partie de leur conduite. Ainsi ils ont beaucoup moins besoin de l'instinct, que les bestes, & que les choses insensibles. Si est-ce que sans la conduite de cét instinct la raison ne suffiroit pas pour acheuer beaucoup de nos actions, comme ie m'en vais monstrer par les exemples les plus communs, dont il me pourra souuenir. Le premier sera du mouuement que nous faisons de nos mains, & des autres membres, à chaque fois que nous les remuons. C'est sans doute que cela se fait par le moyen de nostre imagination, qui pousse & remuë la faculté de mouuoir, tioir, qui est en tous les muscles. Mais le nombre de ces muscles est si grand, & leur situation si embroüillée, que les Anatomistes les plus habiles sont bien souuent trop empeschez à discerner les muscles, qui font chaque mouuement particulier, & ils ne laissent pas de s'y tromper, nonobstant toute leur diligence. Neantmoins les hommes les plus ignorans, qui n'ont iamais oüi parler de muscles, ny de nerfs, & qui ne sçauent pas qu'il y en a, ne laissent pas de faire tous leurs mouuemens particuliers, & de faire agir tout ce qu'ils ont de muscles. Sans sçauoir leur vsage, ny leur situation, ils ne se trompent iamais au discernement qu'ils en font, ne se mesprenans iamais, & ne faisans iamais vne sorte de mouuement lors qu'ils en pensent faire vne autre. De façon que ie voudrois demander aux ennemis de l'instinct, d'où vient vne conduite si asseurée dans cette faculté, que les Escholes appellent *locomotiue*, qui estant vne faculté obeyssante, aueugle, & qui ne discerne pas, doit estre conduite & adressée en ses mouuemens. Quelqu'vn me respondra que c'est la Nature qui la conduit. Mais c'est respon-

E

dre en ignorant, que de ne dire que la Nature en general, sans designer aucune faculté particuliere. Ie demande laquelle c'est de toutes les facultez naturelles qui sont en l'homme; Ce ne sont pas les facultez, qui nous sont communes auec les Plantes; Ainsi nostre ame ne peut connoistre, & discerner les muscles, que par les sens, ou par la raison. De sorte que l'ame de ceux qui n'ont point apris l'Anatomie, ne les ayant iamais connu en l'vne, ny en l'autre façon, il est euident qu'elle ne les connoist point du tout, & que ne les connoissant pas, & ne les sachant pas discerner, il faut qu'elle y soit adressée par quelqu'autre puissance, qui les connoisse, qui est ce que nous appellons instinct.

Les actions de cét instinct sont encore plus manifestes dans les mouuemens des Enfans, qu'en ceux qui sont auancez en âge, pource qu'elles y sont plus necessaires, d'autant qu'il faut dauantage suppléer aux connoissances, lors qu'elles sont plus defectueuses. Les Enfans ne laissent pas de faire des actions aussi merueilleuses que s'ils connoissoient la raison, & la fin pour laquelle ils les font. De fait il n'y a point d'homme si brutal, qui ayant veu les enfans naissans approchans du sein de leurs nourrices, n'ait admiré l'instinct, qui leur ouure la bouche, & leur fait apres reserrer pour succer le laict, auec tant d'artifice, qu'il y a des hommes faits qui s'y trouueroient bien empeschez. Cette sorte d'action semble si merueilleuse à toute l'antiquité, que les plus grands hommes ont escrit, qu'il faloit bien que les enfans se fussent accoutumez à tetter dans le ventre de leur mere, & qu'ils se fussent de long temps addonnez à cét exercice, autrement, disoient-ils, qui leur auroit appris qu'il y a du laict dans le sein de leur nourrice? Qui leur a dit que ce laict leur est propre, puisque iamais ils n'en ont esprouué les vtilitez? Qu'est-ce qui leur fait remuer leur bouche aussi doctement pour cette action, qu'vn Philosophe pourroit faire? Il faut auoir l'esprit mal fait pour ne reconnoistre pas, que ce n'est pas vne connoissance qui leur soit propre, qui les porte à cela, & qu'il faut qu'ils y soient conduits par vne plus grande sagesse que la leur. C'est peut-estre en ce sens qu'il a esté dit, que Dieu tire sa loüange de la bou-

E ij

che des enfans qui alaittent. Ce n'est pas que la bouche des enfans puisse raconter les loüanges de Dieu, mais c'est que par l'action que nous luy voyons faire nous reconnoissons la prouidence de Dieu, & de là nous prenons matiere & occasion de publier ses loüanges. Quelqu'vn dira que les bestes qui viennent de naistre sont autant à admirer. Ce que i'auoüe estre veritable, & c'est vn de nos argumens pour l'instinct; mais il n'est pas si euident que celuy que nous tirons de l'alaittement des enfans, pource que nous connoissons mieux l'estat & les facultez de l'ame d'vn enfant, que nous ne faisons celles des bestes. Nous sçauons bien que nous venons au monde sans y apporter aucune connoissance, que les sens ne nous en ont encore point fourny, & que nous ne nous seruons pas de nostre raison. Au lieu que nos Aduersaires seroient bien assez hardis pour nous asseurer que les bestes raisonnent dés leur naissance. Mais en ce qui concerne les enfans, il faut qu'ils forcent leur ingratitude, afin de reconnoistre que tout ce qu'ils ont d'adresse & de connoissance leur vient d'ailleurs.

Les Philosophes marquent encore beaucoup d'autres occasions où l'instinct est necessaire à l'homme, sur tout auant sa naissance, lors que leur raison, ny celle des autres hommes ne leur peut fournir aucun secours. De fait nous apprenons de l'Anatomie, que les enfans qui ne sont pas encores nés flottent sur de certaines eaux, & y demeurent suspendus, sans que leur pesanteur les puisse precipiter à fonds. Au lieu que dés qu'ils sont nés vn chacun sçait qu'ils ne sçauent point nager; c'est que cét instinct, qui n'est pas vne assistance superfluë, les abandonne dés que leur naissance les a mis entre les mains de personnes raisonnables, & les a recommandez à leur soin, & à leur prouidence. Ce qui se peut expliquer par l'exemple des bestes, qui ayans plus de besoin de l'instinct que non pas les hommes, en sont aydées plus puissamment à cét esgard, & sçauent toutes nager sans l'auoir iamais appris, encore que l'homme qui a moins de pesanteur que beaucoup d'entr'elles, & plus d'adresse que toutes tant qu'elles sont, ne sçache neantmoins pas nager, ny seulement se soûtenir sur l'eau sans l'auoir appris auec beaucoup de peine. J'apporteray cy-après beaucoup de semblables exemples, pour monstrer que l'instinct n'est pas vn terme sans signification, ny vne chose imaginaire, puisqu'il est si euident, & son ayde si necessaire à toutes les especes qui sont en la Nature. Ce n'est pas que cette doctrine ne soit sujette à beaucoup de difficultez, lesquelles ie fay dessein de partager, ne voulant examiner en ce Chapitre, que la question qu'on pourroit faire touchant cét instinct; sçauoir si le mouuement qui en despend se peut dire violent au regard des causes secondes, ou s'il leur est naturel. Ie respons qu'il se peut appeller naturel, encore que tout ce qui a coustume de se rencontrer dans vn mouuement purement naturel ne se rencontre pas icy, & qui sera cause qu'en la suite de cét ouurage i'opposeray souuent les mouuemens de l'instinct aux effects purement naturels, qui ne despendent que des facultez naturelles de l'ame des bestes, & de leur corps, qui constituent, à proprement parler, toute la nature d'vn animal. Ce n'est pourtant pas vn mouuement qui soit violent, ny qui puisse estre appellé ainsi. Premierement cette cause premiere, qui en fait toute la conduite, n'eſt pas proprement vn agent exterieur. Outre que les animaux qui ſont conduits par l'inſtinct, contribuënt d'eux-meſmes leurs facultez & leurs organes pour l'execution de ces actions, qui ſont bien actions des animaux, puis qu'elles n'ont de l'inſtinct que la conduite & la direction. Mais ce qui eſt plus conſiderable, eſt que l'inſtinct ne met point les animaux hors de leur eſtat naturel, & ainſi ne leur fait point de violence. De ſorte qu'il eſt bien plus iuſte de dire, que cét inſtinct eſt naturel, ces actions eſtans executées par des organes naturels, qui ſont meus par vne cauſe premiere, qui eſt interne, & qui ne fait aucune violence à la cauſe ſeconde. De meſmes que les Cieux, qui ſont roullez par les Intelligences, ſuiuant l'opinion commune, ne ſouffrent en cela aucun mouuement qui ſoit violent, pource, diſent les Philoſophes, que ce mouuemēt ne deſtruit point leur fin, ne force aucune de leurs inclinations, & ne leur fait point changer le centre, ny le lieu qui leur eſt naturel. Dans l'inſtinct il y a encore moins de violence, puiſque la cauſe premiere, bien loin de forcer la fin & l'inclination des agens particuliers, les porte vers cette fin, & les conduit vers leur but, où d'eux-mesmes ils n'eussent pû paruenir. Il en est en cela de l'instinct, comme d'vn homme qui osteroit à vne pierre les obstacles qui l'empeschent de descendre, ou plustost comme d'vn homme qui ietteroit cette pierre du haut en bas: car tant s'en faut que l'action par laquelle il iette cette pierre en bas, soit violente, c'est à dire contre la nature de cette pierre: qu'au contraire elle se doit dire naturelle, encore que la forme de la pierre ne contribuë rien à ce qu'on y adjoute & imprime de mouuement. La raison est, que cette action met la pierre dans le lieu, & dans l'estat qui luy est le plus naturel (du moins au regard de la Nature vniuerselle) qu'elle supplée à ses defauts, qu'elle la porte à vne fin qu'elle n'eust pû acquerir si tost toute seule, faute d'auoir assez de puissance pour y paruenir. C'est en cette sorte que les actions de l'instinct doiuent estre dittes naturelles.

Preuue de l'instinct en general, auec la response aux principales objections qui se peuuent apporter contre cette doctrine.

CHAPITRE V.

ENcore que ie n'eusse dessein au precedent Chapitre, que d'expliquer la nature de l'instinct, & monstrer en quoy il differe de la raison, neantmoins la suite des matieres m'a obligé d'en commencer les preuues, pour monstrer que tous les agens naturels auoient quelquefois besoin d'en estre conduits, encore que d'ordinaire ils acheuent leurs actions sans autre ayde que du concours de la cause premiere. Dieu a donné dés le commencement du monde à toutes les parties de la matiere, des formes agissantes, doüées d'autant de facultez, qu'il iugea qu'il estoit necessaire qu'elles en eussent; s'obligeant deslors de suppléer par sa prouidence ce qui pourroit arriuer de manquement à leurs actions naturelles, faute d'avoir assez de facultez, ou d'en avoir d'assez parfaites. Cette prouidence est ce que nous appellons l'instinct, & il n'y a point de Philosophes, qui ne soient contraints de la reconnoistre lors qu'ils considerent que la Nature est composée de pieces si differentes & si contraires, qu'elles ne sçauroient se maintenir en l'ordre où nous les voyons, sans estre conduites par quelque raison, d'autant que l'ordre est vn effect de la raison, comme Aristote l'a remarqué, & comme vn chacun se l'imaginera bien aysement. De sorte que cette raison n'estant point dans les choses insensibles, il faut qu'elle leur soit fournie d'ailleurs, & qu'elles soient conduites par quelqu'autre principe plus noble, qui connoisse la fin où elles sont portées, & sache disposer des moyens pour y paruenir. Il en est de ces causes comme d'vn trait, ou d'vne flesche, qui ne manquât iamais le but, mais s'y portant tousiours auec autant de seureté que si elle le voyoit, nous croyons necessairement qu'elle y est conduite, & poussée par quelqu'vn qui voit ce but, & sçait l'y adresser. Les plumes, desquelles nous escriuons, estans sans raison, & sans aucun sentiment, auroient beau estre taillées, si elles ne sont conduites auec raison; elles ne sçauroient former aucune lettre. De sorte que quád nous voyons des characteres bien formez, & des traits de plumes bien hardis, nous disons incontinent, que la plume qui a tracé cét ouurage, deuoit y estre conduite d'vne sçauante main, pource que d'elle-mesme elle n'eust pû en commencer la moindre partie. Ainsi quand nous voyons que les pierres qui descendent, prennent tousiours la ligne la plus droite, pource qu'elle est la plus courte, & que nous n'auons iamais remarqué qu'elles ayent manqué leur centre, encore qu'elles ne le connoissent pas, & qu'elles ne sçauent où il est; nous sommes contrains de croire, qu'elles y sont conduites par vne cause qui a les connoissances qui leur manquent. Les pierres n'ont point de faculté, par le moyen de laquelle elles puissent sçauoir que les lignes droites sont les plus courtes, ny que leur centre est en bas; & quand elles le sçauroient, peut-estre n'y descendroient elles pas sans y estre poussées, pource que dans le centre où la prouedence de Dieu a voulu que les choses pesantes s'arrestassent pour le bien general du monde, il n'y a rien qui puisse obliger les choses pesantes d'y descendre, mais pluston elles deuroient demeurer le plus proche du Ciel qu'elles pourroient, afin d'en receuoir de plus prés les influences. Car il ne faut pas s'imaginer qu'elles soient attirées dans le centre par les corps qui leur sont semblables, parce que si tous les corps pesans estoient transportez de leur lieu par violence, & qu'on permist à vne pierre qui auroit esté transportée auec le reste, de suiure les mouuemens de son instinct, elle laisseroit la masse de tous les corps pesans, pour se precipiter dans le centre du monde, comme nous voyons que l'eau abandonne vne autre eau, à laquelle elle est iointe, toutes les fois qu'elle trouue quelque penchant, qui luy permet de descendre plus bas. Il seroit encore plus ridicule de dire, que les corps pesans sont attirez en bas par le centre du monde; car puisque le centre du monde n'est rien qu'vn point imaginé, il n'est point capable de faire aucune action, ny d'attirer aucun corps. De sorte que puisque les choses pesantes y vont auec tant de violence, il faut qu'elles y soient poussées par vn instinct, n'estant pas possible qu'elles puissent auoir inclination pour vn rien, comme est le centre, ny qu'elles en reçoiuent aucun profit. Ce n'est pas que i'attribuë à l'instinct toutes les actions & les facultez des pierres, sçachant bien qu'elles ont leur froideur & leur secheresse, à cause de la terre qui predomine en leur composition; ie sçay bien encore que cette terre fait la meilleure partie de leur pesanteur. Seulement ie dis que la terre qui y est, auec toute sa pesanteur, ne sçauroit rencontrer le centre du monde, si elle n'y estoit conduite. Ainsi nous ne trouuons rien dans les pierres, à quoy nous puissions attribuer ce mouuement, nous n'en trouuons aucune raison naturelle; mais nous trouuons bien quantité de raisons fort naturelles, qui nous persuadent que ce mouuement ne vient point de la matiere premiere d'aucun corps pesant, puisqu'elle est indifferente à toutes sortes de mouuemens. Il ne vient point aussi de leur forme, qui n'auroit garde de fuir son semblable, & quitter vne situation auantageuse, pour se porter auec tant de violence deuers vn neant. D'ailleurs les corps pesans ne peuuent faire aucun mouuement sans qu'ils y soient determinez. Or est-il qu'ils ne sont point determinez à ce mouuement par aucune raison qui soit en eux. Ainsi il faut qu'ils soient determinez, ou par leur object, ou par l'instinct. Ce n'est point par leur object, puis qu'ils n'en ont point, & que le centre qui leur sert comme d'object, est vn rien, de sorte qu'ils ne peuuent estre determinez que par l'instinct, ny aller vers le centre du monde sans y estre conduits. Il faut que cette souueraine raison, qui preside à tout le monde, les conduise vers ce but, lequel ils ne connoissent pas.

Dedans les Plantes nous reconnoissons vne ame, qui a les facultez de se nourrir, de croistre, & d'engendrer son semblable. De sorte que pour faire ces trois actions elles n'ont point besoin de l'instinct, pource que tout cela est proportionné aux facultez de leur ame, qui n'a besoin de sentiment, ny de raison pour s'en acquitter. Mais si outre ces actions nous en rencontrons quelqu'vne, dont l'ame des Plantes ne soit point capable, & qui se fasse auec tant d'ordre, qu'il soit impossible de la faire sans raison : lors nous serons obligez de croire, qu'en cette sorte d'actions l'ame des Plantes est conduite par quelque puissance raisonnable, qui la fait reüssir en des actions, qui sont audessus de ses forces. Par exemple, quand nous voyons qu'vne Plante employe sa nourriture à se faire vn branchage, & des fueilles qui soient d'vne figure toute particuliere, & que nous voyons apres cela, que ces figures sont si merueilleuses, qu'elles se font auec des ordres si reglez, lors nous sommes contrains de dire, que ces ordres, & cette belle conformation sont les effects d'vne grande sagesse, laquelle n'estant point aux plantes, ny dans vne ame insensible, il faut necessairement qu'elle luy vienne d'ailleurs, & que ce soit cét instinct que le peuple presche si hautement. Les Philosophes sçauent bien que les Plantes n'ont rien au dessus des pierres qu'vne ame vegetante, qui n'a que les trois facultez, desquelles ie viens de parler, sans estre raisonnable, ny capable d'aucun ordre, lequel ne se rencontre iamais dans les actions des causes necessaires, & qui sont absolument determinées par leur object. Ils sçauent encore qu'il est impossible qu'vne forme naturelle se puisse porter à vne fin, qui est inutile pour ses actions naturelles, qui ne sert ny pour son estre, ny pour son bien estre, & qui luy est, comme i'ay dit, tout à fait inutile. Quel besoin a le Souchet d'esleuer vne grande tige, dont le triangle est si parfait ? Le Grenadier se pourroit bien nourrir, pourroit bien s'accroistre & perpetuer son espece, conseruer sa couleur, & ses autres qualitez, encore qu'il n'auroit point la conformation que nous luy voyōs & que son fruit ne seroit point trauaillé auec vn artifice si merueilleux ; Il pourroit aussi bien estre Grenadier, comme il est en auoir l'ame & les proprietez sous la figure d'vn Potiron, que sous celle que nous luy voyons. Ce qui ne sert ny à sa forme ny à ses actions, luy doit estre indifferent & par consequent ne peut point procede d'vne cause necessaire, comme est sa forme, ny des principes essentiels de sa composition. Mesmes si ie voulois emprunter sur la Medecine, pour prouuer vne verité qui d'ailleurs est assez euidente, il me seroit aisé de monstrer que ~~les actions~~, la nourriture et les autres actions q̃ les plantes ont communes auec nous se font auec des parties les liures de cette science nomment similaires, comme la nourriture, &c. se font par des parties homogenées, & qui n'ont besoin pour cela d'aucune figure, qui leur soit particuliere. De fait les parties de nostre corps, qui ne contribuent qu'aux actions, qui nous sont communes auec les Plantes, n'affectent iamais aucune figure, le foye n'a point d'autre figure exterieure, que celle que les parties voisines luy veulent laisser, sans que ses actions en soient incommodées, encore qu'il soit aussi noblement animé qu'vne plante, & qu'il fasse les mesmes actions d'vne façon plus parfaite. I'acheue de conclure, qu'il faut bien que les Plantes reçoiuent toute leur figure d'ailleurs que de leur ame, laquelle monstre bien dés le commencement de leur generation, que toute sorte de figure est indifferente pour sa conseruation. En effect nous voyons, que la figure des arbres qui sortent de terre, & la forme de leur fueille est si differente de ce qui leur arriue puis apres, qu'vne mesme plante est en cela plus differente d'elle-mesme, qu'elle n'est d'vne autre de diuerse espece. Et encore que l'ame soit la mesme, la forme exterieure est tout autre, sans

F

que cette ame en souffre aucune incommodité, ce qui monstre que ce n'est point l'ame de la plante, qui s'attache à vne figure particuliere, mais que cette figure est vn effect de la prouidence de Dieu, qui a voulu embellir le monde par cette diuersité, marquant les diuerses especes de la Nature, afin de nous les faire mieux discerner pour nos vsages, & en receuoir plus de loüange par nostre bouche.

La conduite de cet instinct est encore plus merueilleuse dans la conformation, qui se fait des animaux, & de toutes leurs parties. De fait ie croy suiure en cela les sentimens du peuple, & me conformer à la connoissance que les Philosophes ont de cette verité, quand ie reconnois que cette conformation des animaux vient de l'instinct, & que c'est vn ouurage immediat de l'autheur de la Nature. Car imaginez-vous ces animaux, qui naissent, ce nous semble de la pourriture. Considerez leur organisation, & vous verrez que les parties des Rats & des Souris sont aussi parfaitement elabourées, que pourroient estre celles d'vn homme. Cependant nous sçauons bien, que lors que le bois se pourrit, il ne détient point capable d'vne plus grande connoissance, la pourriture ne luy acquiert point vne science si haute, que celle qu'il faut pour l'ajustement de tous les organes. Ie veux bien que la chaleur, & que le Soleil y contribuent quelque chose, mesmes i'accorde à toutes les opinions, qu'il vous plaira d'auoir sur cette matiere, toutefois à moins que ce soit Dieu, ou quelque Ange, qui soient les autheurs de cette merueille, vous ne sçauriez trouuer d'autre cause, qui sçache disposer ces organes comme il faut, ny obseruer tant d'ordre sans estre raisonnable. Dans la generation de l'homme, quelque opinion que l'on choisisse, il faudra auoüer cette mesme verité, que c'est Dieu qui en dispose les parties auec l'ordre, & la raison que nous y admirons, encore que quelques autheurs ayent pensé eschaper, en disant que la chaleur toute seule estoit capable d'vn si grand effect. C'est en quoy ils monstrent n'en auoir pas bien estudié la nature : car encore que la chaleur puisse separer les corps heterogenées, cela ne suffit pas pour vne si belle conformation. Tout ce que peut faire la chaleur, c'est de mettre en vne masse tout ce

F ij

qu'il y a de subtil, & le separer d'auec tout ce qui est grossier. Mais elle troubleroit par ce moyen l'organisation, & ne sçauroit faire cét entrelassement si merueilleux, & ces proportions si delicates, si quelque raison ne la conduisoit en tout le procedé de son operation. Quelques-vns disent que l'ame de la mere, d'autres que les ames des enfans sont les Architectes d'vn si bel ouurage, parce qu'estans raisonnables, & capables de toutes les grandes connoissances, elles peuuent sçauoir l'ordre qui est necessaire, & le faire obseruer. Ie respons que cela est impossible; car sans parler de l'ame de l'enfant, qui est bien susceptible de connoissance, mais qui n'en a encore point du tout, il est certain que l'ame de la mere ne peut seruir de guide aux esprits, qui font vne organisation si parfaite, à moins que d'auoir tres-parfaitement appris l'Anatomie, & sçauoir combien il faut d'arteres & de nerfs, pour acheuer vn corps bien organisé. Il faut donc que la chaleur naturelle, & les esprits soient conduits en ce dessein par quelque cause intelligente, & qui ait les connoissances qui leur manquent. C'est ce que nous appellons l'instinct, duquel ie ne me lasserois iamais d'apporter des exemples, n'estoit que ie crains d'estre trop exact, & que voulant éuiter la negligence de ceux qui en ont escrit, ie ne tombe en l'autre extremité. Que si quelqu'vn ne se contente pas de ce que i'en ay apporté, il n'a qu'à faire vne reueuë de la Nature toute entiere, pour y voir quantité d'effects, qui n'ont point d'autres causes naturelles, & qui n'en peuuent auoir.

Ie sçay bien que plusieurs qui liront ce Chapitre, se fascheront de voir qu'vn homme qui a employé quelques heures de son loisir à l'estude de la Philosophie, y a neätmoins si peu profité, que de n'estre pas desabusé de l'opinion du peuple ignorant, qui croit auoir bien satisfait à toutes les questions, qui se peuuent faire en Physique, lors qu'il rapporte tous les effects à Dieu, ayant tousiours recours au miracle. C'est pourtant ce que ie n'ay point fait iusques à cette heure, pource qu'encore que i'attribuë beaucoup d'effects à l'autheur de la Nature, ie ne dis pas pour cela que ces effects soient des miracles, ayant desia dit, que c'estoient des actions naturelles, & l'ayant prouué par plusieurs raisons, ausquelles i'adioute maintenant qu'il faut que ces actions soient naturelles, puis qu'elles sont ordinaires. Elles sont dans l'ordre de la Nature, & dans les reigles qui furent establies dés le commencement du monde, lors que Dieu ayant fait les diuers Estres, & leur ayant fourny leurs facultez, il commença deslors à pratiquer les effects de l'instinct, suppleant deslors aux defauts de ces facultez. De sorte que puisque la Nature, selon la definition de tous les Sages, n'est que la puissance ordinaire de Dieu, il faut dire que tous les effects, qui sont ordinaires en la Nature, & qui ne releuent que de cette puissance ordinaire, ne doiuent passer, ny pour des miracles, ny pour des monstres.

Apres cela ie ne fais pas dessein de prendre part à la superstition de quelques-vns, qui croiroient faire tort à Dieu, s'ils ne luy attribuoient immediatement tous les effects de la Nature, ne pouuans oüir nommer aucune des causes secondes, sans accuser tous les Naturalistes d'Atheïsme. Ie ne suis pas si scrupuleux, & ie loüe Dieu de ce qu'il m'a donné vn peu dauantage de connoissance. Mais comme ie plains ceux qui sont abrutis de cette opinion, ie ne puis m'empescher de mespriser certains meschans petits esprits mal faits, qui ont l'imagination blessée d'vne maladie bien contraire. Ils condamnent d'ignorance tous ceux qui montent quelquefois au Ciel, pour rencontrer les causes de ce qui se fait sur la terre, ils regardent auec pitié tous ceux qui interessent Dieu dans les ouurages de la Nature, & prennent pour des infirmes tous ceux qui reconnoissent la Prouidence. Ce n'est pas, comme i'ay dit, que i'approuue ceux qui croyent satisfaire à toutes les difficultez, en ne donnant qu'vne seule, & mesme responce, & qui ostent aux causes secondes toute l'actiuité que Dieu leur a donnée. Les Philosophes en vsent bien autrement : car deuant que d'en venir là, ils considerent la nature de la difficulté dont il s'agit, ils l'enuisagent de toutes parts, & examinent tout ce qu'il y a de genres de causes au monde, afin d'en trouuer quelqu'vne, laquelle ils puissent apparier à l'effect dont il est question, & y trouuer vne suite necessaire, ce que n'ayans pû faire on les peut excuser, s'ils ont recours à la cause première. Il ne doit pourtant pas estre permis à vn Naturaliste de dire que Dieu est la seule cause d'vn effect, qu'auparauant il ne se soit pourueu de bonnes & fortes raisons pour le prouuer, n'estant pas impossible que cét effect se puisse rapporter à quelqu'autre cause, qui luy est inconnuë. Toutes nos plus grandes lumieres sont si pasles, & toutes nos recerches tellement defectueuses, qu'il y a sans doute quantité d'effects, dont nous ne sçauons point les causes naturelles, que pour cela il ne nous seroit pas bien seant d'asseurer qu'il n'y en a point, il vaut mieux auoüer nostre ignorance, que d'auancer vne opinion sans fondement. Il ne suffit donc pas d'ignorer les causes naturelles, pour rapporter vn effect à Dieu ; mais il faut premierement prouuer, qu'il n'y a aucune cause naturelle de l'effect dont nous disputons, & que mesmes il n'est pas possible qu'il y en ait. Cela se peut prouuer, en monstrant que cét effect surpasse toute la puissance de la Nature, & toute l'estenduë de son actiuité, & qu'ainsi il faut vne cause plus puissante que toute la Nature ensemble, pour venir à bout de cét effect. Quelquefois il faut monstrer que l'effect ne peut estre naturel, parce qu'il repugne aux inclinations de la Nature. On peut encores prouuer qu'vn effect ne peut estre produit par les principes naturels de quelque sujet, ou de quelque espece, lors qu'il est plus excellent que ces principes, & au dessus de leur force, comme quand nous faisons voir des effects raisonnables dans les Plantes, que tout le monde sçait bien n'auoir point de raison. Il y a encore beaucoup d'autres moyens pour cela, lesquels dés qu'vn Philosophe a fait reüssir, qu'il ne craigne point de publier que Dieu est l'autheur de l'effect, dont on cherche la cause, & qu'il se mocque hardiment de toutes les calomnies de ces esprits rempans, dont les raisonnemens n'ont iamais assez de force pour les esleuer iusques à la premiere cause, & à la source de toutes les autres. Quand nous aurons prouué qu'vn effect appartient immediatement à Dieu, il nous deura bien estre permis de le croire, & nous pourrons dire que nous sçauons la nature de cét effect, & sa veritable cause, puisque nous la sçauons par demonstration, & que nous auons monstré qu'il ne peut y en auoir d'autre. La profession que font les Philosophes les oblige de discerner toutes les causes, qui se peuuent connoistre, mais elle ne leur prescrit point de quel genre doiuent estre ces causes, pourueu qu'elles soient veritables, & immediates. Il ne faut seulement qu'à force de demonstrations faire cesser les admirations, que nous auions pour vn effect, deuant que sçauoir vne cause, qui soit capable de le produire, & qui ne reüssit iamais mieux, que lors qu'on nous fait rapporter à Dieu les sujets de nostre admiration. C'est lors que nous n'admirons plus l'effect, nous ne demandons plus si cette cause est capable d'vn si grand ouurage, & comment elle peut le faire. Au lieu que tous ces petits raisonnemens, que nous tirons de la chaleur, de la froideur, & de la nature des autres qualitez elementaires, la sympathie & l'antipathie ne sont le plus souuent que des begayemens d'enfans, & des voiles de nostre ignorance. Ie ne nie pourtant pas que de là on ne tire fort souuent de veritables raisons, mais nostre esprit ne s'en contente qu'à demy, & n'est iamais dans vn parfait acquiefcement, pource que nous ne terminons iamais de difficulté par là, que nous n'en faſſions naiſtre beaucoup d'autres. Il n'y a que la cauſe toute-puiſſante, qui puiſſe remplir noſtre eſprit, & en diſſiper tous les nuages. Outre que le procedé que les Philoſophes tiennent dans la recerche de cette premiere cauſe, eſt vne façon de philoſopher bien plus noble que toutes les autres, parce que deuant que d'en venir là il faut examiner toute la Nature, & les forces de toutes les cauſes ſecondes, & puis ſe ſeruir de raiſonnement, qui ſoit aſſez genereux pour impoſer ſilence à tous ceux qui rapportent tout au meſlange des Elemens, & aux formes des mixtes, & qui ſont ſi iniuſtes, que de nous demander les cauſes naturelles d'vn effect, lors que nous prouuons qu'il n'y en a point. Par exemple, ſi apres auoir monſtré que le monde a commencé, quelqu'vn prouuoit qu'il ne s'eſt pas fait luy-meſme, & qu'il faut que ce ſoit la cauſe infinie qui l'a tiré du neant, faudroit-il l'obliger de trouuer encore quelqu'autre cauſe que cette infinie? De meſmes s'il auoit prouué que l'ame eſt creée immediatement de Dieu, il ſeroit ridicule de luy en demander vne autre cause. Ainsi quand les Metaphysiciens monstrent, que comme la determination specifique d'vn effect vient des causes secondes, de mesmes que la determination indiuiduele ne peut proceder que de la cause premiere, il ne faut pas accuser leur Philosophie de foiblesse, mais pluftost acquiescer à leurs conclusions, puisque c'est la raison qui nous y conduit. De fait les plus sçauans hommes qui ayent iamais expliqué les sciences, ont souuent fait gloire d'en venir là, n'apprehendans pas d'en acquerir la reputation d'ignorans, puis qu'ils y estoient conduits par la raison, & que c'estoit vn signe asseuré qu'ils sçauoient la nature de toutes les causes, & tout ce dont elles sont capables. Ie deuois, ce me semble, cette longue Apologie à la reputation de ces grands hommes, de qui ie suy les opinions, afin de les garantir des reproches, qui sont si ordinaires en la bouche des demy sçauans, qui infectent toutes les sciences de leurs sentimens particuliers.

Il me reste encore de respondre à vne assez grande difficulté, que quelques Philosophes ont inuenté, contre l'opinion commune de l'instinct, ne la voulans pas receuoir, de peur d'estre iniurieux à Dieu, & à sa puissance souueraine. Par exemple, disent-ils, la conformation des animaux, & l'organisation de leurs parties, est selon les autheurs que vous suiuez, vn effect de l'instinct. Si cela est que ce soit Dieu, qui guide les esprits de la generation, dans la structure qui se fait de nos organes, d'où vient tant de corps si mal faits? puisque la science de Dieu n'est non plus defectueuse que son pouuoir. I'auouë que cette objection semble auoir quelque force, pour monstrer que la conformation de nos parties n'est pas immediatement de Dieu, mais elle ne contrarie point la doctrine de l'instinct en general, puisque la pluspart des actions que nous luy attribuons se font tousiours d'vne mesme sorte. C'est ainsi que les corps pesans rencontrent tousiours leur centre, les actions des Fourmis, des Abeilles, & de beaucoup d'autres animaux, que ie monstreray venir de l'instinct, ne manquent iamais de paruenir à leur fin. Mesmes cette objection n'est point si forte, qu'elle nous empesche de rapporter à l'instinct l'organisation de l'homm[e] encore qu'il y ait vn peu de difficult[é] Pour y respondre, ie pourrois dire que l[es] Theologiens sçauent bien la cause pou[r]quoy il y a des enfans qui sont monstrueu[x] & pour quelle fin c'est que Dieu le perme[t]. La pluspart des peres & des meres n'en d[e]mandent point la raison, pource qu'ils croyent sçauoir, & qu'ils en ont vne op[i]nion qui confirme la nostre. Les Historie[ns] & les Politiques nous asseurent, que bie[n] souuent ces prodiges seruent à nous a[n]noncer l'arriuée de quelques autres pl[us] grands, ce qui fait voir que la cause de c[es] monstres doit estre preuoyante, intellige[n]te, & aussi noble que celle des productio[ns] acheuées. Les Naturalistes qui ne suiue[nt] que les principes de leur science, en pa[r]lent vn peu autrement. Neantmoins qua[nd] ils considerent que les monstres sont pl[us] ordinaires parmy les hommes, que parm[y] les autres especes, esquelles l'organisatio[n] est aussi parfaite, ils sont contrains de re[c]connoistre quelques causes de cette de[f]fectuosité, qui n'est pas de leur iurisdiction En effet il n'y a que ceux qui deguise[nt] la verité, qui se puissent resoudre d'att[ribuer]

buer la cause de cela à l'imagination des femmes, pource que les bestes ont vne imagination aussi bien que les femmes, & attachent cette imagination plus fixement aux objects de leur appetit, n'estans pas diuerties par tant de sortes d'occasions, comme sont les femmes.

Apres toutes ces responses, la bonté de nostre cause m'enhardit d'accorder gratuitement, que les monstres ne se font iamais pour aucune fin, & que les causes qui les produisent, n'auoient pas cette intention, ce qui n'empesche pas que les monstres ne doiuent leur production à l'instinct, leur defectuosité ne suffisant pas pour monstrer que l'instinct, qui a conduit leur organisation, aye pour cela manqué sa fin, ny qu'il ait esté defectueux en son operation. S'il y a du defaut en l'effect, il vient du defaut de la matiere, ou plustost du defaut des esprits, qui ont esté les instrumens de cette conformation. Mais ce qu'il y a d'ordre & de raisonnable, appartient à la conduite de l'instinct, & à la direction qu'il a fait des instrumens. Cette direction n'estant pas suffisante pour empescher les manquemens qui sont en l'effect, parce que lors que Dieu se sert de causes secondes comme d'instrumens, il ne change pas pour cela la nature, ny les qualitez des causes secondes, se seruant de ces causes en l'estat qu'il les rencontre, ce qui fait que souuent elles manquent leur fin, lors qu'elles ne se rencontrent pas en leur estat naturel. Par exemple, les esprits qui font la conformation de l'homme, ont pour but de faire vn corps parfaitement organisé. Ces esprits ne sçauroient pourtant paruenir à ce but faute de le connoistre, & de sçauoir l'ordre qu'il y faut tenir. Ainsi la cause premiere, qui supplée au defaut de toutes les causes, fournit aussi son instinct à ces esprits, afin de les conduire vers leur fin, laquelle ils ne peuuent pas connoistre lors mesmes qu'ils ont toute la perfection, dont leur nature est capable. Que si outre ce defaut de connoissance qui leur est naturel, il leur suruient par accident, & contre nature quelque nouueau defaut, lors la cause premiere ne supplée point à ce nouueau defaut, & ne fournit aux esprits malades, que ce qu'elle leur fourniroit s'ils estoient en leur estat naturel. Elle ne fait que diriger cét esprit malade, de la mesme

mesme façon que s'il ne l'estoit pas, c'est à dire, qu'elle ne supplée que la connoissance de leur fin. De sorte que l'action qui resulte de la cause premiere, & de l'instrument tout ensemble, est toute telle que si elle resultoit d'vn instrument tout seul, qui de luy-mesme, & de sa nature auroit la connoissance de sa fin, & des moyens pour y paruenir. Or est-il certain que quand les esprits connoistroient eux-mesmes leur fin, qu'estans malades, ou empeschez en leurs actions par le defaut de la matiere, leurs actions seroient defectueuses. De façon qu'il ne faut pas s'estonner s'ils manquent leur fin, encore qu'ils en empruntent la connoissance d'vne cause toute sage & souueraine. Si pour paruenir à cette fin il suffisoit de la connoistre, c'est sans doute qu'ils ne la manqueroient pas; mais il faut imputer leurs manquemens, non pas à l'instinct qui les dirige, c'est aux empeschemens, qui leur suruiennent d'ailleurs. Il en est de ces esprits comme des corps pesans, lesquels i'ay dit cy-dessus estre conduits par l'instinct vers le centre du monde. Cependant lors qu'il se rencontre quelque empeschement, qui retient ces

G

corps pesans par force, l'instinct n'oste pas cét empeschement, encore qu'il fournisse tousiours l'inclination de descendre, & qu'il supplée la connoissance du centre du monde. Il est en cela de la cause premiere comme d'vn Peintre excellent, qui n'auroit que de chetifs pinceaux, & moins de couleurs qu'il en faut pour bien representer son object, il ne laissera pourtant pas de s'en seruir à faute d'autres; mais quelque excellent qu'il soit en son art, il sera impossible que son ouurage ne soit defectueux. Ce qu'il y a de bon, & de representant en son portrait, vient de l'esprit, & de la conduite du Peintre; mais ce qu'il y a de defectueux, vient du defaut de ses outils, & de ce qu'il y a employé. Si le Peintre auoit pû faire ce tableau tout seul, sans doute qu'il nous eust representé cette parfaite idée qu'il auoit en son esprit, ce que ne pouuant pas sans vn ayde defectueux, il est necessaire qu'il manque quelque chose en son tableau. I'ay dit qu'il en estoit ainsi de la cause premiere, qui fournit son instinct & sa conduite aux organes qu'elle rencontre, & qu'elle ne fait pas. Si auec la conduite, qu'elle leur supplée, elle suppleoit aussi à leurs autres defauts, il n'en sortiroit point d'ouurage qui ne fust accomply. Mais appliquant son instinct aux organes qu'elle rencontre, cét assemblage n'est pas tousiours bien assorti, & ainsi il est necessaire, & de necessité physique, que l'ouurage soit imparfait, pource qu'il faut necessairement qu'il y ait en l'effect quelque defaut, qui responde au defaut d'vne des causes. Si quelqu'vn demande pourquoy Dieu ne perfectionne pas les organes, & ne leur rend pas leur estat naturel premier que de les mettre en œuure, ie respondray que c'est qu'il ne le veut pas. Mesmes à moins que de vouloir renuerser à tous moments l'ordre de la Nature, & faire à toute heure des miracles, il faut qu'il laisse les causes secondes telles qu'elles se rencontrent, & dans l'ordre que luy-mesme leur a prescrit. S'il corrigeoit les defauts, qui s'y trouuent par accident, il renuerseroit les actions & les inclinations de la Nature, pource que pour conseruer vn agent en son estat naturel, il faudroit trauerser l'inclination naturelle de quantité d'autres agents, qui sont naturellement contraires à cettuy-cy. Et pour n'a-

G ij

bandonner pas l'exemple des esprits, desquels nous parlons maintenant, il est certain que les empeschemens, & les accidens qui leur suruiennent, sont des effects naturels, & les plus naturels de quelques autres causes physiques. Ainsi la cause premiere ne peut employer son pouuoir absolu, pour conseruer à ces esprits toute leur faculté naturelle, sans oster à toutes les autres causes qui leur sont contraires la faculté qu'elles ont d'agir, & d'imprimer leur semblance. Tant s'en faut que la cause premiere le vueille faire, que mesmes elle ayde l'action de ces autres causes, qui contrarient & trauersent l'inclination de ces esprits, à qui son instinct sert de conduite. Car estant cause vniuerselle, comme elle est, elle doit son concours à toutes les causes, mesmes à celles qui contrarient les actions, qui sont dirigées par son instinct. De sorte que toutes les fois que ces causes contraires se rencontrent, il faut qu'il arriue quelque defaut en l'effect, & que les esprits qui sont nostre conformation, manquent la fin qu'ils s'estoient proposée en cette action. La cause premiere n'y manque pourtant pas sa fin, ayant desia dit plusieurs fois, que sa fin n'estoit pas de corriger les defauts des esprits, qui luy seruent d'organes, mais de fournir la connoissance à ces esprits, qui ne se trouuent pas quelquefois en estat de suiure cette connoissance. C'est ce que ie veux encores expliquer par vn troisiesme exemple, qui sera d'vn Maistre qui enseigne à escrire à vn enfant, lors le Maistre tient la main de cet enfant, & la conduit iusques où elle peut aller, & proportionnement à ses forces. De sorte que l'escriture qui en resulte, est aussi bien vn effect de la main du Maistre, comme nostre conformation est vn effect de l'instinct. Et on doit dire, que c'est le Maistre qui a fait cette escriture, encore que l'escriture soit tres-imparfaite, & qu'elle ne responde point à l'excellence de ce Maistre, pource qu'il se seruoit de la main de l'enfant comme d'vn organe. Et en cette occasion personne ne s'enquiert pourquoy le Maistre n'escrit pas tout seul, pour pouuoir former plus parfaitement ses characteres. Il seroit, dis-je, ridicule, & impertinent de demander pourquoy cet Escriuain ne fait pas vne plus belle escriture, pource que l'on doit considerer sa fin, qui est de conduire vne foible main, & non pas de bien escrire. Il n'y eut iamais d'exemple entierement conforme aux choses que nous voulons expliquer, neantmoins si celuy-cy n'exprime entierement mon intention, & toute la nature de l'instinct, il suffit pour faire comprendre aux plus stupides, que lors qu'vn effect despend necessairement de plusieurs causes, il peut bien y auoir du defaut en l'effect, sans qu'il y'en ait en l'action de chacune des causes. Mesmes que les causes diuerses, qui trauaillent à vn mesme effect, peuuent en quelque façon auoir vne fin differente, en sorte que l'vne manquera sa fin, & l'autre ne laissera pas pour cela de paruenir à la sienne. De fait nous voyons en cét exemple, que l'enfant ayant dessein de bien escrire, & de conformer son escriture à celle de son Maistre, n'y reüssit pas, au lieu que le Maistre y reüssit, n'ayant autre dessein que de conduire la main de l'enfant selon la portée de ses forces. Par où on peut expliquer ce que i'ay desia dit tant de fois, que la cause premiere n'erroit point en sa conduite, encore qu'il se trouuast de l'erreur, & des monstres en quelques vns de ses effects. Ce que ie pourrois éclaircir par beaucoup d'autres exemples, n'estoit que ie crains d'en auoir desia trop apporté, & m'estre estendu plus que ie ne deuois en l'explication de cette objection, qui est la seule qui peut faire trouuer la doctrine de l'instinct difficile.

Que les actions les plus merueilleuses des bestes doiuent plustost estre rapportées à l'instinct qu'à la raison.

Chapitre VI.

Ceux qui estoient desia persuadez du secours de l'instinct en l'operation des causes secondes, & qui n'en ignorent point la necessité, pouuoient bien se passer de lire les deux Chapitres precedens, pource que c'est en celuy-cy que ie commence à expliquer les difficultez qu'on nous fait touchant les bestes, lesquelles on dit auoir de la raison. C'est ce que Charon, & quelques autres s'efforcent de prouuer par les actions qu'elles font, ne pouuans voir sans admiration la sage preuoyance qui paroist aux actions de plusieurs animaux. Il est pourtant vray qu'ils ne l'admirent pas encores assez, & que s'ils l'auoient consideré auec tout ce qu'il faudroit d'attention, ils la trouueroient trop merueilleuse pour estre attribuée à vne raison, laquelle ils auoüent estre inferieure à celle de l'homme. Car les hommes auec toutes leurs raisons ne sçauroient faire aucune des actions, desquelles il est icy question, ny estre capables de tant de preuoyance, comme celle que nous admirons aux bestes, ny de faire prouision pour l'hyuer, s'ils n'en auoient iamais experimenté la necessité, ou s'ils ne l'auoient point appris des hommes, qui les ont precedé. Au lieu que des Fourmis qui n'en auroient iamais veu d'autres, & que l'on auroit pris la peine de faire éclorre, comme on fait les Vers à soye, seroient aussi sages que s'ils auoient esté instruits, & auroient dés leur premier apprentissage cette mesme preuoyance, qui a fait des exemples, & des prouerbes. L'experience, ny les années n'adjoutent rien à leurs connoissances, & ne les rendent pas plus soigneux de faire leur petite prouision annuelle, qu'ils font dés le commencement. Au lieu que si les hommes venoient au monde auec vn parfait exercice de toutes leurs facultez, & auec plus de iugement que n'en ont tous les Philosophes, ils laisseroient pourrir tous les fruicts de la terre, sans en faire aucune prouision pour leur hyuer, & toute leur raison ne leur fourniroit point assez d'ayde, pour en deuiner la necessité. Pource que toutes les conclusions de nostre raison, & toutes ses consequences se bastissent sur des principes, & presupposent des fondemens, qu'il faut necessairement que nous ayons de l'experience, ou bien de l'instruction. De sorte que quand la raison seroit beaucoup plus parfaite dans les Fourmis qu'elle n'est pas en l'homme, il leur seroit pourtant impossible de preuoir l'aduenir. Des chaleurs de l'esté ils ne pourroient pas en inferer de consequences pour l'hyuer, ny se seruir de l'abondance, qui est l'esté sur la terre, pour conclure que la disette sera fort grande par apres. Les Fourmis ne sont donc point conduits en cela par vne raison qui soit en eux, ils ne sont point aussi conduits par leurs sens externes, qui ne iugent que des objets prefens, ny par leur imagination, ny par leur memoire, qui n'ont iamais d'autres efpeces que celles qu'elles ont receu de dehors, & ne peuuent auoir aucune iurifdiction fur l'aduenir ; ainfi l'action des Fourmis doit eftre l'effect d'vne plus grande fageffe que la leur, & eftre attribuée à cét inftinct que i'ay expliqué cy-deffus. C'eft encores à cét inftinct qu'il faut rapporter le foin qu'ont les Fourmis de ronger le germe du blé qu'elles ferrent, pour l'empefcher de germer, & de croiftre en herbe. La raifon fans experience ne peut pas leur auoir enfeigné, que le blé ~~foit accouftumé de~~ germer, ny que ce foit cette partie du grain qui en donne la vertu à tout le refte, puifque les hommes n'en peuuent rien fçauoir que par l'experience, laquelle eft fuppleée dans les Fourmis par le moyen de l'inftinct. Si ce n'eft que quelqu'vn vouluft dire, que le germe eft la partie du grain la plus tendre, la plus delicate, & qui eft en plus belle prife, ce qui oblige les Fourmis à commencer par là à fe desfaire de leurs prouifions, encores que la raifon, qui eft tirée de l'inftinct foit beaucoup plus probable.

doive

sur la Sagesse de Charon. 107

La police des Mousches à miel, l'artifice auec lequel elles composent leurs ouurages, ont trouué des admirateurs en tous les siecles, & plusieurs ont pris de là occasion de les croire raisonnables. Il est pourtant certain que ce n'est pas assez de les admirer, que de prendre leurs artifices pour des consequences de la raison, & d'attribuer des ordres si reglez, comme sont les leurs, à vne puissance si inconstante & si incertaine, comme est celle du raisonnement. En effect, outre que les preuues, dont ie me suis serui, pour monstrer que les Fourmis ne raisonnent point, me pourroient suffire pour monstrer toute la mesme chose touchant les Abeilles, nous en auons encores d'autres indices, qui leur sont particuliers, nostre cause estant si bonne, que chaque exemple qu'on apporte pour prouuer le raisonnement des bestes, nous fournira des preuues assez fortes, pour contredire ce pretendu raisonnement. Ainsi ie soustiens que c'est l'instinct, qui est l'vnique principe de toutes ces merueilles, & que si ces artifices se faisoient par raison, ils ne seroient pas tousiours d'vne mesme sorte. Car comme le raisonnement ne s'arreste iamais, ses dernieres conclusions luy seruent tousiours de principes, pour en faire de nouuelles consequences, en sorte que dedans tous ses artifices il fait tousiours l'essay de quelque nouueauté. Il y a eu en tous les siecles des Architectes, qui auoient bien autant d'esprit que les Mousches, & autant de connoissance de la Geometrie, cependant ils n'ont iamais pû trouuer vne forme de bastiment, qui fust au gré des siecles qui ont suiuy, à laquelle la posterité se soit voulu arrester, sans innouer beaucoup de choses, & sans perfectionner les premiers essais de l'antiquité. Au lieu que si vous lisez l'histoire des Abeilles dans les liures de ceux qui en ont escrit anciennement, vous y trouuerez tout ce que nous y admirons à cette heure, sans que le temps ait rien changé de cét artifice, ou que ces Mousches ayent acquis par leurs experiences aucune nouuelle connoissance. Si les raisonnemens sont inquiets, ils sont encores plus incertains, & plus trompeurs, & ce n'est pas le moyen de paruenir bien seurement à vne fin, que d'y proceder par raisonnement. Pource que la deliberation nous panche tousiours si fort du costé qu'il ne faudroit pas, que bien souuent elle nous y emporte, & nous fait manquer nostre but. De sorte qu'il est bien plus raisonnable d'attribuer à l'instinct tout ce que nous voyons d'effects bien reglez, & tous les artifices inuariables, & dire que ce sont les effects d'vne souueraine sagesse, & d'vne puissance qui ne se trompe iamais. Il faut que cét ordre soit la production d'vn plus grand artisan, que n'est toute la raison des creatures, & que ce soit l'action d'vne faculté, qui a eu toutes ses notions formées dés le commencemēt, qui n'aduance point en connoissance, & qui ne tire aucun profit des nouuelles experiences qui se font en la Nature. De façon que puisque les Abeilles ont paru aussi sçauantes dés le commencement du monde, qu'elles le sont à present, que tous leurs coups sont certains, toutes leurs actions asseurées, qu'elles ne manquent iamais leur fin, ie conclus qu'elles ne raisonnent point, mais qu'elles sont dirigées par vne cause plus seure & plus intelligente, que ne peut estre leur ame, aydée de toute la raison que vous pourriez vous y imaginer. Ainsi ie n'excuse point ceux qui ont escrit, que les Abeil-

les formans toufiours leur cire d'vne mefme figure, & auec les mefmes angles, qu'il
faut bien qu'elles comprennent la commodité de cette figure, & qu'elles fçachent les
Mathematiques. C'eſt comme qui diroit
que les Cryſtaux ont de la raifon, & la con-
noiffance de la Geometrie, pource qu'ils
croiffent prefque toufiours auec les mefmes angles. C'eſt pluſtoſt de cette vnifor-
mité qu'il faut conclure l'inſtinct, & dire
que puifque les ieunes Abeilles, qui n'ont
iamais eſté inſtruites à former leurs con-
clufions, trauaillent auſſi parfaitement que
les autres, il faut auoüer, ou que les hommes ont ignoré iufques à prefent que c'eſt
que raifonnement, ou que ces animaux
font conduits par quelqu'autre puiffance,
qui connoiſt mieux leur fin, qu'elles ne
pourroient faire par le moyen de la raifon.

Plufieurs fe croyent bien fondez de
s'imaginer que les Hirondelles ont de la
raifon, pource que pour former leur nid
elles font prouifion d'vne boüe liquide, &
qui n'y feroit pas fort propre, n'eſtoit qu'elles iugent qu'elle acquerra de la folidité
par le defechement. Enfuite elles font pro-

uision de plumes, afin de conseruer la chaleur de leurs œufs, & que leurs petits y reposent plus mollement. I'auoüe que cette preuoyance est merueilleuse, & ie l'admire si fort, que ie suis contraint de la rapporter à l'instinct, ne pouuant m'imaginer que nos Aduersaires puissent comprendre, que la raison des Hirondelles les puisse porter à des ouurages si excellens, veu qu'eux-mesmes, qui s'estiment plus que toutes les bestes du monde ensemble, ne sçauroient y paruenir sans instruction & sans discipline. Nous voyons des oyseaux, qui auront esté éclos par d'autres de differente espece, & nourris toute leur vie en vne cage, qui sont neantmoins au sortir de là aussi capables de faire vn nid que les autres, & le feroient aussi parfaitement. Vne Hirondelle, qui n'auroit iamais veu de boüe, qui ne sçauroit pas qu'elle est assez gluante pour s'attacher à vne poutre, ny qu'elle aura vn iour de la solidité, ne manquera pas pour cela de commencer ses prouisions par là, & d'amasser en suite le reste des matieres, dont elle fait les autres couches de son nid, auquel elle donne la mesme figure que font toutes les autres, sans y auoir esté instruits. Ne pensez pas qu'elle en ameine d'autres pour voir le dessein de son bastiment, ny qu'elle prie les plus vieilles de luy en dire leur aduis, ny que hors certains empeschemens elle change son premier dessein, comme font les hommes, suiuant le conseil de leurs amis. Quelque excellente que soit nostre raison, ce nous seroit vn ayde presque inutile pour nos actions, si la societé ne nous la rendoit aduantageuse, & si la deliberation de plusieurs n'acheuoit ce qu'vn seul homme auroit trop de peine à commencer. Mais les bestes, qui sont assistées de l'instinct dans cette sorte d'action, ne tirent que fort peu

de d'aise à la societé, vne chacune d'entr'elles ayant autant de connoissance qu'en peut auoir toute l'espece ensemble. On peut encore monstrer par ailleurs, que c'est quelqu'autre raison que celle des oyseaux,

nids qui les conduit en la fabrique de leurs vies, qui en forme les desseins, & qui les fait reüssir. Car il nous est tres-euident que les oyseaux font leurs nids sans sçauoir pourquoy ils les font, & sans en comprendre la raison. S'ils la sçauoient, ou seulement s'ils en comprenoient la moindre vtilité, ils

n'en

n'en feroient pas seulement pour leurs petits, mais l'hyuer ils s'en feroient pour eux-mesmes, afin de s'y coucher, & de se garantir du froid qui les fait mourir. De sorte que puisqu'ils n'en font point pour eux-mesmes dans vn si grand besoin, c'est signe que d'eux-mesmes ils ne sçauroient en auoir fait, qu'ils en ignorent l'artifice & l'vtilité.

Ceux là se trompent aussi bien fort, qui prennēt pour marque de raison, ou pour signe d'amitié le soin que les animaux ont de leurs petits. C'est pluftost vn tesmoignage de l'instinct, qui rend les bestes si soigneuses de conseruer leur portée, qui les arme pour cette conseruation iusqu'à les rendre furieux dans les necessitez, & leur faire attaquer sans frayeur d'autres animaux plus puissans, & que hors de cette occasion elles n'oseroient auoir regardé. Si toutes ces choses estoient des effects de l'amitié des bestes, il faudroit dire que leur amitié est plus grande que celle que les femmes ont pour leurs enfans. C'est ce qui n'est point possible, puisque l'amitié est tousiours plus grande où il y a dauantage de raison, & que ceux d'entre les hommes,

H

qui sont les plus brutaux, & plus approchans de la nature des bestes, sont aussi les plus insensibles du costé de l'amitié. Ils ayment leurs amis moins que les autres, & sont moins touchez de leur perte, pratiquans tres-mal tous les autres deuoirs de l'amitié. Ce n'est pas parmy les païsans que vous deuez cercher de grandes affections, dont vous puissiez faire des exemples, vous n'y remarquerez quasi point d'amitié desinteressée, ils n'ayment leurs enfans qu'à cause du profit qu'ils en reçoiuent, ou qu'ils en esperent; & s'il leur en naist quelqu'vn de maladif, quelque esprit qu'il puisse auoir, ils l'abandonnent comme chose perduë, ou à tout le moins qui ne leur touche que fort peu, au lieu que la pitié deuroit faire croistre l'affection des peres, & redoubler les soins maternels à son esgard. S'il nous est donc permis de iuger des bestes par l'exemple des hommes qui leur ressemblent le plus, nous deuons croire qu'elles ne sont pas capables d'amitié pour leurs petits, & que si elles en font les actions, elles y sont poussées par l'instinct, pour la conseruation de l'Espece. De fait lors que ces petits grandissent, &

qu'ils se peuuent eschaper d'eux-mesmes, cét instinct abandonne les bestes, ce grand feu s'esteint tout à coup, sans qu'il reste aucune trace de parenté ou d'amitié, vous n'y voyez seulement pas de societé, & tout y paroist estranger. Si les bestes estoient raisonnables il n'en seroit pas ainsi, l'amitié croistroit au lieu de diminuer, aussi bien qu'aux hommes qui ayment dauantage, & auec plus de raison leurs ~~fils~~ *enfans* quand ils sont grands, ils se plaisent dauantage en leur entretien quand ils sont raisonnables, & les esperances ne les touchent point si fort, comme fait le contentement de voir ces esperances accomplies. Les personnes raisonnables sont beaucoup moins affligées de la mort d'vn petit enfant, que d'vn autre plus grand, au lieu que le contraire se remarque dans les bestes, qui est vn signe qu'elles n'ont point de raison. Mesmes ce qu'vn grand personnage a escrit, est bien considerable, c'est que parmy la pluspart des animaux il n'y a que les meres qui ayent le soin de leurs petits. Les masles ne s'y interessent point du tout, & ne font point de mariage qui soit de durée auec leur femelle, comme cela se voit aux chiens, aux cheuaux, & à tout le reste, dont les femelles nourrissent leurs petits de lait, ce qui rend l'assistance des masles inutile. Au lieu que toutes les fois, que pour la nourriture des petits il est besoin de quester, les masles tesmoignent le mesme soin pour le recouurement de cette nourriture, comme cela se voit aux oyseaux, hormis en ceux qui nous sont les plus domestiques, & qui sont commis à nostre prouidence. Cette difference fait bien voir, qu'il n'y a que l'instinct qui soit cause de cette diuersité d'inclination, & que hors la necessité de la conseruation de l'Espece, les masles d'entre les animaux n'ayans aucun soin de leur lignée, eux qui deuroient estre plus raisonnables que les femelles, c'est signe que tous les soins des bestes ne viennent point d'amitié, & qu'elles n'ont point de raison.

Quelques-vns attribuent à la raison les connoissances qu'ont presque toutes les bestes, de celles qui leur sont ennemies, encore qu'elles ne les ayent iamais veu auparauant. Mais ces gens-là ne remarquent pas que tous leurs exemples nous fournissent des preuues de l'instinct, ausquelles ils ne respondront iamais, quelque contrainte qu'ils puissent donner à leur esprit. Car eux-mesmes nous accordent, qu'vne Brebis qui n'aura iamais veu le Loup, fuira premier que d'auoir experimenté sa malice, & qu'elle ne fuiroit pas d'vn Elephant, ny d'vn Chameau. Les petits oyseaux ne s'effarouchent point du rencontre des Gruës, mais ils ne peuuent voir le moindre de tous les oyseaux de proye sans s'espouuanter d'vne estrange sorte. Ce qui ne peut point prouenir de leur raison, puis qu'vn homme que Charon aduouë estre vn peu plus raisonnable que les bestes, seroit beaucoup plus estonné de la rencontre d'vn Elephant que d'vn Tigre, d'vn Chameau que d'vn Lion, pource que ses yeux & sa raison luy persuaderoient pluftost de fuir les plus grandes, comme les plus dangereuses. La Brebis ne voit rien en vn Loup qui luy doiue faire peur, sur tout estant nourrie auec des mastins, ausquels ce meschant animal ressemble si fort, que quelques-vns les croyent estre d'vne mesme espece. La taille, ny la couleur du Loup ne fournissent point à la Brebis aucun principe, dont la raison puisse tirer cette conclusion, qu'il le faut fuir pluftost qu'vn

H iij

Cheual. De sorte que puisque la raison, ny les sens externes ne peuuent faire connoistre aux Brebis le danger qu'elles doiuent apprehender du rencontre d'vn Loup, il faut necessairement qu'elles le fuyent sans le connoistre, & qu'elles y soient poussées par l'instinct. Quelques vns attribuent cette fuite à vne antipathie, pareille à celle qui se voit en certaines Plantes, c'est à dire à vne contrarieté physique, qui procede, à ce que l'on dit, d'vn meslange different des principes qui les composent. Et cette opinion est assez probable, en sorte que ie pourrois bien l'accorder sans preiudicier à mon dessein, n'estoit que sa refutation seruiroit beaucoup à monstrer la necessité de l'instinct. Car en effect il n'y a point d'antipathie entre le Loup & la Brebis, & ceux qui croyent qu'il y en ait, n'ont uoient pas bien estudié la nature de cette sorte de contrarieté. Ils eussent mieux rencontré s'ils eussent dit, que les Loups ayment les Brebis, & que c'est la viande qui leur plaist dauantage, & qui leur est la plus agreable, & qu'ainsi il est impossible qu'il y ait de l'antipathie. Si ce que les Loups mangent les Brebis, suffisoit pour conclurre cette contrarieté, il faudroit dire qu'il y a de l'antipathie entre les hommes & le pain, entre les yurognes & le bon vin, parce qu'ils en font vn grand degast. C'est comme qui diroit, que les enfans ont de l'antipathie pour le laict de leur nourrice, s'en gorgeans au delà de ce qu'il leur en faut. Il y a tout autant d'absurdité à soustenir qu'vn Renard a de l'antipathie pour les Poules, & vn Loup pour les Brebis. Si le Loup en repaist sa faim, ce n'est point pour aucune haine qu'il leur porte. Et encore que la grandeur de sa faim, & l'imagination où elle exerce ses violences, luy en fassent tuer plus qu'il n'en peut emporter, ce n'est pas qu'il voulust que l'espece en fust perduë, il auroit trop d'interest en cette perte, mais c'est comme disent quelques-vns, qu'il se plaist à en succer le sang, ou plustost c'est pour les raisons que i'ay desia dites. Au moins les hommes qui ont esté trauaillez d'vne longue faim, se voyans dans l'abondance des viandes qu'ils aymoient le plus, ont bien experimenté que leur imagination affamée leur fait faire dauantage de desseins, & les porte sur dauantage de viandes qu'il n'en peut entrer en leur estomac, sans que pour cela il y ait de l'antipathie, non plus qu'entre les Loups & les Brebis, encore que quelques-vns la vueillent prouuer par quelques contes qui se font de l'antipathie qui reste encore apres leur mort. Mais ie sçay encore mieux que ce sont des imaginations fabuleuses, & dont ayant experimenté la fausseté, cela m'a donné occasion d'examiner tout ce qui se dit touchant cette antipathie, & de reconnoistre qu'il n'y en a point. Depuis ie l'ay persuadé à beaucoup d'honnestes gens, dont quelques-vns n'ont pas laissé de s'imaginer, qu'encore qu'il n'y eust point d'antipathie entre le Loup & la Brebis, qu'il ne laissoit pas d'y en auoir entre la Brebis & le Loup. Pource, disoient-ils, que la Brebis fuit le Loup, au lieu que le Loup cherche la Brebis, qui est vn raisonnement qui ne peut venir que de personnes qui n'ont pas assez estudié les premiers principes de la Physique. Autrement ils sçauroient qu'il ne peut y auoir d'antipathie entre la Brebis & le Loup, qu'il n'y en ait entre le Loup & la Brebis, pource que toutes les inimitiez de la Nature sont reciproques, aussi bien que ses amitiez. Si

sur la Sagesse de Charon.

l'eau n'estoit point contraire au feu, le feu ne seroit point contraire à l'eau ; Si la secheresse ne contrarioit point l'humidité, l'humidité ne contrarieroit point la secheresse. Il est absolument impossible de fonder vne contrarieté sans deux contraires, non plus qu'vne relation proprement dite telle, sans deux termes opposez. Cette fuite donc de la Brebis ne vient point d'antipathie, ce qui me fait conclurre, que c'est vne action de l'instinct, & qui n'est pas purement naturelle. Car les mouuemens qui sont purement naturels, ne peuuent auoir que deux principes, l'antipathie, ou la sympathie, comme il est euident en Physique. Or est-il bien certain que cette fuite ne vient point de sympathie. D'ailleurs j'ay monstré qu'elle ne venoit pas d'antipathie. D'où ie conclus que ce n'est pas vn mouuement purement naturel, mais qui procede d'vne cause plus haute que toute la Nature ensemble, & que c'est vne preuue bien euidente de l'instinct.

C'est encore à cét instinct que les maistres de la Sagesse ont tousiours rapporté ce que nous voyons faire aux bestes dés le moment de leur naissance, ce que cy-desfus ie me suis obligé de reiterer en cêt endroit, afin d'euiter vne obiection que l'on pourroit faire. De fait nous voyons les bestes aussi-tost qu'elles sont nées se mettre à succer le laict de leur mere. Elles trouuent le tetin sans le cercher, ne s'y mesprenans iamais, & connoissans l'endroit sans l'auoir iamais veu auparauant. Pour mieux dire elles ne le connoissent pas, mais elles y sont conduites par quelqu'autre puissance, qui a plus de connoissance qu'elles, & qui ne s'esgare iamais en leur conduite. C'est en cette occasion que ie voudrois prier tous les ennemis de l'instinct d'examiner toutes les actions des bestes, estant tres-asseuré que iamais ils n'en trouueront de si raisonnables, que les premieres qu'elles font lors qu'elles viennent au monde, qui est vn signe que ces actions ne viennent pas de leur raison, n'estant pas possible qu'elles en ayent au poinct de leur naissance, & qu'en cela elles soient priuilegiées par dessus les hommes. D'ailleurs quand les bestes naistroient auec l'exercice de leur raison, tousiours il leur seroit impossible de s'en seruir pour la fin dont il est icy question, ny pour en trouuer les moyens, pource que leur esprit n'auroit aucun principe, dont il pûst inferer ces consequences. Mesmes quand Dieu leur auroit donné par infusion toutes les especes qui seroient requises pour cette conclusion, ce seroit pourtant vne espece de hazard si elles y arriuoient dés la premiere fois, & si par voye de raisonnement elles rencontroient la verité sans la cercher.

Il me seroit impossible de finir ce Chapitre, si ie voulois rapporter toutes les preuues de l'instinct, qui se peuuent tirer de ce que nous voyons faire à tous les animaux. La prouidence de Dieu ne s'y laisse iamais sans tesmoignage, & n'y peut estre ignorée que de ceux qui n'ont pas assez d'esprit pour la discerner, ou qui s'opiniastrent de l'ignorer volontairement. En general nous auons tous tant que nous sommes vn moyen bien facile pour reconnoistre cette prouidence en la conduite des animaux, & pour discerner les actions qui viennent de l'instinct d'auec celles qui se font par raison. C'est que tout ce qui vient de la raison est fort imparfait au commencement, nos premiers raisonnemens ne nous portans qu'à des desseins, & ne nous faisant pas faire aucune action qui soit asseurée. De sorte que quand nous voyons vne action raisonnable, & où il paroist de la preuoyance, & que nous voyons qu'elle se fait aussi bien à la premiere fois qu'à la centiesme, qu'elle ne doit rien au temps, ny à l'experience, nous deuons croire qu'elle est conduite par l'instinct. C'est ce que ie veux expliquer par le mesme exemple, dont ie me suis serui cy-dessus, qui est de la peinture, ou de l'escriture, laquelle est vn effect de l'Escriuain aussi bien que de la plume. L'Escriuain s'y conduit par sa propre raison, au lieu que la plume n'est conduite que par l'instinct & la raison de l'Escriuain, & non pas par aucune raison qui soit en elle. Si quelqu'vn en doutoit, il n'auroit qu'à considerer la difference qu'il y a entre les actions de la plume & de l'Escriuain, & il verroit que l'Escriuain reüssissoit tres-mal à l'escriture lors qu'il s'y voulut former, mais auec le temps il corrigea vne partie de ses defauts, & n'est paruenu que par degrez à la perfection qui le fait estimer. Au lieu qu'vne plume est aussi bonne à escrire dés qu'elle est taillée, qu'elle le peut estre apres, le temps ne luy acquerant ny capacité, ny facilité pour cette action, autre que celle qu'elle a eu dés le commencement qu'elle luy a serui. C'est ainsi que nous reconnoissons que beaucoup d'actions, qui se font par les animaux, & où il y a de la raison & de la preuoyance, ne peuuent pourtant venir que de l'instinct.

Charon n'oppose à toutes ces preuues, & à vne infinité d'autres, qu'vne seule miserable obiection. C'est qu'apres auoir dit que l'instinct est vn mot sans signification, dont nous nous seruons pour éuiter la honte de demeurer muets: il adjoute, que posé que les bestes agissent par instinct, il s'ensuiuroit qu'elles seroient plus excellentes que nous. Pource qu'il est plus noble, honorable, & plus ressemblant à la Diuinité, d'agir par nature que par la raison; d'estre conduites par la prouidence de Dieu, que d'estre abandonnées à vne faculté incertaine & inconstante, comme est nostre raison. Voila l'obiection de Charon, qui est bien la plus foible & la plus estrange qui pûst tomber en l'esprit d'vn homme sage, comme si les actions qui nous sont communes auec les Plantes, & que nous faisons par nature, estoient plus nobles que celles de nostre raison. Ie n'insiste point là dessus, pource qu'il nous suffit que si c'est vn aduantage d'estre conduits par l'instinct en quelques-vnes de nos actions, nous pouuons nous vanter d'auoir en cela le mesme aduantage que les bestes. Car i'ay prouué cy-dessus, que les hommes agissoient quelquefois par l'instinct, & en certaines actiõs, lesquelles pourtant ne sont pas les plus excellentes que nous fassions. I'ay encore fait voir que les enfans agissent plus par instinct que les hommes, d'où il s'enfuiuroit, selon les maximes de Charon, que les enfans seroient plus parfaits. Au contraire, ce que les bestes & eux reçoiuent plus d'assistance de l'instinct, est vn signe de leur imperfection, qui est suppleée par cette assistance. Ie veux bien accorder que les actions de l'instinct sont plus certaines, & quelquefois plus parfaites que les autres, il n'y a que les sujets qui sont conduits par cét instinct qui soient imparfaits. Et personne autre que Charon n'eust pû s'imaginer qu'vn pinceau fust plus excellent qu'vn homme, ou qu'vn lion ; vn instrument, qu'vne cause principale. Encore qu'vn pinceau, & beaucoup d'autres instrumens n'agissent que par instinct, & par vne direction qui leur est estrangere, il est impossible d'en inferer aucune excellence pour ces instrumens. De mesme tout l'honneur des actions, que tous les animaux font par instinct, n'appartient point à ces animaux, mais seulement à la cause premiere & principale. Surtout est ridicule ce que Charon adjoute, qu'vne chose qui n'est meuë que par vne autre plus noble, agit en cela à la façon de Dieu, & ressemble à la Diuinité.

Autres preuues que les bestes ne raisonnent point.

CHAPITRE VII.

LE dessein de ce Chapitre ne peut qu'il ne soit plus difficile que ceux des Chapitres precedens, n'estant plus question de plaider la cause de Dieu, qui est tousiours fort aisée à defendre; ny de monstrer sa Prouidence, qui se monstre d'elle-mesme,

& qui n'a pas besoin de nostre esprit pour se faire reconnoistre. Outre que la conclusion que ie veux prouuer, est negatiue: c'est à dire, qu'on ne doit pas en demander des preuues de la Physique, qui soient bien faciles. Pource que tous les raisonnemens de la Physique doiuent estre appuyez d'experiences, lesquelles ne prouuent rien qu'affirmatiuement. Aussi bien ne seroit-ce pas à moy à me mettre aux preuues, ce seroit à ceux qui disent que les bestes raisonnent, à le prouuer, n'estant pas obligé à le croire sur leur parole, ny iusques à ce qu'ils me l'ayent monstré. Ioint que l'opinion commune seruira tousiours d'excuse à mon incredulité. Et ce n'est rien que la confiance que ie prens de la bonté de nostre cause, qui m'en fait hazarder la preuue, commençant par quelques coniectures. La premiere est tirée de ce que i'ay prouué, que les actions les plus raisonnables que les bestes fassent, sont des marques de leur instinct, & ne procedent point d'aucune raison qui soit en elles. De sorte que puisque les plus grandes merueilles qu'elles fassent, ne nous ont pû persuader qu'elles eussent de la raison, nous ayans toutes serui à monstrer

qu'elles

qu'elles n'en auoient point: nous ne sommes pas obligez de nous laisser emporter à d'autres preuues moins claires, ny auoüer que des actions soient faites par raison, lors qu'elles sont moins nobles que celles qui ne le sont pas.

Apres, i'ay prouué cy-dessus, qu'encore que les hommes retirent quelque assistance de l'instinct, ils la retirent pourtant beaucoup moindre que celle que les enfans en reçoiuent, pource que leur raison leur rend cette assistance moins necessaire. En suite i'ay monstré qu'outre les aydes, qui estoiét communes aux enfans & aux bestes, ces bestes reçoiuent encore beaucoup d'autres sortes d'assistances du secours de cét instinct. D'où il s'ensuit que comme les enfans raisonnent moins que les hommes, de mesme les bestes raisonnent encore moins que les enfans, c'est à dire qu'elles ne raisonnent point du tout. D'ailleurs il est euident, que les animaux brutes n'ont point de raison; puis qu'ils sont assistez de l'instinct dans des actions qui se pourroient faire par raison. Car il est certain que l'instinct n'est point vne assistance qui soit superflue, ou de bien-seance seulement, mais c'est vn ayde absolument necessaire, & dont les animaux qui en sont assistez, ne se peuuent passer. C'est la vraye cause, pour laquelle les hommes ne ressentent aucun secours de l'instinct, si ce n'est en certaines actions, où leur raison ne peut rien contribuer. On ne remarque point en eux vne preuoyance naturelle, qui les conduise, comme aux Fourmis & aux Abeilles, pource que leur raison iointe à ce qu'ils ont appris des autres hommes, suffit pour les porter à faire leurs prouisions necessaires. De sorte que puisque ces petits animaux agissent en cela par instinct, & ne doiuent point leur preuoyance à l'instruction, ny à la raison, c'est signe qu'ils n'en sont point capables. Et que puisqu'ils ont besoin de l'instinct, pour faire des actions qui se pourroient faire sans instinct, s'ils auoient de la raison, il semble assez euident qu'ils n'ont point de raison, autrement ils apprendroiét par raison, & des animaux de leur espece, à faire ce qu'il faut que l'instinct leur supplée.

Ie laisse encore d'autres coniectures tirées de cette doctrine, traitant d'oresenauant cette question, sans plus y interesser l'instinct. Ie commence par vn argument fort commun dans les Escholes, où l'on enseigne que la raison estant la difference specifique de l'homme, il est impossible qu'elle se rencontre aux bestes, pource que toute difference est incommunicable. C'est icy que nos Aduersaires croyent auoir sujet de se bien moquer de nous, à cause, disent-ils, que nous supposons ce qui est en question, prenãs pour difference de l'homme, ce qui nous est commun auec les bestes. Cependant il faut que ces Messieurs se ressouuiennent, s'il leur plaist, que toutes les especes d'animaux ont quelque chose entr'elles qui est commune, & quelqu'autre chose qui les fait differer. Et que comme les animaux different des Plantes par quelque faculté que les Plantes n'ont pas, de mesmes les hommes doiuent differer d'auec les autres animaux par quelque faculté, qui ne soit pas aux bestes. Ie leur demande, quelle peut estre cette faculté, si ce n'est la raison. Ce n'est pas l'imagination, ny la memoire. Car outre que cela se rencontre aux bestes, mesmes plus parfaitement qu'aux hommes, il faut que la faculté qui acheue l'espece, presuppose en son

I ij

action l'action des autres facultez, qui luy sont communes auec le genre, & qu'elle agisse en dernier ressort, ce qui ne peut estre que la raison. En effect, comme nous voyons que les sens presupposent les actions des facultez vegetantes, & que le mouuement presuppose le sentiment, de mesmes la raison presuppose tout le reste, & ainsi doit estre nostre difference specifique. Il est encore plus considerable, que la faculté specifique doit adjouter quelque chose de plus excellent que les autres facultez, & que cette faculté doit estre la plus noble qui soit en nous, c'est à dire, que ce doit estre la raison, qui est ce que nous auons de plus releué. Examinez tant qu'il vous plaira toutes les facultez de l'homme, & vous n'en trouuerez pas vne qui le porte si haut que sa raison, ny rien autre chose qui le puisse distinguer des bestes. On m'excusera bien si ie ne parle point icy de la volonté, quand ce ne seroit qu'à cause qu'elle est inseparable de la raison. Et si les bestes ont de la raison, il faut necessairement qu'elles ayent l'appetit raisonnable, qui est la volonté. Il est donc impossible à nos Aduersaires, de nous assigner vne difference de l'homme, si ce n'est cét intellect de Charon, lequel il dit n'estre point aux bestes. C'est à dire, suiuant sa confession, qu'elles ne raisonnent point. Car puisque l'entendement, l'intellect, & la faculté de raisonner, ne sont qu'vne seule & mesme chose, il est euident que ce qui n'a point d'intellect, ne raisonne point. De mesmes on ne peut pas dire que les hommes different seulement des bestes, en ce qu'ils raisonnent plus parfaitement, pource que le plus & le moins ne changent point l'espece, & ne suffisent pas pour les distinguer. On ne peut pas dire encores, que la vraye difference des hommes, soit de faire dans leurs raisonnemens des conclusions generales, au lieu que les bestes n'en font que de particulieres. Cela, dis-je, ne suffit pas pour fonder vne difference specifique. Ioint que Charon ne s'en fust pas voulu contenter, luy qui soustenoit, que les bestes font des abstractions vniuerselles. En quoy on ne le sçauroit condemner, posé qu'elles raisonnent : n'estant pas possible de raisonner sur des choses particulieres, qu'on ne fasse quelquefois des conclusions vniuerselles. Ce sont les premieres, les plus imparfaites, & les plus confuses de toutes les conceptions. Et ceux d'entreles hommes, qui ont plus de lumiere de raison, voyent les choses plus distinctement, & font beaucoup moins de ces vniuersalitez que les paysans, qui iugent confusement de toutes choses, comme si elles estoient les mesmes. Ce qu'il y a de commun dans des choses differentes, est plustost & plus facilement connu, que les differences qui les distinguent, sur tout lors qu'on connoist les choses de loin, & fort imparfaitement.

Il y a des autheurs, qui pensans faire les fins en cette matiere ont escrit, que la difference de l'homme n'estoit pas la raison, mais connoistre Dieu. A quoy ie replique premierement, que si les bestes raisonnoient, elles connoistroient Dieu, puisqu'il se manifeste si fort par ses effects, que c'est vne des plus aisées connoissances que nous puissions auoir, & de laquelle les plus stupides se trouuent capables. Ceux qui nous ont escrit la Metaphysique, ne se trouuent pas fort empeschez à prouuer, que dans toute la collection des causes il y en a vne premiere, qui est toute puissante &

toute sage. Au lieu que quand il leur faut monstrer qu'il y a des Anges, ils reconnoissent que cela est tres-difficile, & ne peuuent assez admirer ces doctes Payens, qui s'esleuerent par le moyen de leur raison iusques à la connoissance des Intelligences & des Demons. I'adiouteray que la connoissance des relations & des estres de raison est encore plus difficile que tout cela, & qu'encore que Dieu soit le plus noble object de toutes nos contemplations, cependant il faut plus d'esprit pour se desmesler de toutes les badineries de la Logique, qu'il n'en faut pour connoistre de Dieu ce que nous en connoissons naturellement. Ainsi i'aurois beaucoup plus de raison que les autheurs que ie refute, quád mesmes ie me porterois à cette extrauagance de dire, que la connoissance des Anges, ou plustost celle que nous auons des secondes intentions, & des vniuersalitez de Logique, est la difference specifique de l'homme. Mais pour parler serieusement en des matieres si importantes, ie demande à ces autheurs que c'est qu'ils appellent la connoissance de Dieu. Est-ce l'action, par laquelle nous connoissons Dieu, & la scien-

I iiij

ce qui nous en reste, ou bien la faculté de nostre ame, par laquelle nous le connoissons. Ils seroient trop impertinens, s'ils disoient qu'vne action ou vne habitude fust nostre difference specifique. Car en ce cas les enfans ne seroient point hommes, & n'en auroient point les proprietez. Nous mesmes cesserions d'estre hommes toutes les fois que nous n'appliquerions pas nostre esprit à connoistre Dieu. De sorte qu'il faut necessairement, qu'il n'y ait que la faculté de connoistre Dieu, qui soit suiuant l'opinion de nos Aduersaires, la difference specifique qui nous distingue des bestes. Or cette faculté n'est autre chose que la raison, pource que nous n'auons point vne faculté à part, qui ne soit que pour connoistre Dieu seul. Nous ne connoissons Dieu qu'en raisonnant, & par la mesme faculté, que nous employons à connoistre toutes les autres choses, qui ne sont pas sensibles. De façon que s'il est vray que la faculté de connoistre Dieu nous distingue des bestes, il faut que ce soit la raison qui nous distingue de ces bestes, & qu'ainsi elles ne raisonnent point.

Ce n'est pas mon dessein de me preualoir beaucoup des opinions de Charon contre luy mesme. Et ainsi ce que ie suppose, que les bestes ont le sentiment plus excellent que les hommes, ce n'est pas tant à cause que Charon l'a dit, qu'à cause qu'il est reconnu vniuersellement de tous ceux qui veulent y prendre garde. C'est de cette perfection qui se rencontre au sentiment des bestes, que ie veux prouuer qu'elles ne raisonnent point, & que le sentiment est dans les animaux, la difference qui les determine. De fait la nature ne perfectionne en vne espece, que la faculté qui y sert de difference specifique : De là vient que les plantes vegetent plus parfaitement, viuent plus long-temps que les bestes, à cause qu'elles n'ont point de sentiment. Les operations de nostre esprit troublent celles de la nourriture, empeschent la digestion, & ~~par le moyen du~~ en rapellе̂ant ⸝es esprits elles ostent à nos sens la facilité de discerner, qui se rencontre aux bestes. C'est que les facultez de l'ame sensitiue ne sont que seruantes, & subalternes au dedans de nous, au lieu que dans les bestes elles sont les maistresses facultez. Ce qui nous fait voir que ces facultez sensitiues sont les plus releuées, que les bestes puissent auoir, puis que c'est en cette sorte de facultez, que leur nature fait paroistre son excellence. Ainsi les bestes ne peuuent pas auoir de raison, l'exercice de laquelle ne laisseroit point tant d'esprits, ny tant de forces aux organes des sens exterieurs.

Il me seroit apres cela fort facile de monstrer, qu'il est impossible d'attribuer de la raison à vne espece de bestes, qu'on ne l'attribuë à toutes les autres. S'il en faut iuger par les actions que nous voyons, & par les liures que nos Aduersaires en ont escrit, toutes les bestes ont autant d'esprit les vnes que les autres. Ce ne sont pas seulement les oyseaux, & les bestes à quatre pieds, dont on nous escrit des merueilles, mais ce sont aussi les reptiles, les insectes, & les poissons, iusques aux chancres, & aux huitres. Et on ne sçauroit monstrer parmy les oyseaux aucune sorte d'action qui semble raisonnable, que ie ne leur monstre en tout autre genre d'animaux, quelqu'autre actiõ aussi raisonnable. D'où il s'ensuiuroit que toutes les especes des bestes raisonnent, ce qui seroit vne grande extrauagance dans les operations de la Nature, de n'auoir sçeu garder ses ordres les plus naturels. Il y a bien plus d'apparence de dire, que toutes les differentes facultez que nous auons subordonnées au dessous de nostre raison, sont les differences specifiques de quelques especes. Cela ne seroit pourtant point veritable au regard du sentiment, si toutes les bestes auoient de la raison, pource qu'il n'y auroit aucune espece sensible, qui ne fust raisonnable. Il est pourtant vray, que comme dans le monde il y a des especes tellement mixtes, qu'elles ne vegetent point, & que les facultez vegetantes se rencontrent aux plantes sans le sentiment : de mesme il faut que le sentiment se rencontre quelque part sans la raison. C'est pourtant ce qui ne se peut rencontrer que dans les bestes: ny en vne espece des bestes, que cela ne soit en toutes les autres. D'où ie conclus qu'elles n'ont du tout point de raison.

Ie ne feray point de difficulté de rapporter en cét endroit, ce que i'ay leu dans les Anatomistes, qui escriuent que l'homme a le cerueau beaucoup plus grand que les autres animaux ; iusques là qu'ils asseurent, qu'il n'y a point d'homme qui n'ayt six fois plus de ceruelle qu'vn bœuf, & qui ne la doiue auoir ainsi, afin de pouuoir bien raisonner. En effect ceux qui ont la teste trop petite à proportion de leur corps, ont d'ordinaire fort peu de raison, encore qu'ils ayét plus de ceruelle qu'vn Elephant. De sorte que cét Elephant n'a garde de raisonner, puis qu'à proportion de son grand corps il n'a presque point de ceruelle. Les Medecins disent aussi qu'ils ont appris de l'experience, qu'encore que la raison ne soit pas vne faculté organique, neantmoins elle suppose des facultez qui le sont, & qui requierent dans leurs organes vne certaine figure particuliere, & vne proportion de qualitez temperées auec tant de iustesse, que pour peu qu'il manque à toutes ces choses, le iugement se perd. D'où on peut inferer, que si les moindres intemperies, & de petits obstacles peuuent empescher qu'vne ame raisonnable & si excellente ne raisonne point, qu'on ne doit point attendre de raison de ces chetiues ames, qui remuent le corps des Fourmis, & des Abeilles. Car là dedans l'intemperie, la petitesse, & tous les autres empeschemens se rencontrent tous à la fois. Elles sont logées plus estroitement que l'ame des enfans, & plus mal assistées de leurs organes, que les ames des phrenetiques, ou que celles qu'vne mauuaise conformation empesche de raisonner. Quand les esprits nous manquent, ou qu'ils perdent leur pureté, les actions raisonnables de nostre ame cessent tout à fait, ou à tout le moins elles sont trauersées d'vne estrange sorte. Cependant nous n'auons iamais d'esprits si impurs, que ceux qui se rencontrent naturellement dans les insectes, qui n'ont point de sang, dont pourtant il faut retirer la plus pure partie des esprits, qui seruent à la raison. Ie m'imagine qu'ils sont bien grossiers en beaucoup de ces animaux, & qu'ils ne sont guere differents de la nourriture des plantes. Cela se void dans les reptiles, où les esprits ne se dissipent point par les playes, conseruants la vie, & le mouuement dans des corps qui ont esté déchirez en beaucoup de pieces. Voyla ce que iay voulu emprunter de la Medecine, qui nous fourniroit vn grand nombre de differentes raisons, qu'il faudroit faire voir separement. Sur tout il faudroit insister sur la conformation des organes, pour ce que Charon croit que l'entendement soit vne faculté organique.

En suite, les actions des bestes, ou plustost leurs impuissances, nous fourniront quantité d'argumens contre leur raison. Si elles raisonnoient, qui est-ce qui les empescheroit de raisonner auec nous, & de nous parler? ce qu'elles ne feront iamais, puisque mesmes elles ne parlent pas entre elles, comme ie proueray cy-apres. A tout le moins celles d'entre les bestes, qui apprennent par coustume à proferer quelques vnes de nos paroles, deuroient s'en seruir pour demander leurs necessitez, & pour nous dire leurs pensées. Car ie ne sçaurois me laisser persuader par certains contes, qui se font en ces matieres. Tout ce que i'ay veu, m'a fortifié en mon opinion, & m'a fait perdre esperance de rencontrer vne beste, qui sçache se seruir de nos paroles auec raison, & respondre à nos interrogations. Ainsi ie ne puis m'empescher de faire en cet endroit, vn reproche à tous ceux qui disent en auoir veu.

Si les bestes estoient raisonnables, elles s'imagineroient aussi bien que les muets, des gestes qui seroient significatifs, & comprendroient les nostres, comme font les muets, qui reseruent en leur memoire les signes qu'on leur donne, pour s'en seruir puis apres au besoin. Les bestes y auroient encore plus de facilité, si elles estoient raisonnables, pource qu'elles ont le commerce plus libre auec leurs semblables, que non pas les hommes, qui naissent sourds & muets. Elles pourroient se former le raisonnement par l'entretien qu'elles ont auec celles de leurs especes, & conferer ensemble du moyen d'imiter nos gestes & nos paroles. Au lieu que les muets doiuent à eux mesmes tout ce qu'ils sont, & n'ont autre aduantage que celuy de leur raison, qui se produit tousiours par quelque moyen que ce soit, & par l'imitation de presque tous nos artifices. Elle fait voir dans les muets, qu'il n'y a point de beste, qui ne differe plus des hommes, que les hommes ne different les vns des autres, encore que Charon ayt escrit le contraire.

I'espere traiter cy-apres cette matiere plus au long, ne voulant adjouter icy que ce que quelques-vns ont remarqué, que si les bestes raisonnoient, elles apprendroient à escrire, aussi bien comme font les petits enfans. Ce leur seroit vne belle commodité pour la communication, & celuy qui leur pourroit apprendre ce qui se raconte d'vn Elephant, se recompenseroit bien de sa peine, & gagneroit beaucoup d'argent à les faire voir. On respond à cela, qu'il n'est pas necessaire que les bestes apprennent à escrire, puis qu'il y a parmy les hommes des peuples tous entiers qui ne le sçauent point. Mais il est aisé de repliquer, que l'ignorance de ces peuples est recompensée par vne facilité d'apprendre, qui ne se rencontre point aux bestes. Ioint qu'il n'y a point d'hommes qui n'ayent quelque sorte d'escriture, & qui n'ayent en cela quelque chose par dessus les autres animaux. Il n'y a point de nation, qui n'aie institué de certaines marques, significatiues en vertu de leur institution, & qui sont les marques de leurs intentions, & les charactères, bien que grossiers, auec lesquels ils escriuent leurs pensées.

Ie serois trop long si ie voulois rapporter tous les argumens, qui se peuuent tirer de l'impuissance des bestes, & du defaut de leurs actions. I'ayme mieux monstrer qu'elles ne raisonnent point, par la comparaison qu'on peut faire d'entr'elles auec
ceux

sur la Sagesse de Charon. 145

ceux d'entre les hommes, qui sont stupides & insensez. Il n'est point d'homme si hebeté, qui ne soit capable de plusieurs actions raisonnables, que les bestes ne sçauroient faire. Il escoutera nos raisons, & nous dira les siennes, encore qu'elles soient mal digerées. Il se laissera persuader, on le pourra envoyer en message, & l'employer à la culture des vignes, aux carrieres, & aux mines, où il travaillera les heures qu'on luy commandera, il apprendra à compter vn petit nombre. Cependant ceux que nous appellons hebetez, sont si peu raisonnables, que nous attribuons au hazard tout ce qu'ils font de bien, estant impossible d'avoir moins de raison que cette sorte d'hommes, qu'on n'en soit absolument desnué. Ainsi il est impossible que les bestes, qui en ont encore moins, en puissent auoir du tout.

Les fous qui sont les plus furieux ont des interualles, qui les discernent fort des bestes. Mesmes dans les plus grands excez de leurs folies, ils font des actions, dont les bestes les plus subtiles & les mieux instruites ne sont point capables, comme sçauent bien tous ceux qui en ont gouuerné : &

comme ie pourrois monstrer par quantité de particularitez. Ainsi il faut bien que les bestes n'ayent point de raison, puis qu'elles en ont moins que ceux des hommes, qui n'en ont quasi point du tout.

Ie veux insister dauantage sur la comparaison, qui se peut faire des bestes auec les enfans, afin de monstrer par là qu'elles n'ont point de raison. Nous auons esté enfans tout tant que nous sommes, & la bonne opinion que nous auons de nous-mesmes, ne nous empeschera point de recognoistre, que les raisonnemens de nos trois premieres années ne meritoient pas ce nom là, & que la premiere année nous ne raisonnions point absolument. Cependant si nous comparons les actions les plus naifues des enfans, auec les moins brutales des bestes, Hormis celles qui dependent de l'instinct, lors il nous sera fort facile de comprendre que les bestes sont brutes, & plus stupides que les enfans, desquels ie parle. Nous voyons rire les enfans peu de sepmaines aprés leur naissance, & aprés quelques mois ils entendent nos gestes & nos mines, distinguent mieux que les bestes ce qui les flatte, d'auec ce qui les menace. Et il est tout asseuré, que si les enfans d'vn an estoient quelque autre espece que la nostre, & qu'ils fussent acheuez en leur espece, sans changer puis apres d'estat: il est certain, dis-je, que leurs actions obligeroient les Philosophes les plus iudicieux d'en faire vne espece d'animaux brutes. Mais d'autre costé Charon, & tous ses disciples, ne parleroient plus de chiens ny d'elephans, afin de monstrer que les bestes raisonnent. Les actions des enfans leur fourniroient les plus forts arguments, & les raisons les plus concluantes de leur opinion. Au lieu qu'elles nous fournissent vne preuue bien euidente que les bestes ne raisonnent point, puisque des actions plus releuées que toutes celles des bestes ensemble peuuent estre attribuées à l'imagination, & à la memoire seulement, sans que la raison y doiue prendre aucune part, comme i'expliqueray plus au long cy-apres.

Responsse aux argumens que Charon apporte pour prouuer la raison des bestes.

CHAPITRE VIII.

LEs plus forts argumens que Charon ait apporté pour nous monstrer la raison des bestes, sont les mesmes qui nous ont serui à la refuter, & à establir l'instinct. Ceux qui nous restent maintenant sont fort foibles, & de tres-petite importance. Le premier est tiré de l'authorité des plus grands Philosophes, à ce que dit Charon, comme sont Democrite, Anaxagore, les Stoïciens, Porphyre & Plutarque, lesquels ont soustenu la raison des bestes. Ie respons, qu'ayant esté iusques icy nourry en vn pays, où l'on ne connoissoit Anaxagore & Democrite, que pour en contredire les opinions, ie ne puis pas croire qu'il s'en faille rapporter à eux. S'il s'en faut rapporter aux plus graues, & aux plus sçauans de tous les Philosophes, il faut croire que les bestes ne raisonnent point, puisque Platon & Aristote, qui sçauoient mieux que c'est que raison que tous tant que nous sommes, n'en ont pourtant iamais pû reconnoistre dans les autres animaux, & en ont fait la différence specifique de l'homme. Nous attendrons à parler des autres Philosophes, iusques à ce que nous ayons recouuert leurs escrits, & qu'ils ayent autant acquis de credit que ceux que ie viens de nommer. Sur tout nous deuons nous rapporter à la voix commune de tout le peuple, de qui i'opposeray tousiours l'authorité à tout ce qu'on pourroit m'alleguer de Philosophes. Car ie ne suis pas en celà de l'opinion de Charon, qui veut que le premier precepte de la sagesse soit de tenir pour suspect ce qui est approuué du plus grand nombre, & que quand vn sentiment est receu de tout le monde, il faut dire tant pis, & le condamner par preiugé. Pour moy qui fais partie de ce peuple, dont les esprits forts ont si mauuaise opinion, ie ne puis que ie ne me pleigne de l'iniustice que l'on me fait. Il est ce me semble bien raisonnable, que hors les doctrines que nous tenons de la reuelation, nous suiuions ce que le peuple a establi par ses suffrages, & ce qu'il confirme par son authorité. Tout l'esprit ne peut pas estre renfermé en la teste d'vn seul homme, ny dans celle de peu de personnes. C'est ce qui a fait dire à vn Autheur plus sçauant que n'estoit Charon, que les hommes chacun en leur particulier, ne meritoient pas vn si beau nom. Pource que du raisonnement d'vn chacun de nous on ne pouuoit rien faire qui valust, & qu'il faloit ioindre tout nostre esprit ensemble, pour faire quelque chose, qui encore apres cela ne meriteroit pas beaucoup de loüanges, mais pourroit estre suiui plus seurement. Comme en cette occasion nous disons auec le peuple, que nous auons plus conuersé auec les bestes que Democrite, qui ne les consideroit que mortes, & qui s'aueugla de peur de voir leurs actions. Et qu'encores que nous ayons eu beaucoup de loisir d'en considerer la capacité, & que nous soyons plus enclins à l'admiration que les Philosophes: neantmoins, toutes les actions que nous auons veu faire aux bestes, nous ont confirmé en cette opinion, que ce n'estoit que des bestes, & qu'elles ne raisonnent point.

Les Philosophes qui sont enfermez en vne estude n'ont pas grande commodité de les connoistre, ils n'en iugent que par ce qui s'en trouue dans les liures, & par des actiós qui appartiennent à l'instinct, s'imaginans que le reste soit de mesme nature. Outre que beaucoup de Philosophes ayans dessein de faire honneur à leur profession, & de se releuer au dessus du peuple, ils ont voulu abaisser ce peuple iusqu'au dessous des bestes, & ont esté si hardis que d'escrire, qu'il y a plus de différence entre vn Philosophe & vn homme du commun, qu'il n'y a entre cét homme du commun & vne beste, ce qui est insuportable. Ie ne nie pas que certains esprits n'ayent des aduantages au dessus de quelques autres, & qu'il n'y ait de la différence entre ces esprits. Mais ce n'est pas la Philosophie qui fait cette différence. Les raisonnemens des Philosophes ne sont point exempts de cette mesme foiblesse qu'ils reprochent au peuple, & nous les voyons tout autant gourmandez de leurs passions. S'ils prenoient la peine d'examiner ce qu'ils appellent des lumieres d'esprit, ils les trouueroient tres-obscures. Toutes les fois qu'ils essayent la portée de leur raison dans la recerche de la verité, ils la sentent incontinent abatre sous le faix des difficultez, reconnoissans facilement que les bornes de leur sçavoir ne s'estendent que fort peu. [pas fort loin] En effect quand ie considere ce qu'vn Philosophe se peut asseurer de sçavoir par dessus le peuple, & que ie fais quelque reflexion sur les maximes les plus receuës de la Philosophie, ie n'en rencontre que bien peu, qui ne soient contredites par des difficultez, que les siecles passez ont appellé insurmontables, sans que le nostre y apporte aucun esclaircissement. Nous ne faisons que les pallier par de nouuelles obscuritez, nonobstant les promesses auantageuses de ceux qui enseignent les sciences, ausquelles ils n'adjoutent rien de considerable. Ce n'est pas qu'il n'y ait plus rien à y adjouter, comme ils disent, mais c'est qu'ils n'en sont pas capables. Ils ont beau faire du bruit dans leurs Escholes, & y parler fort resolument, ie les estime assez pour croire, qu'en leur particulier ils reconnoissent leur ignorance, & qu'ils se rient d'eux-mesmes apres s'estre si doctement mocquez de nous. Ie les voudrois seulement prier de mettre à part ce qu'ils ont de connoissances asseurées, & desquelles ils ne doutent point. Et lors ils verront qu'il leur en restera si peu, que tous les paysans en sçauent presque autant, ou à tout le moins le peuuent apprendre fort facilement. Car je ne veux pas faire entrer en compte de sciences, les artifices dont les Philosophes les deguisent, pource que ce sont des marques de foiblesse & d'ignorance, qui leur fait embrasser des nuages au lieu de la verité, & leur fait estimer des begayemens, qui leur feront pitié, lors que Dieu croistra nos lumieres, & nous mettra en l'estat d'vne plus grande connoissance, que celle, dont nous tirons vne si sotte vanité.

Ie me suis attaché fort long temps à cette matiere. Mesmes l'interest que i'y prens m'eust aysément persuadé de la continuer plus auant, n'estoit que i'ay apprehendé que les Lecteurs ne voulussent pas prendre de part à ce qui se dit contre le peuple, ny s'interesser comme moy à sa defense. C'est ce qui me fait passer à la seconde preuue de Charon, qui est tirée de la composition du cerueau, de laquelle l'ame se sert pour raisonner, qui estant, dit-il, toute pareille, & la mesme dans les bestes que dans les hommes, cela monstre que les bestes raisonnent. I'ay desia respondu, qu'il estoit faux que le cerueau de tous les animaux fust composé comme le nostre, & en ay tiré vn argument pour monstrer que les bestes ne raisonnent point. Il y a en toutes les especes quelque difference de conformation, surtout le cerueau des bestes n'a pas la grandeur qui est requise. Que si nous presuposons que la composition du cerueau soit en certaines bestes la mesme qu'elle est au dedans de nous, cela ne fera rien pour Charon, qui tient qu'encore que les bestes raisonnent, elles raisonnent pourtant moins que l'homme. Car si on peut prouuer le raisonnement par la composition du cerueau, on prouueroit aussi par là, que les bestes raisonnent aussi parfaitement que l'homme, puisque la composition de leur cerueau est aussi parfaite, & toute la mesme. Ie ne veux neantmoins pas dissimuler que plusieurs ne trouuent quelque difficulté en cette obiection, s'estonnans de ce que les mesmes actions ne se rencontrent pas où l'on voit les mesmes organes. Cette obiection pourtant ne peus auoir aucune apparence de force, qu'en l'esprit de ceux qui croyent que l'entendement soit vne faculté organique. Mais nous qui croyons qu'il n'y a que les sens externes qui ayent besoin du cerueau pour leurs actions, ne trouuons pas grande difficulté à tout cela. Nous reconnoissons dans toutes les bestes, qui ont la ceruelle composée comme nous, toutes les mesmes facultez organiques que nous y auons, sans que l'entendement y soit, veu qu'il ne despend des organes que par accident. Apres cela ie veux accorder gratuitement à tous nos Aduersaires, que l'ame se sert d'organes en ses operations les plus intellectuelles. Mais de là il ne s'ensuit pas que le cerueau puisse seruir aux bestes pour les mesmes operations, encore qu'il fust composé comme celuy de l'homme. La composition ne suffit pas pour acheuer cette operation, quand mesmes la grandeur s'y rencontreroit: pource que le temperament, & les autres qualitez specifiques, s'y doiuent aussi rencontrer. Encore que vous dressiez vne lame de plomb de la mesme forme qu'il faut pour vne espée, elle ne sera pas pour cela propre à en faire toutes les actions, pource qu'outre la figure i[l] y est requis quelqu'autre chose. Ne voyō[s] nous pas qu'encore qu'vn corps mort ait le[s] mesmes organes qu'il auoit estant viuant, il ne fait pas les mesmes actions, pource qu'il n'a pas le mesme temperament, ou plustost il n'a pas la mesme forme substantielle, ny cette ame excellente, qui seul[e] se pouuoit seruir de ces organes. Cela s[e] peut facilement appliquer aux bestes, les quelles ont des organes, dont nostre am[e] se seruiroit pour raisonner; mais l'ame de[s] bestes n'estant que purement sensitiue, el-le ne s'en peut seruir que pour les action[s] des sens internes. Il est de ces organes comme d'vn instrument de Musique, duquel vn paysan ne se sçauroit seruir que pour faire du bruit, au lieu qu'vn Musicien s'en seruiroit pour quelque autre chose. /

pour nous rauir les / eny par la douceur / de ses accords

Charon nous obiecte, que les bestes sçauent distinguer ce qui est bon pour elle[s] & pour leurs petits, d'auec ce qui leur es[t] mauuais, d'où il infere qu'elles raisonnent. C'est à quoy il est aisé de repartir, que le[s] plantes sçauent bien distinguer ce qui leu[r] est propre, non seulement pour elles, mai[s] aussi pour leurs fleurs & pour leur semence.

sur la Sagesse de Charon. 157

Ce qui monstre que la raison n'est pas la cause de ces distinctions, puis qu'elles se rencontrent en d'autres subjects, qui ne sont pas raisonnables.

Le dernier argument de Charon semble estre apporté pour monstrer que les bestes sçauent la Logique. Car, dit-il, puis qu'vne beste ayant veu vn seul homme en connoist tous les autres, & des singuliers en conclud les vniuersels, il faut bien qu'elles raisonnent. Ie respons, qu'encore que la veuë d'vn seul homme fasse connoistre vn autre homme à vne beste, que pour cela cette beste ne fait point d'abstractions vniuerselles. Ce qui se peut expliquer, en disant, qu'vn Chien qui n'auroit jamais veu d'homme, seroit surpris au commencemēt de la nouueauté de cette figure, & les especes qui luy en viendroient. Mais aprés & à force de le voir les especes luy en deuiennent familieres, & la coustume empesche les emotions, qu'au commencement cette sorte d'especes produisoit en son imagination. Ces especes estans purement corporelles, s'attachent à la memoire & à l'imagination du Chien. De sorte que voyant vn autre homme, il n'en reçoit d'abord que des especes toutes pareilles à celles qui estoient desia en son imagination, & qui y estans deuenuës familieres n'y peuuent plus faire aucune emotion. Car la nature des facultez interieures, est de se changer en quelque façon, comme disent les Philosophes, aux choses qui y sont receuës, & qui sont imaginées. Que s'il arriue que cét autre homme soit en quelque chose different du premier, & qu'il fournisse au chien quelque espece differente de celles qui estoient desia en son imagination, lors il commence à mesconnoistre cét homme, qui de loin ne luy auoit fait aucune nouuelle impression. Que s'il ne s'effarouche pas si fort de la veuë de cét homme, comme de celle du premier, c'est que tout n'y paroist pas estrange, & nouueau comme au premier; sans que de tout cela on puisse prouuer aucune apparence de ces vniuersalitez, qui se trouuent dans les liures de la Logique.

Ie finiray ce chapitre par vne obiection, qu'il ne me souuient pas d'auoir leu dans Charon, encore qu'elle soit fort commune. C'est disent plusieurs, que les bestes sçauent compter aussi bien que les hommes, & par consequent elles raisonnent. Ils adioustent que si vn Loup ne sçauoit pas compter, il ne fuïroit non plus lors qu'il voit quatre mastins, que lors qu'il n'en voit qu'vn. Ie respons briéuement que le Loup fuit, lors qu'il voit dauantage d'ennemis, pource qu'il reçoit dauantage d'impression des especes qui l'intimident. Car il est certain que chacun des mastins qu'il voit luy enuoye vne espece qui luy donne de la frayeur. Autrement si chaque espece particuliere ne luy donnoit point de crainte, c'est sans doute que mille ne luy en donneroient pas. Il en est comme de la chaleur, chaque degré de laquelle doit auoir separement la vertu d'échauffer, autrement les huit degrez n'échaufferoient point du tout. Que s'il arriue que la froideur de la glace resiste moins à huit degrez de chaleur, qu'elle ne feroit à trois ou quatre, ce n'est pas que la froideur sçache compter, non plus que les Loups & les autres bestes : mais c'est que cette froideur est contrariée plus puissamment, lors qu'elle est attaquée par huit degrez à la fois. Vn homme se sentiroit plus éuenté s'il receuoit du vent de plusieurs costez, que s'il n'en receuoit que d'vn, sans qu'il soit necessaire qu'il compte les endroits dont il reçoit cet éuentement. Il en est ainsi d'vn loup, qui reçoit en mesme temps quatre especes effroyables, qui luy apportẽt plus de crainte, que son appetit ne luy peut fournir d'ardeur. Au lieu que lors qu'il n'en voit qu'vne, sa faim luy fournit plus d'impetuosité, que cette espece ne luy cause de frayeur, & de retenuë.

Que la discipline de laquelle les bestes sont capables, n'est point vne marque de leur raison.

Chapitre IX.

IE n'ay encore point assez leu de liures pour y trouuer ce dont Charon accuse les Philosophes, qui par le moyen de l'opposition qu'ils font de l'instinct à la raison, nient à ce qu'il dit, que les bestes soient capables de discipline. Ils ne nient pas qu'elles ne puissent receuoir quelque instruction & certaines habitudes que nous n'atribuõs point à l'instinct, & dont Charon ne sçauroit

roit tirer aucune preuue pour leur raison, ny en conclurre la moindre apparence. Car qui reduiroit en forme de syllogismes toutes les preuues qui se tirent de cette sorte d'habitudes, on y trouuera tousiours vne des propositions qui sera fausse : ce qui deuroit suffire pour refuter toutes les consequences que Charon en veut inferer. Ainsi ce n'est que pour satisfaire à quelques-vns de mes amis, qu'apres auoir nié que cette instruction des bestes soit vn indice de leur raison : ie me veux efforcer de rapporter chaque effect particulier à vne cause particuliere, & chaque sorte d'actions à vne faculté de l'ame sensitiue qui luy soit propre. Si ie n'y reüssis pas au gré de tout le monde, i'espere que ceux-là m'excuseront, qui considereront qu'encore que nous nous connoissions mieux nous mesmes, & les facultez de nostre ame, que nous ne connoissons celles des bestes, nous faisons neantmoins quantité d'actions que nous ne sçaurions rapporter certainement à aucune de nos facultez en particulier. Par exemple, nous faisons peu d'actions que nostre volonté n'y soit determinée. Cependant il n'y a personne de nous, qui ait en

L

core pû remarquer en foy, si c'est sa volonté qui se determine elle-mesme, ou si c'est sa raison qui la determine. Et faute de le pouuoir discerner, cette dispute sera tousiours fort grande dans toutes les Escholes de l'Europe. Puis donc qu'il est si difficile de sçauoir exactement, si c'est la raison qui nous pousse à toutes les actions que nous faisons, il n'est pas facile de sçauoir ce qui meut les bestes, & quels sont les principes de toutes leurs actions. Il y a encore d'autres trauerses, qui croissent la difficulté. Premierement, c'est que pour y reüssir, il faudroit faire vne theorie des facultez de l'ame, plus exacte que celles que nous auōs veu iusques à present. De fait tous les liures qui en ont traité, fournissent si peu d'ayde pour l'examen de cette sorte d'actions, que ie ne puis croire qu'aucun Philosophe y ait iamais daigné penser serieusement. Ce qui me fasche le plus, c'est d'auoir quelques-vns de mes amis pour parties en ce different. Pource que beaucoup d'honnestes gens ont assez aymé vn Chien ou vn Cheual en leur vie, pour y auoir remarqué, ce leur semble, quelque apparence d'esprit & de raison. En quoy ils sont aussi excusables, que ceux qui trouuent belles toutes les filles pour lesquelles ils ont de l'affection, ou plustost que les peres les plus judicieux, qui trouuent de l'esprit & beaucoup de raison aux actions les plus niaises que puissent faire leurs enfans. De là vient, qu'encore qu'il n'y ait point de Philosophes qui ne croyent que les enfans ne raisonnent point, plusieurs changent neantmoins cette creance peu de temps apres estre mariez, ou à tout le moins ils s'imaginent que leurs enfans font vne exception à cette regle.

C'est ainsi qu'en gros on doit expliquer cette sorte d'actions, lesquelles se font par coustume. Ie ne croy pourtant pas que la coustume change si fort la nature des facultez que quelques-vns s'imaginent : ny qu'elle puisse tant perfectionner l'imagination, que de la rendre raisonnable. De fait, dans toutes les actions que les bestes font par instruction, il n'y a qu'vne fausse apparence de raison : & ce ne sont que des actions d'vne imagination toute pure, encore qu'elle soit aidée de la memoire, & perfectionnée, comme j'ay dit, par la couſtume.

I'ay creu autresfois, que pour exprimer comment les beſtes pouuoient faire toutes ces choſes ſans raiſon, il ſuffiſoit de dire qu'elles y eſtoient accouſtumées. En ce temps-là, j'alleguois la couſtume pour tout payement, parce qu'elle change la nature de toutes les facultez, comme Charon a ſuffiſamment remarqué en quelque endroit de ſa Sageſſe. Cette couſtume apporte vne eſpece d'ordre à nos actions les moins raiſonnables. De fait, dés que nous auons accouſtumé vne certaine heure pour nos repas, & pour en vuider les ſuperfluitez, vous diriez que nos facultez les plus inſenſibles ont appris à connoiſtre cette heure, & qu'elles la deuinent, comme ſi elles eſtoient reglées de quelque raiſon. Les Muſiciens tiennent leur partie, & font des actions raiſonnables par habitude ſeulement, lors que leur raiſon eſt ſi fort diuertie ailleurs, qu'elle n'y contribuë que fort peu, & peut-eſtre point du tout. I'auouë que cela ne ſe peut pas bien expliquer, & ainſi il ne faudroit pas trouuer eſtrange, ſi la couſtume auoit autant de credit sur les bestes, & qu'elle changeast la nature de leurs facultez, comme elle fait les nostres. Cette coustume est si puissante, que d'empescher que nostre entendement ne raisonne, & qu'il n'vse de son iugement. Car puisque la coustume nous fait souuent receuoir des opinions contre toute raison, il faut bien qu'elle change en quelque façon la nature de nostre entendement. Et ainsi puis qu'elle approche nostre raison de la stupidité des bestes, il ne faut pas trouuer estrange si elle change la stupidité de ces bestes, & si elle porte leur imagination à quelque chose qui ressemble à nostre raison.

C'est ainsi que probablement on pourroit expliquer toute cette sorte d'habitudes. Il reste pourtant quelque difficulté, parce qu'encore que les habitudes perfectionnent les facultez, elles n'en changent pas pour cela la nature, & ne peuuent pas rendre vne faculté capable des actions d'vne autre faculté. De sorte qu'il est bien plus aisé de dire, qu'en toutes les actions que les bestes font par instruction, il n'y a que des effects d'vne imagination toute pure, sans aucune apparence de raison.

C'est ce que tout le monde pourra iuger aussi bien que moy apres l'examen particulier de chacune des obiections qu'on nous fait. La premiere est des Chiens couchans, & de ceux qui sont si bien instruits, qu'encore qu'ils ayent faim, ils ne mangent point les viandes qu'on leur a donné à garder. Ie ne parle point Icy de ceux, qui naturellement ne sont pas malfaisans, à moins que d'estre pressez d'vne longue faim. Ie parle de ceux qui ne sont retenus que par l'instruction qu'on leur donne, laquelle on veut faire passer pour vne marque de raison. Car, disent quelques-vns, vn Chien qui ne seroit poussé que par son imagination se deuroit ietter sur la viande dés qu'il la voit, s'il a le moindre appetit de manger. S'il ne le fait pas, il faut que son imagination soit retenuë par quelque autre faculté. Il est outre cela necessaire, que sa faim & l'apprehension d'estre battu, fassent en son ame vne espece de combat, & vne deliberation, qui ne peut estre sans raison. Ie respons, qu'vne beste se trouuant en cét estat ne delibere du tout point. Cette retenuë est vn effect de son imagination, aydée seulement de la memoire. C'est ce qui sera clair, si on considere qu'au commencement que les Chiens sont dressez à cela, ils se iettent auidement sur la viande qu'ils voyent, & suiuent auec impetuosité les mouuemens de leur appetit, parce qu'ils sont attirez par l'object, & que rien ne les retient. Mais depuis que cette impetuosité a esté chastiée à force de les battre, il est impossible de les mettre en mesme estat deuant vne table, & vn plat de viande, que tout cela ne renouuelle en leur imagination les especes des coups qu'ils ont receu. La crainte qui leur en reuient, glasse leurs esprits, & empesche l'execution de leur desir, sans rien diminuer de ce desir. Ils sont retenus par la memoire des coups qu'ils ont autrefois receu, qui fait le mesme effect que les coups mesmes, au moins pour quelque temps : car quelquefois le desir l'emporte par dessus l'apprehension, si ce n'est qu'vne longue habitude leur ait rendu cette action comme naturelle. Ainsi en tout cela ie ne voy rien qui m'oblige de dire que les Chiens deliberent. Car la faim les portant sans aucune deliberation à se ietter sur cette viande, la crainte ne fait qu'en empescher l'execution par la retraction des esprits. Le renouuellement des plus tristes especes de leur memoire, ne diminue ny leur ardeur, ny leur desir, mais seulement il met leur imagination en estat de ne les pouuoir executer.

Ie sçay bien que les moins versez en Philosophie auroient de la peine de comprendre cette responce, si on ne leur expliquoit par des retenuës quasi pareilles, qui se rencontrent quelquefois en tous les hômes, lors que leur memoire trauerse si fort leur imagination, qu'elle empesche l'execution de leurs desirs, sans que la raison y contribuë. Ie commenceray par mes propres experiences, ce que ie n'aurois garde de faire, si ie ne sçauois bien qu'elles se trouueront conformes à celles de beaucoup d'autres. La premiere fois que ie pris medecine, ce fut sans en faire difficulté, ne croyant pas que la nature fust capable de faire des saueurs si horribles & si desagreables. Mais i'ay esté fort long temps depuis que ie ne songeois iamais à cette medecine sans fremir, & sans faire les mesmes gestes que i'auois fait en la beuuant. Ce fremissement n'estoit pas vn effect de ma raison, car si ie l'eusse consulté, elle m'eust facilement persuadé que cette action se faisoit sans raison, & que c'estoit vn effect de ma memoire, qui preuenoit ma raison, & qui renouuellant à mon imagination les especes d'vn obiect desagreable, luy faisoit donner le mesme branfle à mon corps, qu'eust pû faire l'obiect mesme s'il eust esté present. Si la memoire est si puissante sur l'imagination d'vn homme, elle l'est encore plus sur l'imagination des bestes, pource que ses effects n'y sont pas corrigez par les conclusions de la raison, qui deslors qu'elle en a le loisir corrige au dedans de nous les extrauagances de cette imagination, qui est meuë par vn obiect imaginaire. Mais les bestes sont abandonnées au mouuement qui leur vient de l'obiect, ou present, ou renouuellé seulement par la memoire. Ainsi l'imagination des Chiens, desquels i'ay parlé, n'estant point trauersée par les actions de la raison, il faut que les effects de l'obiect imaginé y soient plus euidens & plus durables. Il est necessaire que la retenuë de ces Chiens continuë tout autant, comme continuent les obiects, qui renouuellent les especes de leur memoire, & que l'effect dure auſſi long temps que la cauſe qui le fait ſubſiſter. Il m'eſt arriué depuis qu'eſtant malade ie fus perſuadé par la violence de mon mal, & par les raiſons de celuy qui le traitoit, de reprendre vne autre medecine. Ie m'y reſolus parfaitement apres en auoir fait quelque difficulté. Cependant quelque forte reſolution que i'euſſe fait de la prendre, ie ne peus de long temps executer cette reſolution, encore que i'euſſe le remede dans la main. Celuy qui me l'auoit preſenté m'exhortoit de le prendre ſans deliberer, s'imaginant qu'il y auoit vn combat au dedans de moy. C'eſt en quoy il ſe trompoit pourtant bien fort, auſſi bien que ceux qui trouuent de la deliberation dans les actions que i'explique. Car ie ne deliberois plus du tout, ie ne doutois plus ſi ie le deuois faire, i'y eſtois tres-reſolu, & ne pouuois pas l'eſtre dauantage. C'eſtoit ma memoire toute ſeule, qui ne pouuant rien ſur ma volonté, agiſſoit ſur mon imagination par le moyen de ſes eſpeces. Elle fixoit, s'il faut ainſi parler, tout ce que i'auois d'eſprits, empeſchant de cette ſorte le mouuement qui en deſpend, & differant l'execution d'vne volonté toute determinée en cette resolution. Ma raison en cela n'agissoit point du tout, non plus qu'elle n'agit point aux bestes desquelles ie parle.

Ie pourrois rapporter à mesme dessein l'histoire du Roy Saül, & de quantité d'autres hommes, qui estans tres-resolus de se tuer, & s'approchans des espées de la poitrine, ils ne l'ont pourtant iamais pû faire. Il a falu y en employer d'autres, pource que la crainte retenoit l'execution d'vne volonté tres-resoluë, en agissant sur l'imagination seulement. Il nous semble quelquefois que les hommes raisonnent, encore qu'ils ne raisonnent pas, & nous y sommes souuent trompez en nous-mesmes, faute d'y bien prendre garde. Mesmes il y a fort peu d'hommes, qui se soient estudiez à distinguer les actions de l'imagination d'auec celles de l'entendement, & ausquels on puisse se fier du discernement des actions dans les bestes. Ainsi il ne faut pas trouuer estrange si beaucoup se trompent au iugement qu'ils en font, croyans qu'elles raisonnent, & qu'elles deliberent, encore qu'elles ne suiuent que les mouuemens & les retenuës de leur imagination.

Ce que ie viens de dire sera beaucoup plus clair, lors que i'auray expliqué ce que Charon nous obiecte touchant les Chiens des Basteleurs. Ceux qui comme moy en ont veu dresser, ne font point difficulté d'attribuer toutes leurs obeyssances à la memoire. C'est que ceux qui les dressent leur disent de faire vne posture, & en leur disant ils leurs plient le corps assez rudement, & les contraignent à force de battre de s'y tenir autant de temps que l'on iuge necessaire pour l'esbatement. De sorte qu'il est necessaire que la memoire de ces Chiens reçoiue en mesme temps l'espece de la voix qui commande, & l'espece de la contrainte qui leur fait ce mouuement. Ainsi elles sont voisines en leur imagination & en leur memoire, & absolument inseparables en des animaux qui n'agissent point par raison, & qui doiuent toutes leurs actions à l'imagination & à la memoire. I'ay desia monstré par l'exemple des hommes, que la memoire estoit aussi puissante que la presence de l'obiect, & quelquefois dauantage. Maintenant ie veux encore continuer ce discours, & prouuer que la memoire d'vn mal estant renouuellée en l'imagination, excite des passions reelles, & fait des mouuemens pareils à ceux que fait le mal mesme, I'ay leu dans l'histoire Grecque, que celuy de qui Alexandre auoit battu la teste contre vne muraille, & à qui il auoit fait si belle peur d'en estre tué, ne voyoit iamais de statuë d'Alexandre apres la mort de cet Empereur, qu'il ne tremblast d'horreur, & que sa memoire ne luy fist sentir tous les effects de la crainte. Cela n'estoit point vn effect de sa raison, car il n'y auoit rien en cette statuë qui luy donnast d'apprehension, & sa raison n'y trouuoit rien qui fust capable de la remuer. Tout ce que faisoit sa raison en cette occasion, c'estoit de s'opposer au mouuement qui venoit de l'imagination, qui s'estoit laissée transporter aux especes de la memoire, sans attendre la resolution de cette raison, qui sçauoit bien qu'vn Prince mort n'estoit point à craindre, & que ses tremblemens ne venoient que de ce qu'Alexandre n'auoit iamais si fort imprimé son espece en la memoire de cet homme, qu'alors qu'il le battit. De sorte que tout ce qui luy renouuelloit l'espece d'Alexandre, luy renouuelloit à mesme temps l'espece du mal qu'il auoit receu, &

le portoit aux mesmes gestes que la crainte d'Alexandre luy auoit fait faire. Il estoit de luy comme des Chiens dont parle Charon, & comme de ces hommes, qui estans tombez en quelque precipice, ou qui seulement ont esté sur le point d'y tomber, lesquels ne peuuent puis apres voir de precipice, ou penser au danger qu'ils ont couru, sans fremir, & sans souffrir vn grand mal, & qui ne peut estre exprimé qu'à ceux qui l'ont experimenté. Toutes ces choses se font sans raison, & par le seul renouuellement de la memoire, & nous font voir, que les Chiens des Basteleurs n'ont point besoin de raison pour faire les mesmes postures qu'ils ont fait autrefois, lors que les causes de ces postures sont renouuellées en leur memoire. Tant s'en faut qu'on doiue dire que la raison y contribue, puis qu'elle ne seruiroit qu'à les empescher. L'imagination toute seule suit beaucoup mieux les impressions de la memoire dans les sujets où il n'y a point de raison. De fait nous n'auons point d'autres moyens pour arrester les fougues de nostre imagination esfarouchée par vn obiect, que d'opposer nostre raison aux transports de nostre imagination. Si nous ne corrigions par raison les gestes, que la memoire des precipices & des autres dangers fait faire à nostre imagination, ces gestes nous durroient aussi long temps, que les retenuës des Chiens qui contrefont la mort. Le pouuoir que la memoire a sur l'imagination des bestes, ne seroit pas fort propre pour nous persuader qu'elles ont de la raison, puis qu'on voit bien que de là ie pourrois tirer vne preuue bien forte pour monstrer qu'elles ne raisonnent point.

Il y a des hommes, qui ont esté si mal traitez du mal qu'on souffre sur mer, qu'ils sont malades du mesme mal, lors qu'ils ne font que regarder la mer, ou qu'ils voyent seulement vn Nauire. Il y en a d'autres, que le recit de quelque chose horrible fait vomir. Ce n'est pas par raison ce qu'ils en font, au contraire ils se seruent de leur raison pour condamner ces foiblesses, & s'en garentir. Mais il leur arriue comme à ces Chiens de Basteleurs, qui ne peuuent entendre la voix, qui auoit accompagné les postures qu'on leur faisoit faire, sans que ces mesmes postures ne renouuellent en leur imagination, & contraignent leur faculté motrice à faire tous ces mouuemens. C'est qu'ils ressemblent aux hommes, dont i'ay parlé, qui ont les especes de la mer, & de leur vomissement dans vn mesme point de leur memoire, & ainsi il est presque impossible de réueiller l'vne, sans remuer l'autre. Mesmes il y a bien plus de difficulté à expliquer comment l'imagination toute seule peut faire vomir, & remuer des facultez, auec lesquelles il a si peu de commerce. Au lieu que cette imagination & cette autre faculté, que les Escholes appellent locomotiue, ne vont presque iamais l'vne sans l'autre, estans subordonnées l'vne à l'autre. De façon que puisque nous experimentons dans nostre imagination des effects de memoire, plus merueilleux que ceux que Charon attribuë à la raison des bestes, nous ne deuons point douter qu'elles ne puissent faire cela sans raison, par le moyen des seules especes de la memoire.

Qu'vn chacun de nous se souuienne, s'il luy plaist, quels mouuemens & quels branles de corps le souuenir d'vn affront nous fait faire, où la memoire de quelque faute, que tout à coup il nous souuient d'auoir

uoir faire. Songez apres cela, qu'vn Amoureux ne sçauroit estre surpris par le souuenir de sa Maistresse lors qu'il se trouue seul, sans que son imagination luy fasse faire vne reuerence, & encore quelqu'autre chose; & lors vous verrez que les exemples ne me manqueroient iamais sur cette matiere, pour monstrer que l'imagination d'vne espece est souuent suiuie d'vne autre, qui contraint l'imagination à quelque mouuement. Ie dis bien plus, c'est que lors mesmes que nous receuons du desplaisir, ou que nous voyons nos Maistresses, nous faisons sans consulter nostre raison, des gestes pour exprimer nostre desplaisir, ou nostre respect, lesquels n'ont rien de plus naturel, ny de plus significatif de ce respect, que des gestes tous contraires. De sorte que lors que nous les faisons sans deliberer, ce n'est point la raison qui nous y porte, mais c'est que l'espece du desplaisir renouuelle en nous l'espece des frappemens de pié, & des autres gestes, que nous aurons veu faire à vn autre durant sa cholere. Pour cela il ne faut point consulter de raison, pource que la memoire y suffit, & que ce sont des premiers mouuemens de l'imagi-

M

nation, qui ne sont pas en la puissance d'vne faculté si lente, comme est la raison. Ainsi il n'y a point de merueille, ny de raison dans les bestes, encore que leur memoire estant excitée par vne espece, renouuelle les mesmes mouuemens, qui ont accoustumé d'accompagner cette espece, & qui sont proches voisins en leur memoire.

Il me seroit impossible d'ouyr la moitié d'vn vers de Virgile que ie sçache bien, & que i'aye accoustumé de dire, sans acheuer le reste en moy-mesme, ou autrement. Vn chanteur n'entendra point la premiere ligne d'vne chanson qu'il sçait, sans que la suiuante luy repasse par l'imagination, & cela pour la mesme raison que i'ay desia ditte.

Tous ceux qui liront cecy me rendront ce tesmoignage, qu'il y a beaucoup d'hommes bien sages, qui se voyans saluër de loin par l'vn de leurs amis, luy tirent le chapeau, sans consulter leur raison, & font vne reuerence, laquelle ils accompagnent de ce compliment. Ie suis vostre seruiteur, encore que leur amy soit trop esloigné pour les pouuoir entendre, & qu'ils le sçachent bien. D'autres estans à vne fenestre, se panchent pour saluër leurs amis, & mettent les piez en arriere, comme si cela aydoit à exprimer leur intention, & à faire comprendre leur respect. Il ne faut pas croire que ce soit la raison, qui leur fasse proferer ces paroles de si loin. Au contraire, leur raison s'y oppose bien fort, s'efforçant, comme elle fait, de les estoufer en la bouche. C'est l'imagination toute seule, laquelle estant excitée par la memoire, n'a que faire des mouuemens de la raison, poursuiure ceux qui luy viennent de la memoire. La raison est lente & tardiue, qui employant tousiours trois termes pour faire vne conclusion, ne peut pas se resoudre si tost, au lieu que l'imagination est prompte & actiue. Ainsi quand nous voyons, soit dans les hommes, soit dans les chiens de Basteleurs, des mouuemens qui sont si subits, qu'ils accompagnent immediatement l'impression de l'espece qui vient de dehors, ce nous doit estre vn tesmoignage fort asseuré, que ce sont des mouuemens de l'imagination toute seule. Si la raison est tardiue en nous, elle deuroit l'estre encore dauantage ~~aux~~ *dans les* bestes, & ainsi elle ne deuroit auoir aucune

M ij

part au mouuement de ces chiens, qui sont si precipitez. Il n'est pas difficile d'expliquer, pourquoy les hommes parlent de si loin à leurs amis, pouruçu qu'on presuppose cette doctrine. C'est que ces hommes ayans accoustumé de dire des paroles de respect à leurs amis lors qu'ils leur parlent, l'espece de leurs amis ne peut estre renouuellée en leur imagination, que l'espece des paroles & des gestes n'y soit aussi renouuellée en mesme temps, sur tout lors que ces hommes sont surpris, & que leurs mouuemens n'ont pas loisir d'estre reglez par la raison. Il en arriue ainsi à ces chiens de Basteleurs, dont parle Charon, ils se laissent gouuerner par la memoire & l'imagination, qui sont leurs maistresses facultez, comme nous apprenons de la promptitude de leur obeyssance, qui nous fournit vn argument contre la raison de cette action. Ainsi il ne faut pas trouuer estrange, s'ils demeurent quelque temps immobiles, & s'ils font d'autres postures, toutes les fois que la voix, qui leur commande de les faire, renouuelle en leur imagination la contrainte qui les y a accoustumé.

Ce qu'on obiecte communement des

chiens de ces Aueugles, qui menent leurs maistres, & s'arrestent quand ils voyent des hommes, ou des portes, afin que l'Aueugle y puisse demander l'aumosne. Cette instruction, dis-je, n'est pas fort merueilleuse, puis qu'elle ne differe point de celle des Chiens couchans, que i'ay desia expliqué. Et nos Aduersaires ne deuroient pas se contenter de nous apporter des exemples difficiles à expliquer, pour monstrer que les bestes sont raisonnables. Il faudroit premierement, qu'ils fissent bonne prouision d'arguments, pour monstrer que ces sortes d'actions ne se peuuent faire sans raison. Ce seroit à moy, qui tiens la partie negatiue, de me contenter de dire, qu'en tout cela il n'y a point de raison, sans prendre la peine de prouuer mes responses. De fait, puis que la partie negatiue de cette question nous fournit des preuues en abondance, pour monstrer que les bestes ne sont point raisonnables : nos Aduersaires deuroient trouuer dauantage de facilité en leur dessein. Si quelques-vns d'entr'eux disent, que leur opinion ne laisse pas d'estre veritable, mais qu'ils ne sont pas assez forts pour la faire reüssir, & qu'ils ne con-

M iij

noissent pas assez les facultez internes de l'ame, pour en pouuoir exprimer tous les ressorts. En ce cas i'aduoüeray à ces gens-là, qu'il leur doit estre permis d'admirer en leur particulier toutes les actions des bestes, sans nous importuner des consequences qu'ils en pensent tirer. Mais les autres qui ont estudié, ont grand tort de nous faire des obiections de cette sorte, lesquelles se peuuent toutes expliquer par l'imagination & par la coustume. On auoit accoustumé ces chiens d'Aueugles de s'aller arrester aux piez d'vn homme, ce qui ne s'est pas fait sans beaucoup de soin: Mais depuis qu'ils y sont accoustumez ils le font ayfément, y estans poussez par leur imagination; pource qu'vn autre homme, qui est fait comme le premier, leur renouuelle l'espèce du mouuement, & de l'approche qu'ils font vers cet homme. L'action de ces animaux n'est pas libre, estant forcée par les especes de la memoire, sans qu'il y ait de deliberation. C'est ce que remarqueront facilement ceux qui confereront l'actiuité, & la vistesse de ces petits chiens, auec la suspension, où nous voyons quelquefois les gens. Par là nous iugeons ayfement, que les vns ne deliberent point, estans forcez par l'espece, & que les autres deliberent sur la mine de ceux à qui ils s'adressent, & raisonnent en eux-mesmes s'il y a apparence d'en receuoir quelque chose.

Apres cela ie m'en vais monstrer par l'exemple des hommes, que les obiects imaginez attirent à eux toutes les parties de nostre corps, malgré la resistance qu'y fait nostre raison. De là on iugera, que l'object imaginé a encore plus de pouuoir sur le corps & sur les mouuemens des bestes, & que l'imagination des chiens suffit, pour les porter vers tout ce que l'habitude leur a proposé pour obiect. Il n'y a personne de nous qui n'ait remarqué, que toutes les fois qu'on nous fait quelque compte ridicule de quelqu'vn que nous pouuons voir, il nous est impossible de nous empescher de tourner tout le corps, ou à tout le moins les yeux vers luy, encore que nostre raison s'y oppose, & nous aduertisse que cela luy fera connoistre, que c'est à ses despens que nous nous entretenons. Si vn homme a quelque defectuosité au visage, nostre raison & nostre discretion ne peuuent nous empescher d'y porter à toute heure les yeux. Quelque contrainte, de laquelle les filles soient capables, & quelques soins qu'elles prennent à dissimuler leurs affections : il leur est presque impossible de sçauoir l'obiect de ces affections en lieu où elles le puissent voir, sans y porter la veuë plus souuent qu'elles ne voudroient. Les hommes qui ne sont pas si retenus, sentent des eslans & des violences, qui les emportent vers les obiects de leur amour, ou de leur cholere, quelquefois plus viste qu'ils ne voudroient. C'est ce qui monstre que l'obiect imaginé attire vers soy nostre imagination & nostre corps, malgré la resistence de la raison. De sorte que cét obiect a encore bien plus de pouuoir sur les bestes, qui ne sont pas retenuës par la raison. Ainsi il ne faut pas s'estonner, si les bestes se portent vers l'obiect de leur imagination, dés qu'elles le voyent pareistre. L'action de ces chiens me fait souuenir de ces ioüeurs de boule, qui voyans que leur boule ne va pas du costé qu'il faut, s'y penchent tout le corps, comme si cela contribuoit quelque chose à la faire tourner. C'est sans raison qu'ils en vsent ainsi, pource que l'imagination n'a que faire des deliberations de la raison, pour nous porter vers l'obiect imaginé : & lors que la raison s'en mesle, cette imagination a beaucoup moins de force. Ainsi il ne faut pas s'estonner si le mouuement des chiens, desquels ie parle, est forcé par leur imagination, qui ne peut receuoir les especes d'vn homme, ou d'vne perdrix, sans s'y porter tout le corps, & s'y arrester.

I'ay veu des hommes, qui ayans pitié des malades, qui n'auoient pas la force de toussir, ny de cracher, toussoient eux-mesmes vne bonne fois, comme si cela eust serui au soulagement du malade. Pource que les especes de la toux ne pouuoient estre bien renouuellées en leur imagination, qu'elles ne les portassent à faire ce mouuement. C'est par là qu'on peut expliquer tous les gestes, qui accompagnent nos discours, pourueu que ces gestes ayent quelque chose de naturel, comme lors que parlans du ciel, ou de la teste, nous portons les mains en haut. C'est aussi par là qu'on peut expliquer les mouuemens que font les bestes vers l'obiect imaginé. Car comme la memoire de la toux ne peut estre excitée en nous, sans qu'elle nous porte à toussir,

& à cracher : de mesmes la memoire du mouuement, que les chiens ont accoustumé de faire vers les hommes, ne peut estre renouuellée par la veuë d'vn homme, qu'elle n'y porte leur imagination, qui est plus forte que la nostre. Ceux d'entre les hommes, qui ont l'imagination presque aussi forte que celle des bestes, se leuent souuent tout endormis, & leur memoire ne peut renoueller en leur imagination l'espece d'vn obiect, que la coustume, ou quelqu'autre chose y ait bien imprimé, sans que leur corps se porte vers cét obiect imaginé. Ils reüssissent par ce moyen en des actions, qu'ils ne sçauroient faire s'ils estoient esueillez, & qu'ils eussent l'exercice de leur raison ; pource que leur imagination toute seule n'estant point trauersée par la raison, est beaucoup plus seure en ses actions. Ce qui nous fait voir, que les bestes n'estans conduites que par cette imagination, sont plus propres à pratiquer ces actions de coustume, & y reüssissent plus seurement, que si elles estoient raisonnables. On a remarqué que ces personnes endormies ne se réueillent iamais si facilement, que lors qu'on les nomme par leur nom le plus ordinaire.

C'est ce qui me fait souuenir qu'il y a eu des hommes, qui estans en lieu où ils auoiēt interest de dissimuler leur nom, lesquels estans soupçonnez se faisoient facilement reconnoistre, lors que par derriere on les appelloit de leur nom ordinaire, parce qu'estans surpris ils ne pouuoient s'empescher de tourner le corps vers ceux qui les appelloient : La raison ne leur faisoit point faire cela, s'ils l'eussent consultée, ils n'en eussent pas fait semblant : Mais c'est que leur imagination s'estant accoustumée à tourner le corps du costé qu'elle reçoit les especes de ce nom là, elle est lors forcée de le tourner, y estant excitée par les mesmes especes, lesquelles renouuellent le mouuement, qui auoit accoustumé d'accompagner leur reception. Voila le dernier exemple que ie veux apporter, pour monstrer que les chiens des Aueugles peuuent s'aller arrester à toutes les portes, sans auoir de raison, & par la seule force de leur imagination.

En general ie dis, que tant s'en faut que l'instruction, dont les bestes sont capables, nous fournisse des argumens, qui nous portent à croire qu'elles raisonnent, qu'au contraire, elle sert à renuerser leur pretenduë raison, comme ie l'ay desia monstré. Ie le feray encore voir plus clairement, en disant qu'il y a deux sortes d'actions, qu'on fait par instruction; les vnes sont mouuemens tous simples, tels que ceux qu'on remarque aux bestes: les autres sont accompagnées d'vne suite raisonnable, de laquelle les bestes ne sont pas capables, parce qu'elles ne raisonnent point. Elles font bien des élans, & des impetuositez toutes simples, mais vous ne sçauriez les accoustumer à faire vn mouuement reglé, & où l'ordre doiue estre obserué. Vous ne sçauriez instruire vn Singe, ny l'accoustumer à tenir sa partie aux eschecs, & ne sçauriez enseigner à vn Elephant à peindre, ou à escrire, quelque chose qu'en puissent asseurer certains Autheurs. Si les Basteleurs commandoient à leurs chiens de faire deux ou trois actions consecutiues, sans renouueller à chaque fois ce commandement, ils n'y reüssiroient pas. Si vous dites à vn chien d'aller querir du bois, ou du feu, il le pourra bien faire. Mais vous ne sçauriez l'accoustumer à vous faire du feu, en luy faisant vn seul cōmandement, comme vous feriez au plus stupide de tous les hommes, qui ira premierement cercher du bois, le iettera en la cheminée, & fera ce qu'il faut en suite pour l'allumer. En cette action il y a quelque peu de suite raisonnable, aussi les bestes n'en sont elles point capables, ne faisans iamais d'actions raisonnables, qu'elles ne soient conduites par l'instinct. De sorte que puis qu'on apprend deux sortes d'actions par discipline, & que neantmoins les bestes ne se trouuent capables que de celles où il ne faut point de raison, il me doit bien estre permis de dire qu'elles n'en ont point du tout.

Nous pouuons remarquer en suite, que les habitudes de l'entendement, qui s'acquierent par raison, ne determinent pas si fort l'entendement à vne sorte d'actions, qu'elles ne le rendent plus capable de toutes les autres. Vn homme qui aura appris vne langue, ou vne science par regles, ou à iouër d'vn instrument de Musique, est sans comparaison plus capable d'apprendre tout le reste. Au lieu qu'vn chien, que vous accoustumez à vne habitude, en est rendu presque incapable de toute autre, iusqu'à ce que vous luy ayez fait quitter la premiere, à laquelle vous l'auez accoustumé. Leur imagination, & leur memoire, qui sont leurs principales facultez, n'estans pas des puissances libres, ny qui se determinent elles-mesmes, elles doiuent estre brutalement esclaues de leurs obiects, & en estre tout à fait determinées. On peut remarquer quasi la mesme chose au dedans de nous, pource qu'encore que l'instruction, que nous auons en vne science, nous acquiere plus de facilité pour en comprendre toute autre, neantmoins nous auons moins de facilité à en retenir les maximes & les authoritez, d'autant que nostre raison ne suffit pas pour cela, & que nous auōs besoin de la memoire, qui est vne faculté brute, & qui se trouue quelquefois tellement determinée à force d'obiects, qu'elle est presque incapable de tout autre. Que si elle estoit de la nature de nostre raison, & que nous eussions vne memoire intellectuelle, vn homme qui sçauroit vne science, apprendroit facilement toutes les autres. Et quand nous aurions appris vne langue par memoire seulement, comme nous faisons aux pays estrangers, elle nous ayderoit à apprendre toute autre langue, au lieu qu'elle nous y apporte des empeschemens, ce qui se peut facilement appliquer à ce que i'ay dit de l'instruction des bestes.

Examen des histoires que Charon a tiré de Plutarque, & de quelques autres Autheurs.

Chapitre X.

IL semble que Charon aye plustost entrepris de prouuer que les bestes ont raisonné autrefois, que de monstrer qu'elles ont maintenant de la raison. Au moins il en va cercher si loin toutes les experiences, qu'il semble vouloir confesser tacitement qu'elles ne raisonnent point auiourd'huy. Vous iugeriez en lisant ce qu'il en a transcrit, que toutes les especes des bestes se sont perduës, ou plustost qu'elles ont perdu tout leur esprit depuis le temps de Plutarque. En effect si Chrysippus n'eust point veu de chien à la chasse, & que Thales n'eust point eu de Mulet, & qu'auec cela il n'y eust point eu de Renards en Thrace, ny de Bœufs au iardin du Roy de Perse, nous n'aurions rien appris de la raison des beftes, & Charon n'euft fçeu nous en fournir des exemples. I'efpere que cette confideration fera, que plufieurs auront mauuaife opinion de toute cette doctrine, & qu'on m'excufera facilement, fi ie ne fuis pas fort exact en l'examen de tous ces contes : n'ayant deffein que de m'acquitter le plus legerement que ie pourray du refte des obiections de Charon, & de me mocquer de la facilité de ceux, qui iugent pluftoft de cette doctrine par de chetifs exemples, & de fauffes authoritez, qu'ils ne feroient par les meilleures raifons que l'Efchole leur puiffe alleguer. Et ainfi ceux qui font fçauans me feront plaifir de paffer ce Chapitre fans le lire, n'y ayant rien mis qui foit digne de leur curiofité. Les autres n'en peuuent pas eftre fatisfaits, qu'ils n'ayent bien examiné ce que i'ay dit au Chapitre precedent.

Le premier exemple de Charon eft pris de la couftume des Thraciens, qui voulans paffer leurs armées fur des riuieres glacées, fe feruoient d'vn Renard, qui applique l'oreille contre la glace, afin de fçauoir par le bruit

bruit de l'eau qui court au dessous, si cette glace est assez forte pour le porter. Mais cette histoire me semble si ridicule, qu'elle ne merite point de responce; ne pouuant pas croire qu'il y ait iamais eu de peuple si extrauagant, comme on nous represente celuy-là. Les Thraciens ne pouuoient-ils pas eux-mesmes s'approcher de la glace pour escouter le bruit de l'eau qui couroit au dessous? N'auoient-ils pas encore d'autres moyens beaucoup plus asseurez pour experimenter la force de cette glace? Et n'auoient-ils pas l'esprit de coniecturer que la glace, qui est assez forte pour porter vn Renard, pourroit bien ne l'estre pas assez pour resister à la pesanteur de leur bagage, & des Machines qui les suiuoient? Apres cela, il m'est impossible de croire qu'vn Renard qu'on a laissé eschaper, se puisse arrester sur le bord d'vne riuiere à consulter si la glace sera assez forte pour le porter, luy qui sçait bien qu'il n'y a point de glace si foible qui ne le puisse soustenir. Outre qu'vn Renard sçait trop bien nager, pour estre arresté par vne si foible consideration, lors qu'il a bonne enuie de s'eschaper. Sur tout, il est considerable qu'vn ne riuiere qui court, & qui fait du bruit, ne peut estre glacée en son milieu, que la glace n'y soit fort espesse : autrement le courant de l'eau l'emporteroit, comme nous voyons tous les hyuers dans les riuieres les moins impetueuses. Ainsi ie conclus que cette histoire est fabuleuse. Quand elle seroit veritable, elle ne seroit point vne preuue de la raison des Renards, pource que si c'estoit vn effect de leur raisonnement, toutes les autres bestes, qui raisonnent aussi bien que les Renards, feroient toute la mesme chose. D'où ie conclus, qu'vn effect qui n'est particulier qu'à vne espece, ne peut pas prouenir d'vn principe si commun, comme Charon dit, qu'est la raison. Ce n'est pas aussi vn effect de l'instinct, qui ne peut, suiuant l'ordre du monde, auoir esté donné aux Renards, pour vne chose si superfluë que celle-là, puisque naturellement ils sçauent bien nager. De sorte que si cette histoire estoit veritable, il faudroit dire que c'est simplement le bruit du cours de l'eau qui arreste le Renard, & non pas la crainte d'y tomber, comme tous les autres sons, qui ne sont pas ordinaires, arrestent tous les animaux par quelque estonnement. J'adiousteray que peut-estre tous les Renards ne s'arrestent pas pour le bruit, mais seulement ceux lesquels ont autrefois passé sur de la glace, laquelle a failly sous leurs piés en mesme temps qu'ils entendoient vn bruit semblable à celuy-cy. D'où vient que ce bruit renouuellant en leur imagination l'espece de leur cheute, il les arreste, sans qu'il y ait en cela de raison, comme ie l'ay expliqué ailleurs.

Le second exemple de Charon est tiré de ces Chiens, qui pour sçauoir lequel de trois chemins aura esté celuy de leur maistre, en flairent seulement deux, & s'eslancent dans le troisiesme sans deliberer, raisonnans de cette sorte, puis qu'il n'y a que trois chemins, & qu'il n'a point passé par aucun de ces deux, il faut que ce soit par le troisiesme. Voila vne histoire que ie veux traiter auec plus de respect que les autres, & presupposer d'entrée qu'elle est veritable, encore que ie n'aye iamais pû en faire l'experience de la mesme façon que nous la trouuons dans les liures. Ce que ces Chiens ne s'arrestent point à deliberer, c'est signe qu'ils ne deliberent point, & par consequent qu'ils ne raisonnent point.

Ainsi tant s'en faut que la promptitude auec laquelle ils s'eslancent dans le troisiéme chemin, soit vn effect de raison, qu'elle nous fournit vn tesmoignage fort asseuré qu'elle se pratique sans raison, & par la seule force de l'imagination attirée par la violence de son obiect, à quoy la coustume peut beaucoup contribuer. J'ay prouué au Chapitre precedent, que toutes les actions qui se font auec promptitude, sont des productions de cette imagination, & que la raison n'agiroit que lentement dans des bestes, dont la stupidité surpasse celle des hommes les plus brutaux. Mesmes si nous deuons iuger de cette action par ce que feroient les hommes en vne pareille occasion, nous deuons croire que ces chiens ne raisonnent point : car si vn homme en suiuoit vn autre à la trace, iamais il ne se resoudroit à prendre vn de ces chemins, qu'il ne les eust examiné tous trois, & qu'il n'eust encore consideré, si celuy qu'il cerche n'a point pris la trauerse, ou s'il n'est point retourné sur ses pas. Apres tout cela il s'arresteroit à chaque pas qu'il feroit dans ce troisiesme chemin, & examineroit tout ce qui se presenteroit à ses yeux, au moins au commencement, & de là il en tireroit vne conclusion, tantost affirmatiue, tantost vne negatiue. Que si quelqu'vn me demande de quelles facultez ces chiens se peuuent seruir en cette occasion, puis qu'ils ne se seruent point de raison. Ie respondray, que lors que les chiens suiuent l'odeur qui leur sert de guide, ils prennent presque tousiours le mesme chemin que leur maistre a pris, leur imagination y estant attirée par l'odeur qui luy sert d'obiect. Il arriue pourtant quelquefois, que leur imagination estant diuertie par quelque obiect visible, ou par vne des especes de leur memoire, la course les porte fortuitement iusques à l'entrée d'vn autre chemin que celuy que leur maistre a pris, ou trouuans à cause de la proximité vn peu de l'odeur, qui les auoit attirez iusques là, ils s'y arrestent quelque temps. Mais comme cette odeur y est foible, tantost ils en reçoiuent quelques especes, tantost ils ne la sentent plus; de la mesme façon qu'il arriue aux hommes, qui font l'essay de quelque foible odeur, & qui leur est douteuse. Sur tout, lors que ces chiens s'aduancent vn peu trop, ils ne sentent plus d'odeur.

C'est ce qui les fait retourner du costé que leur vient l'odeur, qui leur sert d'obiect. De sorte qu'approchans du veritable chemin, ils trouuent d'abord cette odeur si forte, qu'ils en sont attirez dans le chemin qu'ils cerchent, & s'y iettent sans marchander, comme parle Charon: c'est à dire sans deliberer, & sans aucun raisonnement.

Le troisiesme exemple est, du Mulet de Thales, qui estant chargé de sel tomba dans vn ruisseau, où il sentit que sa charge estoit deuenuë plus legere: Ce qui l'obligea de s'y plonger toutes les fois qu'on le passoit par là, iusques à ce qu'on l'eust chargé de laine; car lors il s'en corrigea. Ie respons, que cette histoire a fort peu d'apparence de verité, & que c'est mal prendre ses mesures, que de nous alleguer vn Asne ou vn Mulet pour exemple de raison. S'il faut iuger de cette histoire, par ce que pratiquent les Mulets & les Asnes, qui charrient le sel de Sainctonge, nous en aurons tres-mauuaise opinion. D'ailleurs il est facile à iuger, que ceux qui conduisoient ce Mulet, & qui sçauoient sa coustume, ne le laissoient pas long temps dans l'eau, mais qu'ils le releuoient à force de coups, dont la pesanteur recompensoit bien ce qui se fondoit de sel pendant sa cheute: ce qui nous fait voir qu'il n'auoit point de raison d'en vser ainsi. Ie dis bien plus, c'est que sa charge de sel s'apesantissoit beaucoup plus dans l'eau, y demeurant le peu de temps qu'on l'y laissoit, que ne faisoit sa charge de laine, laquelle ne s'humecte en l'eau qu'apres beaucoup de temps. L'experience en est fort facile en cette Prouince, & on verra qu'vn sac de sel bien sec pese beaucoup moins que lors qu'il est trempé dans l'eau, pourueu qu'il n'y demeure pas long temps. La raison est, que l'eau qui entre parmy ce sel, & qui le mouille, sans auoir le temps de le fondre, le rend beaucoup plus pesant qu'il n'estoit auparauant. Si ce Mulet eust eu de la raison, il se fust bien donné garde de faire cette action, & il eust bien reconnu lors qu'on le chargea de laine qu'on luy auoit changé sa voiture, & que peut-estre son expedient n'en amanderoit pas la pesanteur. Mais principalement lors qu'on retourna à le charger de sel, il eust bien reconnu que c'estoit encore du sel, & qu'il seroit encore bon de se coucher dans l'eau, pour le faire diminuer. Si l'on eust ainsi vsé, suiuant les differentes charges qu'on luy donnoit, Charon eust esté excusable d'y cercher quelque fausse apparence de raison. Ainsi ie croy auoir monstré que cette histoire n'est point veritable, & que si elle l'estoit, elle seruiroit à monstrer que ce Mulet n'auoit point de raison. I'adiousteray que si on voyoit maintenant quelque chose de pareil, on pourroit le rapporter à la coustume. Beaucoup d'animaux se couchent en l'eau par coustume, laquelle on leur fait quelquefois perdre par le moyen des coups, qui ne leur manquent pas en cette occasion. C'est à quoy vne charge d'esponges, ou de quelqu'autre chose, qui s'appesentiroit en l'eau, pourroit bien seruir: de mesme que le souuenir de quelque soulagement, estant renouuellé en leur memoire, les peut bien contraindre de se coucher, ainsi que ie l'ay expliqué au Chapitre precedent.

Le quatriesme exemple est d'vn Chien, que Plutarque dit auoir veu en vn batteau: ce chien iettoit des cailloux dans vn vaisseau, pour faire monter l'huile, à laquelle il n'eust pû toucher autrement, ce qui semble ne se pouuoir faire sans raison. Ie respons, que si les chiens raisonnoiét du temps de Plutarque, ils raisonneroient encore à present, & que s'ils eussent esté si industrieux pour faire monter quelque liqueur, ils le seroient pour moins autant en ce siecle. Ce n'est pas que ie vueille nier en cét endroit ce que Plutarque dit auoir veu. Ie veux dire seulement que ce chien faisoit cela par coustume, & que ce n'estoit point l'action d'aucune faculté raisonnable : autrement il se trouueroit encore des chiens, qui feroient la mesme chose, sans y estre accoustumez. Que s'ils ne le font pas, c'est vn signe qu'ils ne l'ont iamais fait. Il est certain que maintenant les plus industrieux de tous les chiens ne se seruent point de cét expedient, encore qu'ils voyent l'eau trop basse. I'en ay bien veu qui renuersoient des cruches, ne pouuans pas boire autrement. Encore n'estoit-ce que par hazard qu'ils le faisoient la premiere fois, en s'efforçant de ioindre cette eau, sans auoir aucun dessein de renuerser le vaisseau : ce qui estoit facile à reconnoistre, parce qu'ils s'estonnoient, & s'enfuyoient dés qu'ils voyoient ce versement. Mais lors que le bruit estoit passé, leur soif, & l'eau qu'ils voyoient, y attiroient leur imagination. En suite de cela, le profit qu'ils retiroient de cét espanchement, s'imprimoit si bien en leur memoire, qu'il leur estoit impossible de voir de l'eau lors qu'ils auoient soif, sans que leur memoire renouuellast en leur imagination l'espece de cette action. De mesmes, s'il estoit arriué à vn chien de laisser tomber par hazard quelque chose de pesant dans de l'huile, qui l'auroit fait monter, il ne seroit pas impossible que sa memoire ne le portast à ietter quelque chose dans les vaisseaux, où il verroit de l'huile.

Lors que i'estois en Guyenne, vn homme fort sçauant me dit vne histoire, qui ne sera pas inutile à l'explication de cette-cy, & de plusieurs semblables. C'est d'vn Oison, lequel il auoit fait nourrir, & qui n'auoit pas plus d'esprit que les autres. On prit vn iour quelque espece de plaisir à voir cét Oison fatigué d'vne longue soif, qui cerchoit de l'eau par tout, mesmes en des lieux, où il eust bien iugé qu'il n'y en deuoit pas auoir, s'il eust eu de la raison. Enfin il rencontra vn petit linge moitte, qui bouchoit le trou d'vne cuue où il y auoit de l'eau : lors trouvant de l'humidité à ce linge, sans philosopher sur son vsage, il se mit à le succer d'vn si grand courage qu'il l'artacha. De façon que l'eau de la cuue sortit par ce trou, ce qui l'estonna vn peu d'abord, sans laisser pourtant d'y satisfaire sa soif. Depuis ce temps-là les especes de la soif ne se renouuelloient iamais en son imagination, qu'elle ne le portast d'aller tirer ce linge. Mesmes encore qu'on y eust fait mettre vne cheuille de bois, de laquelle l'Oison ne pouuoit pas disposer, les especes de son imagination ne laissoient pas de l'y mener à toute heure pour y faire des efforts, qui l'eussent rebutté dés la premiere fois, s'il eust eu de la raison. Ce sont ces sortes d'actions, qui m'obligent de redire, que nous n'ostons aux bestes ny l'imagination, ny la memoire, & qu'ainsi nous ne trouuons point estrange, si elles font aussi bien & mieux que nous, les actions qui en despendent, sans auoir de raison. D'ailleurs il y a si peu de personnes, qui sçachent distinguer les actions de l'imagination d'auec celles de la raison, que ie ne croy pas offenser beaucoup les autres, en leur disant, que iusques à ce qu'ils ayent exactement appris toutes ces distinctions, nous ne sommes pas obligez de nous en rapporter à eux.

Le cinquiesme exemple de Charon est des Elephans, qui portent des pierres & des pieces de bois dans les fossez, où leurs compagnons se trouuent engagez, pour leur ayder à en sortir. Ie respons, qu'il se peut faire que les Elephans qui ont vne grande masse de corps, qui rend toutes leurs cheutes dangereuses, ayent aussi l'assistance d'vn instinct particulier, que la cause premiere leur a donné aux vns pour les autres, de la mesme façon qu'elle en a donné à tous les animaux pour leurs petits. Ie tiens neantmoins pour suspect tout ce qu'on nous dit de l'industrie des Elephans. Les desordres qu'ils ont causé dans les armées de ceux qui les conduisoient, & le peu qu'on se pouuoit asseurer de leur secours, m'auoient desia bien fait soupçonner, que ceux qui auoient esté aux Indes, nous en racontoient des fables. Mais depuis que i'en ay veu vn en France, i'ay esté desabusé de tout ce qui me restoit de preiugez. Si celuy-cy n'auoit point perdu l'esprit en changeant de Climat, nous deuons auoir tres-mauuaise opinion de l'esprit de tous les autres. Il faut dire que l'instruction qu'on luy auoit donné, & les influences de nostre Ciel l'auoient abruty, & l'auoient rendu de mesme condition que les bestes de l'Europe, qui ne raisonnent point, ou bien que les autres sont extremement hebetez. Mesmes toutes ces merueilles que l'on nous raconte de ceux qui sont aux Indes, se rendent suspectes pour estre trop grandes, & accusent le iugement de ceux qui en ont escrit. Ie n'en veux point d'autres tesmoignages que de cét Elephant de Cochin, vers lequel on deputa, pour le prier de s'employer au seruice du Roy d'Espagne *de Portu[gal]*, & luy representer que ce luy estoit beaucoup d'honneur d'estre aux gages d'vn si grand Prince. Cette harangue estant finie, l'Elephant respondit ho ho, c'est à dire ie le veux, ie le veux, dont on luy donna acte, qui se trouue encore au Greffe de la ville de Cochin, à ce que dit vn Autheur assez connu. Remarquez que ce fut peu de temps apres sa prise, qu'il parla, & qu'on luy fit cette remonstrance, mais depuis il ne parla iamais, & à force de demeurer dans le pays, & deuiure parmy les hommes, il en oublia la langue. Les mesmes Autheurs, qui nous racontent tant de merueilles de cette sorte d'animaux, disent que le plus asseuré moyen de les dompter, est de leur faire des reproches, comme s'ils entendoient la langue des Indiens, premier que de l'auoir appris, ce qui leur seroit vn grand aduantage par dessus les Portugais & les autres voyageurs. On peut iuger de ces deux contes, quelle opinion on doit auoir de tout le reste, & conclurre, que ny les Elephans que nous auons veu en l'Europe, ny les recits qu'on nous fait de ceux des Indes, ne nous obligent point de croire qu'ils ayent de la raison.

Le dernier exemple est des Bœufs du iardin de Suse, qui estans accoustumez à faire cent tours de roüe à l'entour d'vn puits, n'en vouloient iamais faire dauantage, & ne failloient iamais au compte. Ie respons, que cét exemple est pris de bien loin, & que ce que les Grecs nous ont escrit de la Perse, est encore moins asseuré que les histoires qu'on nous apporte des Indes Orientales. D'ailleurs il est facile de iuger, que ce conte est manifestement faux, estant impossible en la Nature que l'eau d'vn puits fust également profonde en toutes les saisons de l'année, & qu'il falust toujours vn mesme nombre de tours pour la puiser. Ainsi il est impossible que ces Bœufs de Suse fussent accoustumez à faire tousiours vn mesme nombre de tours. Et sans doute que lors qu'on auoit besoin d'vn peu dauantage de leur peine, on trouuoit bien assez de moyens pour leur faire subir. Neantmoins, puisque i'ay desia expliqué les autres exemples, qui estoient aussi faux que celuy-cy, ie veux encore presupposer que celuy-cy est veritable, afin de monstrer qu'on n'y peut trouuer aucune marque de raison. Premierement, ie pourrois expliquer cecy par l'exemple des hommes, qui estans accoustumez de faire vn mesme chemin tous les iours, ne laissent pas de iuger par leur lassitude, lors qu'ils sont en vn autre chemin, si ce nouueau chemin est égal à celuy qu'ils s'estoient accoustumez de faire auparauant. Mais i'ayme mieux dire, qu'il n'y a rien de plus ordinaire, que de faire tousiours vn mesme nombre de pas, sans compter, lors que nous y auons vne grande habitude, ce qui se voit tous les iours en ceux qui sçauent bien dancer. Il y a des hommes d'eſtude, qui ſe promenans tous les iours en vne meſme chambre, prennent vne telle habitude à la longueur de leur promenade, que ſi vous les faites promener en vne chambre plus petite, ils ſe ſentent incommodez, & en quelque façon geſnez. Que ſi vous les mettez dans vne longue galerie, ils ne font iamais dauantage de chemin, ny de pas, que ceux qu'ils auoient accouſtumez en leur eſtude, ſans les auoir iamais compté. Cela ſe remarque encore mieux aux Maiſtres de Nauires & de Barques, leſquels ſi vous obligez de promener en quelque chambre que ce ſoit, ils ne font que les meſmes pas, qui ſe peuuent faire, & qu'ils font tous les iours ſur le pont de leur vaiſſeau. Ce n'eſt pas qu'ils ayent iamais compté le nombre de leurs pas, ny qu'ils ſçachent combien ils en font. Meſmes il eſt certain que s'ils y prenoient garde, ils auroient ſouuent de la peine à rencontrer le meſme nombre, ou à tout le moins le meſme eſpace.

Pourueu qu'on ſoit accouſtumé à monter, ou à deſcendre en meſme degré, il ne faut point en compter les marches, ny meſmes ſçauoir combien il y en a, pour deuiner

uiner quand on est au bout, encore qu'on le descende de nuit, & en pensant ailleurs. Si on raisonnoit en faisant cela, on ne rencontreroit pas peut-estre si bien, pource que l'imagination est, comme i'ay dit cy-dessus, vne faculté plus seure, & qui nous conduit plus seurement que la raison. Les aueugles qui sont accoustumez d'aller & de venir dans les chambres d'vne maison, & dans les ruës de Paris, ne manquent quasi iamais de sçauoir lors qu'ils sont arriuez où ils veulent aller, encore que pendant le chemin leur raison s'occupe ailleurs, qu'à compter les pas qu'il leur faut faire. Aussi bien n'en sçauent-ils point le nombre, non plus que les Bœufs de Suse, qui sans compter, & sans raisonner, ne laissoient pas de faire tousiours vn mesme nombre de tours.

C'est par où ie finis cette ennuieuse & difficile dispute du raisonnement des bestes, en laquelle ie reconnois bien auoir esté beaucoup plus long qu'il n'eust falu : encore que i'aye laissé de l'obscurité en plusieurs endroits, où ie me suis affoibly, pour auoir voulu éuiter cette longueur. Il n'estoit pas facile de se faire entendre en peu de mots sur vne doctrine, de laquelle i'ay esté obligé d'expliquer tous les termes, & de prouuer tous les fondemens. Ceux qui seront impatiens n'en liront que ce qui leur plaira, n'y ayant point de Chapitre, hors celuy-cy, qui ne puisse estre leu à part, & qui ne contienne separement l'explication de quelque difficulté importante.

Du sixiesme Sens.

CHAPITRE XI.

ENcore que Charon ne se soit pas ouuertement declaré en faueur du sixiesme Sens, il ne laisse pas d'accuser la temerité des Philosophes, qui ont determiné l'ombre des sens externes, & qui se sont imaginez, que puisque l'homme n'en auoit que cinq, il estoit impossible que les autres animaux en eussent dauantage. Mesmes il ramasse tout ce qu'il peut d'experiences, pour nous faire soupçonner quelque sentiment exterieur que nous n'ayons pas. C'est ce qui seroit fort difficile de persuader à tous ceux qui sçauent bien, que le nom de petit monde n'a esté attribué à l'homme qu'à cause que nos perfections nous l'ont acquis, & pource que l'homme tient renfermé tout ce qu'il y a de diuerses facultez esparpillées dans le grand monde, de la consideration duquel nous apprendrons à determiner toute cette question. Premierement nous y apprendrons, que la Nature s'est obligée d'obseruer vne gradation perpetuelle, dans tous les diuers genres qui la composent: en sorte que les substances les plus nobles contiennent tout ce qu'il y a de degrez de perfection, & de facultez dans les autres substances, qui sont d'vne espece moins excellente. C'est ainsi que les Mineraux, encore qu'ils soient les plus vils de tous les mixtes, contiennent dans l'integrité de leur composition toutes les diuerses qualitez, qui sont aux Elemens, selon la proportion qui est requise, pour le bien de leur estre, & l'acheuement de leurs actions.

Les Plantes qui sont plus nobles, sont des mixtes ainsi que les Mineraux, elles ont vn temperament comme eux. Et on ne sçauroit outre cela me monstrer vne seule qualité dans tout ce qu'il y a de Mineraux, que ie ne la trouue facilement dans les Plantes, lesquelles attirent ce qui leur est conuenable, aussi bien que l'Aimant. Elles purgent, elles resserrent, elles empoisonnent, comme feroient l'Antimoine, le Bol, & l'Arsenic.

Les Zoophytes ont quelques vertus que les Plantes n'ont pas, & qui les distinguent d'auec elles. Ces vertus n'empeschent pourtant pas, qu'ils ne se nourrissent comme les Plantes, qu'ils ne croissent comme elles, & qu'ils n'engendrent leurs semblables.

Les Animaux ont des proprietez, qui les releuent au dessus de tout cela, & qui n'empeschent pas qu'ils n'ayent toutes les proprietez des Elemens, des Mineraux, & des Plantes. Desorte que l'homme, qui est plus excellent que les Bestes, doit auoir & contenir toutes leurs facultez, de mesme que les Bestes contiennent toutes les facultez des Plantes. Ie presuppose icy, que l'homme est plus excellent que tous les autres animaux, pource que ie l'ay prouué ailleurs, & que nous n'auons point de si grand ennemy, qui ne reconnoisse que nostre raison nous fournit quelque auan-

sur la Sagesse de Charon. 213

rage au dessus des Bestes. Cét auantage ne peut estre si petit, qu'il ne soit aussi grād que celuy des Zoophytes par dessus les Plantes, ou celuy qu'ont les Huistres par dessus les Zoophytes. D'où ie conclus, que pour peu que nous surpassions les autres animaux, il faut de necessité que tout ce qu'ils ont de sens & de facultez se trouue en nous. Il n'y a point d'apparence que la Nature nous soit si grande ennemie, que d'auoir interrompu à nostre preiudice ses ordres perpetuels, & d'auoir fait vne exception en haine de l'homme, veu qu'elle s'imite par tout elle-mesme, faisant tout autant de maximes, que la nature des estres particuliers en peut souffrir, & tout autant qu'elle en peut faire, sans repugner à leur nature. Or est-il qu'il ne repugnoit point à la nature de l'homme d'auoir ce sixiesme sens, puis qu'il n'est point incompatible auec la raison. D'où il s'ensuit, qu'il deuroit estre en l'homme s'il se rencontre aux autres animaux.

Quelqu'vn pourra respondre, que comme la Nature n'a point donné aux hommes le sentiment si excellent, comme elle a donné à beaucoup d'animaux, qu'aussi elle

O iij

n'estoit pas obligée de leur donner tant d'especes de ce sentiment. Mais cette response n'affoiblit point mon raisonnement, qui est fondé sur les regles generales de la Nature, ausquelles elle eust esgalement preiudicié, en donnant aux hommes les sens aussi parfaits qu'aux bestes, & en leur donnant en plus petit nombre. Car les proprietez n'excellent iamais en pas vn subject, si elles n'y sont specifiques. De fait encore que les Mineraux ayent toutes les qualitez Elementaires, ils ne les ont pourtant pas dans vn degré si esleué, que nous les sentons au feu & en l'eau. Les Plantes attirent leur semblable aussi bien que l'Aimant, mais non pas si euidemment. Parmy les animaux il n'y en a point qui n'ait toutes les facultez de l'ame vegetente, mais il n'y en a point aussi qui vegete si parfaitement que les Plantes, ny qui viue si long temps, ny qui croisse tant, ou qui peuple si abondamment que certains arbres. Ainsi l'homme estant plus parfait que les bestes, doit auoir sa part de toutes leurs facultez, & de tous leurs sens externes, encore qu'il ne les ait pas si parfaits, à cause que nostre ame ne se peut appliquer fortement aux actions de nostre raison, qui luy sont specifiques, sans negliger les operations sensuelles.

L'homme retire outre cela beaucoup de commoditez, de n'auoir pas les sens si parfaits que les ont d'autres especes. En effet si nous auions l'odorat fort excellent, nous serions bien plus incommodez de toutes les mauuaises odeurs, & serions puans à nous-mesmes. Et ce qui seroit le plus facheux, c'est que nous serions importunez de toutes les bonnes odeurs, qui nous deuiennent facheuses dés qu'elles sont trop fortes. En effect l'experience nous fait voir, que ceux d'entre les hommes, qui ont l'odorat plus delicat, en reçoiuent dauantage d'incommodité. De sorte qu'il estoit bien necessaire, que les hommes eussent autant d'especes de sentiment que les bestes, mais non pas qu'ils l'eussent aussi excellent. La Nature a recompensé en nous ce petit defaut, par le nombre des facultez, qui doiuent estre en aussi grand nombre en l'homme seul, qu'en toutes les autres especes.

Aprés cela i'estime qu'il est bien raisonnable, que nous ayons tout autant de facultez sensitiues, comme les autres animaux parfaits, puisque les facultez sensitiues sont ce que nous auons de commun ensemble, & ce qui nous fait estre de mesme genre. De là vient que de tous les animaux parfaits, qui respirent l'air, & qui viuent aussi bien que nous sur la terre, il n'y en a pas vn, où nous ne remarquions tous les mesmes sens que nous auons. D'où il faut inferer, que le nombre des sens doit estre esgal en toutes les especes, & que comme nous n'auons aucun sens que chacune des autres especes n'ait, qu'aussi aucune des autres especes n'a point de sens que nous n'ayons, & que le nombre en doit estre esgal dans tous les animaux parfaits. C'est ce qui ne tire point à consequence pour les Taupes, qui sont des animaux imparfaits, qui ont à viure perpetuellement sous terre, & dont le naturel est tel, qu'elles sont incommodées de l'air. Ainsi la veuë leur seroit inutile & preiudiciable.

Mon troisiesme raisonnement contre le sixiesme sens, sera pris du nombre des organes. La raison nous asseure, que le nombre des sens doit estre esgal à celuy de leurs organes, qui sont cinq en nombre, suiuant l'experience de tous les Anatomistes, qui n'en ont pas rencontré dauantage en pas vn animal, non pas mesme en celuy que l'on dit qui cerche le Dictame par vn sixiesme sens, comme si les sens externes nous portoient à cercher les obiects, au lieu qu'ils ne seruent qu'à les receuoir. C'est sur quoy ie ne veux pas m'arrester, pource qu'il me suffit que cet animal n'a pas plus d'organes que les autres, & par consequent il n'a pas dauantage de sens. Chaque sens a esté pourueu d'vn organe tout particulier, que la Nature a basti auec d'autant plus de soins & d'artifice que le sentiment est plus noble. De là vient qu'elle a mis beaucoup plus de façon pour l'odorat, que pour le goust, & plus encore pour l'oüye, que pour l'odorat, iusques à ce qu'elle ait raffiné tous ses artifices pour faire l'œil, & le faire seruir à la veuë, qui est le plus noble de tous les sens, suiuant l'opinion commune. Mais suiuant l'opinion de Charon, le sixiesme sens doit bien estre plus excellent que la veuë, puis qu'il n'a pas besoin d'estre determiné par son obiect, le cerchant, & preuenant, deuinant les choses qui sont absentes, & fournissant aux bestes des connoissances plus releuées que toutes celles de l'homme. Si cela estoit, il faudroit que dans la teste du bouc qui cerche le dictame, il y eust vn sixiesme organe plus parfaitement elaboré que ne sont les yeux. Il faudroit que la Nature, qui a fait en la teste de tous les animaux autant d'ouuertures, qu'elle y veut mettre de sens, eust fait en la teste de celuy-la quelque nouuelle fenestre, pour donner passage aux especes du sixiesme sens. Car il n'est pas possible d'attribuer ce sentiment à aucun des organes, que les bestes ont communs auec nous, pource que nous recourions les especes du sixiesme sens, si nous auions les organes par lesquels les bestes les reçoiuent. La determination de la faculté sensitiue ne despend que de l'organisation differente, le temperamment ne faisant qu'accroistre la facilité du sentiment, sans changer sa nature, ny sa determination, côme on parle dans les Escholes.

Ce n'est donc point temerairement que nous nions le sixiesme sens, puisque tout ce que nous auons de connoissance touchant la nature des sens, nous empesche d'en reconnoistre plus de cinq. Nous n'agissons point en cela comme les Taupes, lesquelles exercent les fonctions de leurs sens, encore qu'elles ne sçachent point combien elles en ont, pource qu'elles ne raisonnent pas. Que si elles raisonnoient, comme disent les ennemis des opinions communes, elles trouueroient qu'elles n'ont que quatre sens, & ne determineroient rien touchant les autres animaux. La raison est, que les autres animaux ne leur sont pas connus comme à nous, qui en auons examiné toutes les especes, & qui auons fait inuentaire de toute la Nature ensemble. Que s'il arriuoit aux Taupes de rencontrer sous terre le corps d'vn homme, ou de quelqu'autre animal parfait, & qu'elles en fissent l'anatomie, elles diroient, cet homme auoit les mesmes sens que nous auons: car voicy vn nez, vne langue, & des oreilles, qui en estoient les organes; mais il faloit qu'il eust quelqu'autre sens que nous n'auons pas, puis que voicy vn organe qui ne se rencontre pas en nostre espece. Il faut bien que cette partie soit vn organe, puis qu'elle n'est pas homogene, & qu'elle soit l'organe de quelque faculté, & d'vn cinquiesme sens, estant située tres-commodement pour receuoir des especes externes, & les porter au ceruçau, duquel elle reçoit la premiere & la plus considerable paire de nerfs. Mesmes il est à presumer que ce sens doit estre plus noble que tout ce que nous en auons, puisque nous remarquons par le moyen de nos ongles & de nostre toucher, que la conformation en est plus admirable & plus diuersifiée. Voila quel seroit le raisonnement des Taupes, si elles raisonnoient, & si elles se mesloient aussi bien que nous de determiner le nombre des sens. Outre que si elles raisonnoient, elles pourroient bien deuiner, par ailleurs qu'il leur manque quelque chose, ainsi que font les aueugles, qui comprennent facilement, que les autres hommes, & sur tout ceux qui les conduisent, ont quelque faculté qu'ils n'ont pas. De fait, encore que quelques-vns ayent escrit en auoir veu, qui ne soupçonnoient point, qu'il leur manquast aucune chose, & qui prenoient autant de plaisir au ieu & à la chasse que ceux qui voyoient, il est impossible de se le persuader. Car en ces occasions le rapport de ceux qui voyent fait tout leur diuertissement, au lieu qu'ils sçauent bien que leur connoissance ne sert de rien à diuertir les autres. Ioint que lors qu'ils rencontrent dans leur visage des yeux qui leur sont inutiles, & qu'ils sentent diuers effects que la lumiere fait en l'air, il est difficile qu'ils ne deuinent quelque changement au iour & en la nuit, lequel ils seroient aises de mieux discerner, & qu'ils ne deuinent aussi vn manquement de la faculté, qui deuroit estre en leurs yeux, lesquels ils reconnoissent bien leur estre inutils.

Maintenant si nous considerons la fin pour laquelle l'homme a esté mis au monde, nous trouuerons que c'est pour en estre le maistre, & le faire seruir à nos vtilitez, ou bien pour le faire l'obiect de nostre connoissance. Or est-il que nous ne pourrions faire ny l'vn, ny l'autre, si nous n'auions pas tout ce qu'il faut de sens, pour receuoir les vtilitez qui nous viennent des autres especes, & pour les connoistre: pource que c'est par les sens seulement que nous pouuons receuoir ces vtilitez, & que commencent toutes nos connoissances, lesquelles seroiét necessairement defectueuses, s'il nous manquoit quelque sens externe. La Nature se plaist trop en ses ouurages, & a trop de soin de s'y faire admirer par les hommes, pour s'estre tant oubliée que de ne nous donner pas dequoy les reconnoistre en tous ses effects particuliers, & de vouloir faire des miracles, qui demeureroient enseuelis. Ioint que nous sçauons bien que Dieu qui a fait le monde pour nostre vsage, ne nous y a mis aussi que pour sa gloire, & afin que nous luy en rendions des loüanges. Ainsi nous sommes contrains de dire, qu'il faut qu'il nous ait pourueus de tous les sens necessaires, pour paruenir à la connoissance de toutes les particularitez qui sont au monde. Autrement Dieu nous auroit imprimé vne fin, sans nous fournir les moyens qui nous y conduisent. Et ainsi Dieu perdroit vne partie des loüanges que nous luy deuons, & ne seroit admiré qu'en vne partie de ses ouurages.

On pourroit m'obiecter, qu'il faudroit, à ce compte, que toute la Nature fust connuë aux hommes, ce qui n'est point, puis qu'ils en ignorent la plus belle partie, n'ayãs autre connoissance que celle des effects, sans pouuoir penetrer à celle des causes. Mais ie ne trouue point de force à cette obiection, pource que la connoissance des effects nous suffit, pour paruenir à la fin, que i'ay dit que Dieu s'estoit proposé dans la creation de l'homme. D'ailleurs nous n'ignorons pas toutes les causes, & quand mesme nous les ignorions, tousiours sçauons nous que ces causes sont en la Nature, & qu'il n'y a point d'effect determiné, qui n'ait sa cause determinée. I'adiousteray que cette ignorance sert en quelque façon pour nostre fin, qui est la gloire de Dieu, parce que cette ignorance accroist nos admirations, & nous arrache plus de loüanges & de reconnoissances, cependant qu'elle nous porte au desir de penetrer les causes, dont nous sentons les effects. De sorte qu'il nous est necessaire, pour glorifier Dieu, que nous ayons assez de sens pour connoistre tous les effects de la Nature; mais il n'est pas necessaire que nous en connoissions les causes, puis mesmes qu'il est en quelque façon besoin que nous les ignorions.

Il ne seruiroit maintenant rien de m'obiecter, que mesmes tous les effects ne nous sont pas connus, puis qu'il se fait tous les iours de nouuelles descouuertes de quelques especes, qui estoient ignorées dans les siecles precedens, & que les voyageurs nous apportent fort souuent des especes de Plantes & d'Animaux que nous ignorions. I'accorde bien tout cela, mais tousiours toutes ces nouuelles descouuertes se font par les cinq sens que nous auons, & n'ont pas besoin d'vn sixiesme sens pour estre connuës. Outre que ce qui estoit ignoré en France, ne l'estoit pas en l'Amerique, ou en la Chine. Ainsi la Nature receuoit en quelque autre part du monde des loüanges de ses productions. Ioint qu'il estoit vtil pour nous porter à glorifier Dieu de n'auoir pas connu toutes les especes de la Nature en vn siecle, & de voir à toute heure des nouueautez. Car par ce moyen nostre ame demeure en suspens, admirant bien dauantage ce qu'elle voit de nouueau, que ce que la coustume luy auoit rendu trop ordinaire. Nostre stupidité a besoin d'estre éueillée à tous momens, par des nouueautez qui nous retirent de l'assoupissement où nous sommes, pour nous porter à cette fin glorieuse, qui a obligé la Nature de nous donner tout ce qu'il faut de sens externes pour la connoistre.

En

En effect puisque cette Nature nous a assez aymez, pour nous donner de quoy connoistre tout ce qu'il y a de plus grand, & de plus difficile dans le monde, il n'y a point d'apparence qu'elle nous ait enuié des connoissances mediocres, telles que sont toutes celles qui se font par les sens. Ie ne craindray point de dire, qu'encore que l'homme connoisse chaque chose fort imparfaitement, neantmoins il a de quoy connoistre tout ce qui est capable d'vn estre réel. De fait la Theologie ne luy a point reuelé d'estre si releué, dont il n'eust desia quelque coniecture assez forte, pour fonder vne espece de science; nostre ame s'estant esleuée d'elle-mesme iusques à la connoissance de Dieu, des Anges, & de son immortalité. Ainsi puisque nostre ame toute estouffée qu'elle est sous le faix de la matiere, qui la contraint d'agir par des moyens corporels, ne laisse pas pour cela, d'auoir assez de facultez pour s'esleuer iusques à des contemplations spirituelles, & si disproportionnées à ses façons d'agir en l'estat où elle se trouue, il n'y a point d'apparence, que cette ame n'ait pas assez de facultez pour des objects qui luy sont plus

P

proportionnez, comme sont toutes les choses sensibles : principalement puisque leur connoissance nous est necessaire pour paruenir à nostre principale fin, & que les moyens en sont plus faciles. La Nature ne donne iamais le plus, qu'elle ne donne aussi le moins. Et nos Aduersaires connoissoient mal la nature de l'enuie, lors qu'ils ont voulu que la Nature nous ait enuié les facultez, qui sont les moins excellentes.

Maintenant il est necessaire pour mon dessein, que i'aduertisse les Lecteurs, que la Nature n'a donné à pas vne espece d'animaux, plus de sens, que ce qu'il leur en faut pour la recerche des choses qui leur sont necessaires. Ainsi elle ne leur en a donné que cinq, pource que ce nombre suffit pour leur conseruation. Il est bien raisonnable qu'il leur suffise, puis qu'il est bien suffisant pour la conseruation des hômes, encore qu'ils ayent le corps plus delicat, plus temperé, & par consequent suject à plus de contrarietez, & attaqué de plus de sortes de contraires. Il est donc necessaire, que l'homme ait pour le moins autant de quoy reconnoistre ses contraires, & s'en garantir, & qu'il soit pourueu de toutes les facultez vtiles à sa conseruation. S'il y manque quelque chose de ce qu'ont les bestes, cela doit estre de la nature de l'agilité, & de la force du corps, qui peuuent estre recompensées par nostre raison. Mais le defaut d'vn sens externe ne pourroit pas estre recompensé, ny corrigé par là, comme cela se voit aux sourds & aux aueugles, en qui la raison ne sçauroit suppléer le defaut de la veuë, non plus qu'elle ne pourroit pas suppléer le defaut d'vn sixiesme sens.

I'adjousteray, que si l'ame des bestes estoit pourueuë de plus de sens externes que la nostre, il faudroit qu'elle fust plus excellente, suiuant cette maxime receuë par tous les Maistres de la Sagesse, que plus vne forme est noble, & que plus elle a de degrez d'estre, & plus aussi elle a de facultez, & fait dauantage de sortes d'actions.

Ie finiray par vne raison, qui n'a pas grande force, puis qu'elle a emprunté tout ce qu'elle en a, de l'opinion qu'ont nos Aduersaires de la misere de l'homme, soustenans que nous sommes subiects à toutes les mesmes maladies qu'ont les bestes, & qu'outre cela nous en auons beaucoup d'autres, dont elles font exemptes. D'où il s'enfuit, que nous auons pour le moins autant de fens externes que les beftes, & dauantage d'autres facultez. Car fi les beftes auoient quelque faculté au deffus de nous, & qu'elles fiffent des actions dont nous ne fuffions point capables, ces actions feroient incommodées par des maladies, que les hommes ne pourroient pas auoir. Que fi nous auons plus d'efpeces de maladies, il faut auffi que nous ayons plus d'efpeces de facultez organiques. Au refte il eft trescertain, que le nombre des maladies, auffi bien que des facultez organiques, eft le mefme en tous les animaux parfaits: d'où on peut inferer, que le nombre des fens y eft efgal, ce qui fe pourroit encore prouuer par ailleurs, fi ie n'eftimois que ce que i'ay apporté, fuffit pour nous perfuader, qu'il n'y a point de fixiefme fens.

I'ay refpondu cy-deffus, en traitant de l'inftinct, à vne partie des obiections, dont on fe fert pour prouuer le fixiefme fens. Ce qui nous refte n'eft pas fort difficile, encore que Charon nous croye efpouuenter en citant le chant du Coq pour preuue d'vn fixiefme fens, qui luy fait connoiftre le iour, & luy fait annoncer aux hommes auec vn ordre fort reglé. Ie respons, qu'il n'est point vray que cét ordre soit si reglé, puis qu'ils chantent en hyuer long temps deuant qu'il soit iour, & à toutes les fois qu'ils s'éueillent, & qu'ils en ont besoin, pour mettre hors les vapeurs qui les incommodent. Si ce chant venoit d'vn sixiesme sens, ce seroit vne faculté specifique à toute l'espece; & ainsi les Poules, qui sont de la mesme espece, chanteroient au matin, pour nous aduertir du iour. Les Chapons feroient la mesme chose, ce qu'ils ne font point, qu'apres qu'ils sont vieillis, & que les vapeurs qui restent de leur nourriture, deuiennent plus importunes, & plus acres. D'abondant nous ne sçaurions comprendre que ce chant du Coq soit l'effect d'vn sixiesme sens. Car il faudroit que le Coq chantast, ou pource qu'il auroit senti le iour venu, ou pource qu'il auroit senti le iour à venir. Il ne peut pas sentir le iour à venir par vn sixiesme sens, pource que les choses, qui sont encore à venir, non plus que les passées, ne peuuent pas estre l'obiect d'vn sens externe; de qui l'obiect doit estre tousiours present. Que si on dit que le Coq chante à cause qu'il a senti le iour qui est venu, & qui luy paroist ; ie respondray que cela ne se peut faire par vn sixiesme sens, pource que le iour ne differe point de la lumiere, laquelle ne peut estre obiect d'aucun autre sens que de la veuë.

On nous obiecte, que les oiseaux preuiennent la pluye, & le changement des saisons par leur fuite, les ayans deuiné par vn sixiesme sens. Ie respons que les changemens qui ne sont pas encores, ne peuuent point estre l'obiect d'aucun sentiment. Secondement, ces changemens ne se faisans qu'au regard du froid ou de l'humidité, qui sont des obiects du toucher seulement, il ne faut point forger de sixiesme sens pour les reconnoistre, ny trouuer estrange, si lors que les Hirondelles & les Cigongnes sentent les nuits de l'Automne plus froides que de coustume, elles abandonnent nostre Climat, & le changent pour vn autre, qui a pendant ce temps-là le mesme temperament, qui les auoit attirées en ces Prouinces. Ce n'est donc point l'apprehension du froid qui les chasse, mais le froid mesme, & l'incommodité presente qu'elles en reçoiuent, par le moyen de leur toucher, qui leur fait discerner les eschanges du temps, lors que de beau & serain qu'il est, il se dispose à nous donner des vents & des pluyes. Car auant la pluye il faut que l'air se remplisse de vapeurs humides, qui s'attachent à tous les corps, comme nous le voyons au sel, lequel elles fondent, ainsi qu'elles font suer le bois & les pierres. C'est cette mesme humidité, qui s'attache aux plumes des oiseaux, qui les appesantit, & les empesche de seruir à leurs exercices ordinaires. Il ne faut point trouuer estrange, si les hommes sont presque les derniers, qui reçoiuent sensiblement les impressiõs de cette humidité : Ce n'est pas que les plumes des oiseaux, que le bois & les pierres soient plus sensibles que nous, mais c'est qu'estans d'vn temperament plus sec que le nostre, il n'y peut suruenir tant soit peu d'humidité, sans y faire vn changement plus remarquable. Il est de toutes ces choses, comme de certains hommes qui portent des Almanacs en quelque partie exterieure de leur corps, & qui l'ayans affoiblie par vne playe, ou par quelque autre maladie, ressentent les moindres changemens qui arriuent à nostre air, sans auoir de sixiesme sens. Outre qu'il ne faut pas s'estonner, si les bestes connoissent les changemens plustost que nous, puis qu'elles ont la pluspart le sentiment plus delicat, & toute leur imagination attachée aux obiects sensibles, ne l'ayans pas diuertie, comme nous l'auons, par des pensées plus releuées. Sur tout beaucoup d'oiseaux, qui sont d'vn temperament chaud & sec, & d'vne constitution toute de feu, doiuent auoir beaucoup d'auersion pour l'humidité, & se sentir incommodez des moindres impressions de cette nature. Il est d'ailleurs fort considerable, que plusieurs oiseaux ont leur habitation en la moyenne region de l'air, où c'est que s'assemblent toutes les vapeurs, & où se forment tous les Meteores, premier que de descendre à nous. Et ainsi ils doiuent estre les premiers incommodez de ces desordres, puis qu'ils s'y trouuent les premiers enuelopez, sans qu'il se faille imaginer, qu'ils ayent quelque presentiment des changemens, qui ne sont pas encore arriuez. Principalement il se faut bien donner garde de croire, que les presentimens se fassent par vn sixiesme sens, ny par aucun autre.

On nous obiecte encore, que les qualitez occultes ne nous sont inconnuës, qu'à cause que nous n'auons pas assez de sens externes pour les connoistre. A quoy ie respons, que quand cela seroit veritable, il ne s'ensuiuroit pas que les bestes eussent vn sixiesme sens, puisque toutes ces qualitez leur sont aussi cachées comme à nous, n'y ayant point d'animal qui sçache quelle est la faculté de l'Aimant, & en quoy consiste la malice des venins. Secondement, pour peu qu'vn homme ait oüy parler de la cause de ces effects miraculeux, que nous appellons occultes, il sçait que c'est, ou vn certain degré de temperament, ou bien la forme substantielle du mixte. Ie n'examine point icy, laquelle de ces deux opiniõs est la plus veritable, de peur de faire vne digression; seulement ie veux dire, que si c'est la forme substantielle du mixte, elle ne peut pas estre l'obiect d'aucun sens externe. Si c'est le temperament des quatre premieres qualitez, chaleur, froideur, humidité, & secheresse, il ne faut point de sixiesme sens pour le connoistre, pource que tout cela est obiect de toucher. Il faudroit seulement, que nous eussions le toucher aussi delicat, &

aussi exact, comme nostre esprit le peut conceuoir, & lors nous connoistrions tous les degrez, & toutes les differences de ces qualitez occultes. Que si ie me voulois seruir de l'explication d'Auicenne, ie rendrois cette obiection bien ridicule. Mais ie me veux contenter d'auertir les disciples de Charon, que de toutes les qualitez il n'y en a point qui nous soient si occultes, ny dont nous connoissions si peu la nature, que les couleurs. Cependant cette faute de connoissance ne vient point du manquement d'aucun sens externe, puis que nous les voyons par les yeux, & que nous en receuons les especes par la veuë, de qui elles sont des obiects si determinez, qu'elles ne peuuent estre l'obiect d'aucun autre sens exterieur.

Ie ne m'arresteray pas beaucoup à vne petite raison d'vn de nos Aduersaires, qui veut que nous connoissions le fruict, par exemple vne pomme, par tous nos sens, comme sa rougeur, saueur, odeur, polissure; mais il s'y rencontre, dit-il, encore d'autres facultez, comme d'assecher, de restreindre, ausquelles nous n'auons point de sens externes qui se puissent rapporter.

Ie respons, que puisque nous connoissons ces dernieres facultez, il faut que ce soit par quelque sens externe, sans auoir besoin de sixiesme sens pour les connoistre. En effect la faculté de secher, c'est à dire la secheresse, est vn obiect du toucher, comme est la vertu d'eschaufer. D'ailleurs parmy le nombre des saueurs, il y en a vne qu'on appelle astringente, qui despend de la secheresse. D'où ie conclus qu'il n'y a point de sixiesme sens,

---

Que la parole est propre à l'homme.

CHAPITRE XII.

LA verité fournit d'assez puissantes raisons contre les opinions de Charon, sans que ie me preuale des contradictions, que cette verité luy fait faire en beaucoup d'endroits. Il me seroit aussi facile d'en marquer plusieurs autres exemples, qu'en cette occasion, où cét autheur dit, que les auantages asseurez à l'homme par dessus les bestes, sont les grandes facultez de son ame,

& la parole, pour demander, & offrir ayde & secours. C'est ce qui s'accorde fort mal auec ce qu'il auoit dit vn peu auparauant, où il veut que la parole nous soit commune auec tous les animaux; pource, dit-il, que le parler en nous, n'est rien autre chose que la faculté qu'ont les bestes de se plaindre, & de tesmoigner leur ioye, de s'entr'appeller au secours, & se conuier à l'amour. En quoy Charon se trompe bien fort, puis que nous faisons toutes ces mesmes choses sans parler. Il adjoute, que comme nous parlons par gestes, c'est à dire par les mouuemens des yeux, de la teste, des mains & des espaules, en quoy les muets sont fort sçauans : ainsi, dit-il, font les bestes, mesmes celles qui n'ont point de voix, lesquelles toutefois se rendent des offices mutuels; elles nous entendent, & nous les entendons; elles nous flattent, & nous les flattons. Que si cette intelligence n'est pas entierement parfaite, il seroit, dit-il, difficile à deuiner, s'il tient à nous, ou à elles : elles peuuent bien nous estimer bestes comme nous les estimons.

Mais pour moy, ie ne trouue rien de raisonnable en tout cela, que la comparaison que fait Charon des bestes auec les muets, en ce qui concerne la parole. De fait les muets estans entierement priuez de la parole, comme sont les bestes, ne laissent pas pour cela d'auoir vne voix, laquelle ils diuersifient pour le moins aussi bien que les bestes, lors qu'ils veulent se plaindre, ou tesmoigner leur ioye. Ce qui fait voir au plus stupide, que nostre parole est vne chose bien differente de la facilité de diuersifier sa voix, pour l'expression de la ioye, ou de la tristesse. Et il est certain, que comme les muets sont priuez par accident d'vne faculté qui est au reste des hommes; de mesme les bestes sont naturellement priuées de cette faculté, dont la Nature a voulu auantager l'homme, qui aussi a droit de s'en glorifier.

Encore est-ce faire trop d'honneur aux bestes, que de les comparer aux hommes muets, esquels la parole est en quelque façõ suppleée par des gestes fort significatifs, dont les bestes ne sont point capables. La pluspart de ces gestes ne sont pas naturels, & ne viennent que d'vne certaine institution, qui est entre les muets & les personnes qui les frequentent. Au lieu que les gestes que nous voyons aux bestes, sont tout à fait naturels, & ne procedent point d'institution. Quand vn homme passeroit des années entieres à instruire vn chien, iamais il ne luy fera comprendre, que pour faire connoistre sa faim, & demander à manger, il faut qu'il porte vne de ses pattes à sa gueule, & qu'il la baise. Vous luy apprendrez bien à le faire, lors que vous luy commanderez, ainsi que ie l'ay expliqué ailleurs, mais non pas à faire ce geste, ny aucun autre, pour exprimer sa necessité. Les actions auec lesquelles il semble que les bestes nous flattent, ne despendent ny de deliberation, ny d'institution. Ce sont des mouuemens purement naturels, causez par la violence de l'obiect. Et à parler, comme parlent les Medecins, ce sont proprement des palpitations, qui se font par vne agitation confuse des esprits, esmeus par vn obiect present, & qui peuuent estre en quelque façon comparées à ces inquietudes, & à ces remuemens, que l'amour fait faire à certains hommes, lors qu'ils sont surpris par la veuë d'vn obiect qu'ils ayment bien. Ou bien on les peut comparer aux mouuemens des entrailles, & de tout le reste du corps, que sentent les personnes bien affamées, lors qu'ils rencontrent des viandes. On pourroit encore comparer ces gestes au chatoüillement, & conclure qu'il vient d'vne cause purement Physique, sans que la Morale y ait aucune part. De là vient que tous les gestes des animaux d'vne espece sont presque les mesmes, ne pouuans pas beaucoup estre differens, pource qu'ils sont naturels. Mais les gestes des muets, qui sont d'institution, n'ont presque rien de commun, & ne sont entendus que de ceux qui ont eu le loisir de les estudier, & de les apprendre.

Nous pouuons encore montrer par ailleurs, que ce n'est pas parler que de diuersifier vn peu sa voix, pour exprimer les craintes & les desirs : ou bien il faudroit dire, que le ris, les soupirs, les gemissemens, le sifflement, & beaucoup d'autres voix non articulées ne different point de la parole. Toutes ces choses expriment quelques-vnes de nos intentions, mais non pas si significatiuement que nostre parole. Ie veux dire, qu'elles designent en general quelques-ynes de nos necessitez, sans en specifier les causes & les particularitez, cela ne se pouuant faire que par la parole, qui ne fait pas seulement connoistre nostre mal, comme font les soupirs, mais elle en exprime toutes les diuersitez.

Vn enfant de trois mois a, comme chacun sçait, vne voix, laquelle il diuersifie pour tesmoigner sa ioye, ou sa douleur, comme pour faire ses petites demandes & ses caresses. Il a outre cela le mouuement des yeux & des mains, & des gestes plus diuersifiez que n'ont pas les bestes: cependant nous ne disons pas qu'ils sçachent parler. Cela fait bien voir que la parole, de laquelle nous contestons, est fort differente de la voix, & de ces autres mouuemens, qui ont quelque signification generale. Partant encore que les bestes s'exprimeroient aussi bien que les enfans par des gestes & des voix differentes, il ne s'ensuit pas pour cela qu'elles parlent, mais plustost il s'ensuit qu'elles ne parlent point du tout, non plus que les enfans, & que nous auons le mesme aduantage sur elles, que nous auons sur les plus petits enfans, qui ne parlent qu'apres que leur raison les a mis en estat de le pouuoir apprendre.

Ainsi il est ridicule de demander, quel langage

sur la Sagesse de Charon.

langage parleroit vn enfant, qui seroit nourry parmy les bestes, estant tres-certain qu'il ne parleroit point du tout; de mesme que plusieurs sont muets, seulement à cause qu'ils sont sourds de naissance, encore qu'ils ayent la raison fort bonne, & le mouuement de tous les organes de la voix assez libre. Ie sçay pourtant bien qu'vn autheur fort celebre ne veut pas qu'on se serue de cét exemple, qui ne prouue rien, ce luy semble, pour les enfans qui ne seroient pas sourds, s'imaginant que l'oreille sert & ayde à former la parole, pource, dit-il, que l'ouïe doit auoir sa part des paroles, deuant que la bouche les profere. Cela n'est point veritable; car l'oreille n'est capable que des sons, & de receuoir l'impression d'vn air agité. De là vient que ie voudrois bien demander à ceux qui adorent toutes les pensées de cét autheur, si le son des paroles ne se forme pas en la bouche, & s'il ne faut pas que la parole soit formée, deuant que le son en puisse paruenir iusques à nos oreilles, d'où il s'ensuit que la parole precede l'ouïe que nous en auons. On peut encore monstrer par l'exemple de ceux, à qui il suruient vne entiere surdité, sans per-

Q

dre la parole, que l'ouïe ne sert qu'à apprendre à parler, & non pas à former les paroles.

Puis donc que pour parler, il faut l'auoir appris, il est aisé d'en inferer, que les bestes ne parlent point, proferans toutes les voix, dont elles sont capables, sans auoir besoin de les apprendre. Il est fort certain que les cheuaux, qui sont sourds de naissance, ou qui ont esté nourris separement de tous les autres, sont neantmoins aussi eloquens que ceux qui ont vescu toute leur vie dans vn haras: ce qui fait voir que toute la diuersité de leur voix est naturelle, & qu'elle ne tient rien de la parole. Le chant des Rossignols & des autres oiseaux, est aussi vne chose qui leur est naturelle, qui n'a rien de commun auec nostre parole. Ce chant ressemble en beaucoup de choses à nostre ris, qui se fait par l'agitation des esprits: & quoy qu'en puissent dire les liures, il est fort veritable, que les oiseaux qui ont vescu toute leur vie en vne cage, & qui sont transportez ieunes en des pays, où ils n'en rencontrent point d'autres de mesme espece, chantent pourtant comme s'ils l'auoient appris, & font vn ramage aussi distingué & aussi agreable. Il se pourroit faire neantmoins, suiuant la remarque de quelques-vns, qu'ils n'eussent pas la voix si forte, ny le mouuement des organes si facile & si delicat, à cause que les esprits, qui seruent à faire ce mouuement, sont assoupis par vn repos forcé, & contraire à leur naturel. Ces esprits ne sont pas si subtils, ny si fretillans, ny peut-estre si propres à tous les remuëmens qui sont necessaires pour acheuer cette Musique, qui leur est, comme l'ay desia dit, naturelle.

Charon adjouste, qu'en eschange du reproche que nous faisons aux bestes de ne point parler, elles nous peuuent bien reprocher, que les hommes ne s'entendent pas eux-mesmes, pource que nous n'entendons pas les Basques, ny les Bretons: au lieu que toutes les bestes de mesme espece s'entendent. Qui plus est, elles entendent celles de diuerse espece, dont il apporte quelques exemples, qui seruiroient bien à monstrer, que les bestes ne nous surpassent point en cela, tesmoin ce qu'il a dit ailleurs, que les bestes nous entendent, & que nous les entendons.

Pour moy i'estime, que si toutes les bestes de mesme espece s'entendent, c'est vn signe bien asseuré qu'elles ne parlent point, &

Q ij

que toutes les diuersitez de leur voix font aussi naturelles, comme sont en nous les soûpirs & les gemissemens, qui nous sont communs auec les Basques, pource qu'ils sont naturels, & qu'ils ne sont diuersifiez d'aucune institution raisonnable. Il en est ainsi de la voix des bestes, laquelle est commune à toute l'espece, & laquelle n'a pas besoin d'estre apprise. Aussi ne voyôs nous point qu'elles particularisent aucun recit, comme nous remarquons en tous les hommes, mesme en ceux que nous n'entendons pas. C'est d'où on peut reconnoistre, combien est iniuste le reproche que Charon nous fait, lors qu'il dit, que nous ne voulons pas accorder que les bestes parlent, seulement à cause que nous ne les entendons pas. Si cela estoit, nous dirions aussi que les Alemans ne parlent pas, au lieu qu'encore que nous ne les puissions pas entendre, nous ne laissons pas de iuger par leur façon de proferer, qu'ils parlent grauement & iudicieusement. I'ay bien leu que parmy les Chrestiens, qui firent les premiers voyages de l'Amerique, il s'en trouua d'assez stupides pour n'estimer pas que les habitans de ce pays-là fussent des hommes. Mais pas vn d'entr'eux ne fut assez brutal pour faire cette consequence ridicule, qu'ils ne parloient pas, à cause qu'on ne les pouuoit pas entendre. Il y a pourtant plus de difference pour la prononciation entre le langage de beaucoup d'Americains & le nostre, qu'il n'y a entre le François, & ce que Charon appelle langage des bestes, estant plus facile aux hommes d'imiter toutes les diuersitez, qui se rencontrent dans la voix des bestes, en sorte que les bestes mesmes y soient trompées, que d'apprendre à bien prononcer quatre paroles d'aucune de ces langues Americaines.

Les hommes imitent si parfaitement les voix, qu'ils oyent proferer aux bestes, qu'elles mesmes n'y peuuët rien discerner. Mais ils ne sçauroient se seruir de l'imitation de cette voix, pour raisonner auec elles, ny pour leur faire comprëdre rien de plus particulier, que ce que nous pourrions exprimer entre nous mesmes par le ris, & par les soupirs. Que si les bestes parloient, nous apprendrions leur langue, auec autant & plus de facilité, que nous en auons pour celle du Bresil, ou du Canada.

I'adjouteray que s'il estoit vray que les bestes parlassent, nous verrions que tous les oiseaux, qui sont nourris dans vne mesme voliere, & que les autres animaux, qui sont obligez de conuerser toute leur vie dãs vne mesme maison, se feroiẽt vn langage commun, & conuiendroient ensemble de quelques mots, qui seruiroient à s'entendre les vns les autres ; comme il arriue entre les peuples, qui sont meslangez de diuers païs.

Il seroit encore apres cela, tres-facile aux bestes, qui ont esté nourries auec nous, d'apprendre le François, & de s'entretenir auec les hommes, comme j'ay desia remarqué, lors que ie traitois de la raison qu'on leur attribuë, quelques vns disent à cela, qu'elles nous parleroient, sans l'indisposition des organes de leur voix, qui sont trop differens des nostres, pour estre propres à former nos paroles; Ie respons premierement, que l'Anatomie n'enseigne point que cette difference d'organes soit assez grande pour cela en toutes les especes d'animaux. Outre que les organes des bestes ne peuuent pas estre plus differẽs des nostres, que les nostres sont des leurs. Partant puisque cette difference n'empesche point que les hommes, qui veulent en prendre la peine, n'imitent tres-parfaitemẽt leur langage: pourquoy est-ce que les bestes, qui viuent toute leur vie auec nous, n'imitét pas le nostre? Mesme puisque Charon leur attribuë la raison : ceux d'entre les animaux, qui ne peuuent pas plier leurs organes en tant de postures, deuroient imiter l'artifice des hômes, qui font de certains outils, pour appeller les oiseaux, suppleans par cette inuention à la peine qu'ils auroient de les contrefaire par leur voix.

Enfin les bestes, qui apprennent à proferer quelques vns de nos mots, & qui disent qu'on leur donne du vin, encore qu'elles n'ayét point desir d'en boire : celles là, dis-je, ne sont pas excusables, si elles ne s'entretiennent auec nous par des interrogations, & des responses qui soient à propos. Ce qui ne s'estant iamais veu, nous auons raison de soustenir, que toutes les bestes, & mesme celles qui apprennent à articuler leur voix, ne parlent point du tout, puisque par là elles n'expriment pas leurs pensées.

Si quelqu'vn demande, côment il est possible que certains oiseaux puissent apprédre à proferer quelques-vnes de nos paroles, sans auoir la faculté de parler, ny aucune sorte de raison: Ie respôdray, que cela se fait par vne cause puremét Physique, & par vne impression que reçoiuent les oyseaux, sans que leur ame ait aucun dessein de rien signifier par là. Pour expliquer cela, il faut presupposer, que les oiseaux n'apprennét iamais bien, que lors qu'ils sont renfermez en vne cage, & iamais qu'à force de leur redite les mesmes mots. C'est que par ce moyen les oiseaux estás renfermez, leurs esprits ne reçoiuent quasi autre branle, que celuy de la voix de ceux qui les instruisent, qui imprime à ces esprits vn charactere, qui y seroit incontinent effacé, si on leur permettoit le vol, & la course : c'est à dire vn mouuement plus libre pour leurs esprits. Mesmes apres qu'on a formé en ces oiseaux vne habitude de proferer quelques mots, il faut auoir vn soin cótinuel de leur resoufler les mesmes mots aux oreilles, afin de cóseruer l'impression qu'on a donnée aux esprits, qui remuét les organes, & qui ne s'exhalent presque iamais par leur voix, sans estre façonnez du charactere qu'on leur a imprimé. Il ne faut pas s'estonner si les esprits peuuent receuoir cette impression, principalement dás les oiseaux, où ils sont plus subtils, & de la nature de cet air, qui fait la plus grande partie de leur composition. De là vient qu'ils reçoiuent l'impression des sons aussi facilement que l'air pourroit faire, mais ils la retiennét beaucoup mieux, cóme chacun sçait. Nous experimentons à toute heure, qu'vn son estât formé dans vne partie de l'air, fait vn autre son tout semblable dans la partie de l'air, qui luy est voisine. De mesme l'air se communiquant par l'oreille aux esprits des oiseaux, qui les ont fort subtils, il y fait les mesmes sortes de mouuemens, & les mesmes articulations, s'il faut ainsi parler.

Il est des paroles, que nous repetons aux oiseaux, cóme il est des instrumens de Musique à nostre égard, lesquels suiuant les diuers sons, nous prouoquét à diuerses sortes de danses, lors que nous y auons quelque habitude, & disposent ainsi, presque absolument de tous les mouuemens de nos esprits. De sorte qu'il ne faut pas s'estonner, si en soufflant tousiours les mesmes sons en l'oreille d'vn Perroquet, ses esprits s'y conforment, & en prennét tellement l'impression, qu'ils ne se cómuniquent quasi iamais à leur langue pour y faire vne voix, qu'auec la mesme articulation, à laquelle le son externe les a si souuent determinez. Cette determination des esprits est semblable à celle qu'on remarque en l'organisation des enfans, où les esprits agissent, suiuant la determination qu'ils ont receu des objects externes dans l'imagination de la mere. C'est ce qui se peut encore expliquer par l'exemple des hommes, qui apprennent à danser auec assiduité: l'imaginatió desquels se determine si fort à cette sorte de mouuemét, qu'ils dansent souuent sans en auoir dessein, mesme en des lieux où il leur importe beaucoup de ne le faire pas. S'il arriue au plus sage, & au plus retenu de tous les hommes, d'ouïr chāter & repeter quelque temps vne chanson, fust-elle fort ridicule & fort esloignée de son inclination, les esprits qui seruent à son imagination, en prendront tellemét l'impression, que sans y penser, son imagination luy repetera incessamment cette chanson, iusques à ce que s'en estant apperceu, la honte qu'il a de luy-mesme, attache par force son imagination à quelque chose de plus serieux. Nous prononçons souuent beaucoup de mots par habitude, & sans aucun dessein, y estans comme forcez par la determination des esprits, qui ont esté empraints de ce charactere. Cela fait voir que les Perroquets peuuent bien faire la mesme chose sans raison, & sans aucun dessein de s'exprimer: n'estant pas impossible que leurs esprits prennent cette impression par vne longue habitude.

Fin de la premiere Partie.

CONSIDERATIONS
SVR
LA SAGESSE
DE
P. CHARON,
SECONDE PARTIE.

AVX LECTEVRS.

CE qui est traitté en cette seconde Partie, sembleroit à plusieurs vn meslange confus de beaucoup de questions, qui n'auroient aucun rapport, si ie ne les aduertissois, que tout y tend à vne mesme fin, qui est de prouuer, que les hommes ne se gouuernent pas seulement par opinion, & par les apparences incertaines des choses. I'y monstre que nós sens nous rendent des tesmoignages tres-asseurez, & qu'il y a beaucoup de certitude au reste de nos connoissances. Ie prouue en suite, que les hommes ont des loix & des coustumes,

qui leur sont trop naturelles, pour n'a-
uoir autre fondement que cette opinion,
laquelle ne fait pas, comme veut Charon, toutes nos inclinations, & toute
nostre Morale. Ainsi ie vous prie ne
trouuer point estrange, si ayant à expliquer icy des questions de Morale, ie
me sers, tout autant que ie peux, des
principes & des raisonnemens de la
Physique. Car ayant affaire à des
personnes, qui destruisent toutes les maximes de nostre Morale, & qui soustiennent qu'elles n'ont aucun fondement
en la Nature : Ie leur ay voulu monstrer, qu'il n'y a rien de plus contraire
à leurs opinions particulieres, que cette
Nature, de laquelle ils parlent tant,
faute d'auoir iamais rien appris en son
Eschole, que ce qu'il en faut pour effa-
roucher des infirmes, & abuser de la
simplicité d'vn peuple ignorant : comme

ſi en faiſant ſemblant de vouloir tout rapporter à la Nature, & la faire entrer en tous leurs diſcours, cela ſuffiſoit pour renuerſer toutes les creances que nous auons. Je ſouhaiterois qu'vn de nos Aduerſaires euſt aſſez de loiſir pour me refuter, pourueu qu'il le fiſt exactement, qu'il s'attachaſt à mon ordre, & à tous mes raiſonnemens. Ie luy ferois voir, que ces matieres ſont trop belles, pour pouuoir eſtre eſpuiſées dans vn liure, de la groſſeur de celuy-cy, & que ſans me ſeruir d'iniures, ny d'inuectiues, il me reſte encore dequoy ſatisfaire aux doutes qui naiſtront en l'eſprit de quelques-vns. Meſme i'eſpere y ioindre vn iour deux autres traitez, dont l'vn expliquera la Morale des Chreſtiens, & le dernier traitera des ſentimens naturels que nous auons de la Religion. Au reſte ils ſont ſi peu aduancez, que tout ce que i'en puis promettre, c'eſt d'y trauailler auec ſoin, apres que i'auray acheué quelque autre ouurage, que i'ay plus à cœur que tout cecy.

CONSI-

CONSIDERATIONS SVR LA SAGESSE DE CHARON, SECONDE PARTIE.

De la certitude des sens.

Chapitre I.

VIS que tout le deſſein de Charon eſtoit de nous apprendre à nous bien connoiſtre: Il deuoit nous enſeigner, par quel moyen c'eſt que nous pouuons apprendre cette ſcience: ſans nous conteſter, comme il fait, la certitude de nos connoiſſances: iuſques

à rendre toutes nos experiences douteuses, nous voulant empescher d'estre bien asseurez de ce que nous voyons, & manions tous les iours: parce, dit-il, que tous les tesmoignages des sens nous doiuent estre suspects, quelque rapport euident qu'ils nous puissent faire. Nous ne nions pas que les sens ne se trompent quelquesfois, comme quand l'organe n'a pas tout ce qu'il luy faut, n'estant pas si bien disposé comme naturellement il le doit estre. Ils se trompent aussi lors que l'obiect n'est pas proportionné à nos sens, ou que le milieu par où nous viennent les especes de cét obiect, nous empesche de les receuoir telles qu'elles sont en leur estat naturel. Hors ces inconueniens, nous nions absolument que les sens se puissent tromper. De sorte que c'est à ceux qui disent qu'ils se trompent, de nous en fournir des exemples qui soient à propos: car ceux que i'ay leu en nos Aduersaires, n'ont pas assez de force pour me faire douter de l'opinion commune. Ils disent, qu'au retentir d'vn vallon on oit le son d'vne trompette, comme s'il venoit de deuant nous, encore que la trompette soit derriere. Ie respons, qu'en cela nostre oreilje iuge fort bien que ce qu'elle reçoit, est vn son, & non pas vne couleur, ou quelque autre qualité : & ainsi nostre ouïe nous fournit vne connoissance certaine, de laquelle nous ne sçaurions douter : ce qui suffit pour monstrer que les sens nous fournissent quelquefois des connoissances asseurées. Mais direz vous, encore que cét exemple ne fasse rien pour Charon, tousiours monstre-t'il que les sens se trompent, lors mesmes que toutes les conditions que vous voulez presupposer, s'y rencontrent. Pour respondre à cela, il me seroit facile de soustenir, qu'en cette occasion le milieu n'est pas disposé comme il faut, n'estoit que j'ayme mieux repartir, qu'en ce rencontre l'oreille ne se trompe point du tout. Elle nous fait vn rapport tres-fidele, lors qu'elle iuge que le son vient de deuant nous, toutes les fois qu'il y est refléchi par quelque obstacle. Si elle en iugeoit autrement, elle se tromperoit, pource que le son qui vient à nous, sans estre refléchi, est tellement obscurci par l'autre plus grand, que nous ne l'entendons point. Et nous n'oyons que ce qui est refléchi par le vallon, à cause qu'il nous frappe plus fortement, de mesme que dans la reflexion qui se fait de la chaleur & de la lumiere, ce qui est refléchi de ces deux qualitez, se fait mieux sentir, que ce qui part directement de l'obiect sans estre refléchi.

Charon adjouste, que les sens trompent & forcent l'entendement, que quelques vns l'échaufent, que d'autres le chatoüillent, que ceux qui se font saigner, destournent les yeux, sçachans bien que le sentiment vainc & renuerse toutes les resolutions de vertu & de patience, que la veuë d'vn precipice estonne celuy qui se sçait en lieu bien asseuré. Ie respons, qu'en tout cela le sentiment ne trompe point la raison, & que tous ces exemples sont citez tres-mal à propos, puis qu'ils ne peuuent seruir qu'à monstrer la nature & le pouuoir des obiects externes, qui estans receus par les sens, & communiquez à l'ame, y font quelquefois de l'émotion, ce que personne n'a iamais reuoqué en doûte. Car les obiets ne seroient pas obiects, s'ils ne faisoient impression sur nos facultez: de mesme que les facultez ne seroient pas facultez, si elles ne receuoient l'impression de ces obiects. Nostre imagination ne fait en cela que ce qu'elle doit, lors qu'elle nous destourne la veuë d'vn obiect douloureux. C'est l'ordre que la nature a prescrit en nos actions, que comme les obiects de plaisir attirent nostre ame, qu'aussi les obiets douloureux font retirer tous les esprits iusques dans le centre. Ainsi ceux qui destournent la veuë en se faisant saigner, n'apprehendent pas que leur veuë trompe leur raison: pource que les yeux font vn tres-fidele rapport lors qu'ils aduertissent l'ame de la presence d'vn obiect douloureux, & qu'ils l'incitent à s'en retirer. Partant ceux qui destournent la teste, n'apprehendent pas d'estre trompez, mais plustost que l'obiect ne fasse en leur ame son effect naturel. Ou bien c'est qu'ils se contentent de sentir la douleur sans la preuoir, faisans le mesme iugement de tous les maux, qu'vn Ancien faisoit de la mort, lors qu'il disoit que la plus douce estoit tousiours la moins attenduë. D'ailleurs ce qu'apporte Charon, n'est pas fort considerable, lors qu'il dit que la douleur & le sentiment renuersent toutes les resolutions de vertu & de patience: car l'ame n'est point trompée en cela, encores qu'elle soit en quelque façon forcée par la douleur. Et tout ce qu'on en peut inferer, c'est qu'il y a quelquefois du combat entre l'appetit sensitif & le raisonnable, ou plustost que nostre ame est tellement attachée au corps, que souuent elle se laisse emporter aux interests du corps, ce qui ne fait rien pour le sujet que j'examine.

Ce que la veuë d'vn precipice estonne ceux qui sont en lieu asseuré, ne vient que de l'imagination, qui estant surprise par la veuë d'vn obiect disproportionné, rappelle tous les esprits au cœur, & y produit vne crainte subite, premier que la raison ait loisir de la retirer de cette surprise. Nous reconnoissons bien que les esmotions qui viennent des obiects externes, sont quelquefois plus puissantes que les retenuës de la raison, laquelle n'est pas tousiours escoutée par les sens, lors qu'ils sont destournez par quelque obiect exterieur. I'aduoüe bien encore, que ce n'est pas vne chose tant aisée à la raison que d'arrester la fougue des esprits, lors qu'ils sont effarouchez par vn premier mouuement, qui ne dépend pas de cette raison, ainsi que ie l'ay expliqué ailleurs. Mais ie nie que la raison soit trompée par le sens externe, ny qu'elle infere aucun danger de cette veuë, puis que le premier raisonnement qu'elle a loisir de former, n'est que pour conclure qu'il n'y a point de danger.

Charon dit en suite, qu'il ne faut pas se fier aux sens, pource qu'ils sont souuent trõpez par nostre entendement, qui estant agité de passions, ou fort empesché ailleurs, retire tous les esprits à soy, & empesche qu'ils ne iugent comme il faut de leurs obiects. A quoy il est aisé de satisfaire, en disant que toutes les fois que les esprits sont retenus, sans estre communiquez aux organes exterieurs, que ces organes ne sont pas en leur estat naturel, n'ayans pas tout ce qui est necessaire pour leurs actions, ny toutes les conditions que i'ay dit estre requises dans le sentiment, afin qu'il discerne bien ses obiects. Il s'ensuit encore moins de là, que les sens soient trompez par l'entendement, ou qu'il ne se faille iamais fier au sens, lors que l'entendement n'estant point agité laisse faire aux sens leurs exercices ordinaires.

Les mesmes conditions manquent au reste de ces exemples, car si mes yeux ne descouurent pas toute la grandeur des

Astres, c'est que l'obiect est trop esloigné, & que les especes de grandeur qu'il nous enuoye sont si affoiblies par la distance, qu'elles ne representent que la mesme grãdeur que nous receuons par les yeux, qui peut-estre ne se trompent point en cela, puis qu'ils ne iugent que conformément aux especes qu'ils reçoiuent. C'est ainsi qu'vne tour quarrée de loin paroistra ronde, en quoy mes yeux ne se trompent pas proprement, puis qu'ils ne reçoiuent pas les especes des angles, qui empeschent que cette tour ne soit ronde. C'est que les especes de ces angles estans plus foibles & plus petites, elles demeurent par les chemins, sans venir iusques à moy, qui ne croy pas estre obligé de voir des figures, dont ie ne reçoy pas les especes.

Ce que Charon dit de la figure d'vn baston droict qui paroist courbé dans l'eau, n'est pas fort à propos, puis qu'il n'y a point de si petit Escholier, qui ne sache que cela vient du milieu qui n'est pas disposé comme il faut, & qu'ainsi il manque en cét exemple vne des conditions requises pour le sentiment.

Charon se preuaut en suite du sentiment des bestes, & veut qu'elles l'ayent different du nostre, & qu'elles en soient aussi bien creuës que nous: ce qui pourtant ne seroit pas iuste pour plusieurs raisons que ie pourrois apporter. Mais il me suffit que la preuue que Charon allegue pour monstrer cette difference, est fort ridicule. Nostre saliue nettoye, dit-il, & desseiche les vlceres; elle tue aussi le serpent: quelle sera donc la vraye qualité de la saliue de desseicher ou tuer? A cela ie dis premierement, qu'il est faux que la saliue de l'homme tue les serpents, & que ceux qui l'ont escrit, ne l'auoient iamais experimenté. Si cette experience estoit veritable, ie dirois que la saliue de l'homme a dans vn mesme sujet deux facultez differentes; l'vne, qui est celle de desseicher, est également iugée telle par les hommes & par les serpens. Mais outre cette vertu il y a vne autre qualité empoisonnante le serpent, qui n'est pas vne qualité sensible, non plus que celle des venins qui nous empoisonnent. Il vaudroit peut estre mieux dire, que la saliue guerit les vlceres & tue les serpens par vne seule & mesme qualité, qui est vne vertu balsamique, comme parlent les Chirurgiens, laquelle nous estant tres-conforme, doit contrarier tout ce qui nous est contraire, comme le serpent. Mesme quand il n'y auroit dans la saliue que la faculté de desseicher, que Charon veut qui y soit, cette faculté suffiroit pour contrarier les serpens ; l'experience ayant fait voir que les contrepoisons ne sont tels, qu'à cause qu'ils desseichent. Ainsi les hommes & les serpens trouuent en la saliue vne seule & mesme qualité, mais les vns en reçoiuent du soulagement, & les autres de l'incommodité. De mesme qu'il y a des oiseaux qui ayment la pluye, & d'autres qui la fuyent, ce n'est pas que leur sens y trouue diuerses qualitez, mais c'est que tous n'ayment pas l'humidité.

Pour conclusion de cette doctrine, Charon asseure qu'il ne faut pas se fier aux sens, puisque bien loin d'y estre d'accord auec les bestes, nous n'y sommes pas d'accord auec nous-mesmes : pource, dit-il, que nostre œil pressé, voit autrement qu'en son estat ordinaire, qu'vn homme fait iuge autrement qu'vn vieillard, qu'vn homme sain iuge autrement qu'vn malade. Et qu'en cette diuersité de sentimens, nous ne deuons rien tenir de certain. Ces difficultez ne meriteroient pas qu'on s'y arrestast, n'estoit que nous auons à conuerser auec des gens, lesquels ont renoncé au sens commun, pour suiure celuy de Charon, qui pensoit sans doute ailleurs lors qu'il escriuoit ces choses : Autrement il auoit assez d'esprit pour iuger que nostre œil estant dans son estat naturel, doit estre plustost creu, que lors qu'il est pressé contre nature. Que les organes du sentiment sont plus temperez dans vn âge mediocre, que dans la vieillesse. De mesme il n'y a rien si absurde, que de douter si vn homme qui se porte bien, s'acquitte mieux des actions de la vie qu'vn malade. En effect tous ces doutes sont impertinens, aussi bien que ce qu'il adiouste de la contrarieté des sens : estant certain qu'vne figure qui est plate au toucher, paroistra tousiours plate à la veuë, pourueu qu'on approche assez prés pour en iuger.

Quelques autres autheurs ayans le mesme dessein que Charon, disent auoir remarqué qu'en touchant vne bale d'arquebuse auec le second doigt, celuy du milieu estant entrelacé par dessus, il faut extremement se contraindre pour auoüer qu'il n'y en a qu'vne, tant le sens nous en represente deux: Cependant puis que nous sommes bien certains qu'il n'y en a qu'vne, & que cette certitude nous vient des sens, il faut bien qu'ils nous fournissent des connoissances asseurées. Que s'il semble que le toucher nous y fasse rencontrer de l'erreur, cela vient de ce que les conditions necessaires pour son action, n'ont pas esté bien obseruées. De fait, encores que l'obiect soit bien proportionné, & que l'application en soit immediate, l'organe n'est pas disposé, comme il deuroit estre, & les doigts ne sont pas en leur situation naturelle. Cét entrelacement estant vne chose forcée, est contraire à leur situation naturelle, il ne faut pas trouuer estrange s'il leur arriue en ce cas, ce qui arriue à nos yeux, qui doublent tous les obiects lors que vous changez la situation naturelle de l'vn ou de l'autre. En effect ce qu'on nous obiecte, n'arriue pas seulement lors que le doigt du milieu est passé sur le second, mais aussi lors que le quatriesme y est passé : ou bien lors que le second est entrelacé par dessus celuy du milieu; & en general toutes les fois que vous changez leur situation naturelle, en sorte pourtant que la bale touche aux deux doigts à la fois, & soit comme entre deux. Autrement nous auons beau renuerser la situation des doigts, si la bale ne touchoit qu'à vn, elle sembleroit vnique : Comme encore que vous changiez la situation des yeux, ils ne doublent point l'object, si vous en fermez vn, & que vous l'empeschiez de receuoir cét obiect. Il faut en cette autre occasion qu'vne partie de la bale touche le second doigt du costé qui regarde celuy du milieu, & à mesme temps le costé de celuy du milieu, qui regarde le quatriesme, afin de doubler le sentiment de l'obiect en doublant la distribution de l'espece, ce qui ne peut estre expliqué que par l'Anatomie.

Les mesmes autheurs nous obiectent certaines bagues, & quelques autres figures, qui nous trompent, disent-ils. Pour bien respondre à cela, & à toutes les obiections de cette nature, il faut considerer que dans la connoissance des figures, des nombres & des autres obiects communs les sens ne nous promettent pas tant de certitude, comme au discernement des obiects propres. Neantmoins nos sens viennent facilement à bout de toutes les surprises qui nous peuuent arriuer de ce costé là, pourueu qu'on leur permette de s'approcher & de les reconnoistre. Et il est impossible de mettre aucunes parties de ces bagues en mesme situation, qu'estoit vn'autre qui nous paroissoit la plus large, que la figure ne nous semble par tout la mesme. Ainsi nous auiōs grand tort d'accuser nos yeux d'incertitude pour des erreurs quils corrigent eux-mesmes si facilement. Que s'il arriue qu'vn de ces obiects communs fournisse quelque occasion de tromperie à nostre veuë vn autre sens l'en desgagera fort aisement. En quoy il faut que les hommes forcent leur ingratitude pour aduoüer le soin que la nature a eu de la certitude de nos connoissances : Car iugeant bien que s'il n'y auoit que nostre veuë qui discernast les figures & les nombres, il y arriueroit de la tromperie, elle a voulu que nostre toucher luy aydast en cet examen, afin que ce qui auroit passé par le iugement de tous les deux, nous fust vne connoissance asseurée.

Concluons donc pour la certitude de

nos sens, & ne renouuellons point l'extrauagance de ces anciens Philosophes, qui doutoient si l'ancre & la neige estoient d'vne mesme couleur. Parmy ces anciens-là, il y en auoit de si ridicules, que doutans ainsi de tout, ils n'estoient pourtant pas asseurez s'ils doutoient de tout, ou s'ils n'en doutoient pas : s'imaginans que l'asseurance qu'ils pourroient auoir de leur doute, contreuiendroit à la profession qu'ils faisoient de nier toutes sortes de certitudes. Cela m'empesche de m'estonner des opinions qui ont cours maintenant, estant tres-iuste que puis qu'il y a eu des fous en tous les siecles, il y en ait encore dauantage en celuy-cy, auquel la nature est espuisée en toutes sortes de façons, & ne produit maintenãt que fort peu de ces ames fortes & genereuses, qui nous rendent l'antiquité si recommandable : d'où vient que nous n'auons point de terme plus propre en ce temps icy pour designer vn bon esprit, que de dire que c'est vn esprit rare. Neantmoins ie ne comprend point comment le peu de raison qui reste à la pluspart des hommes, peut estre compatible auec vn doute si vniuersel, que celuy que Charon a voulu introduire.

Que nostre raison ne se contrarie point à elle mesme.

CHAPITRE II.

APres ce que Charon a nié de la certitude des sens, il ne faut point trouuer estrange s'il reuoque en doute toutes les conclusions de nostre raison, ny ce qu'il dit que la raison de l'homme est à tous visages, qu'il n'y a point de raison qui n'ait sa contraire selon sa philosophie, laquelle il dit estre la plus seure. Il est pourtant vray, que comme la verité & les conclusions de la droite raison ne sont qu'vne seule & mesme chose; qu'aussi il est impossible qu'il puisse y auoir deux bonnes & veritables raisons, qui se contrarient sur vn mesme sujet, pourueu qu'on y apporte toutes les conditions que posent les Logiciens, lors qu'ils enseignent les reigles de la contradiction.

diction. Il arriue bien à toute heure de voir vne verité qui est contrariée par vne fausseté qui a quelque apparence de verité, mais il est tout à fait impossible que cette verité soit contrariée par vne autre verité qui luy soit contradictoire, comme sçauent les petits enfans. Partant ie voudrois prier tous nos Aduersaires, qui disent qu'en matiere de raisonnement il n'y a point de medaille qui n'ait son reuers, de retourner à l'eschole pour y apprendre les termes de la Logique, qui vuide toute cette difficulté en peu de mots. Ils y apprendront apres cela, qu'il est impossible qu'vne seule & mesme raison puisse seruir à prouuer deux propositions contradictoires, qui est pourtant l'opinion de Charon, & ce qui l'a obligé de s'efforcer d'en produire sept exéples, dans la pluspart desquels il n'y a du tout point de contradiction. Il y en a veritablement dans les autres, mais lors vne des deux propositions se trouue euidemment fausse, comme on verra par l'examen particulier que i'en feray: où on remarquera que toutes les fois qu'vne mesme raison est employée à refuter solidement deux propositions, elles sont lors toutes deux faus-

S

fes, & par consequent elles ne peuuent pas estre contradictoires.

Le premier exemple est de Platon, qui refusa vne robe brodée & parfumée, disant ne se vouloir pas vestir en femme; mais Aristippus l'accepta, disant que l'acoustrement ne peut corrompre vn chaste courage. C'est comme si Platon eust dit, que la vertu, dont il faisoit profession, l'empeschoit de porter des robes de femme, & que l'autre eust repliqué, c'est cette mesme vertu qui me rend toute sorte d'habits indifferente. En quoy il est facile de reconnoistre, que la raison que Platon apportoit pour authoriser son refus, estoit bonne & solide, n'y ayant point maintenant d'homme bien sage, qui ne refusast vne robe de femme, quand vn Prince luy voudroit donner, à condition de la porter. Mais Aristippus employe tres-mal à propos la profession de sa vertu, pour raison de son action. Et ce ne fut qu'vne mauuaise excuse, & vn faux pretexte: estant tres-faux que la vertu nous rende toute sorte d'habits indifferente. La raison qu'il en apporte pour prouuer cette fausse proposition, est importante, pource qu'encore qu'vne robe de femme ne luy changeast pas l'esprit, & n'eust aucune vertu physique pour le rendre vicieux: si est-ce que la portant, il pechoit contre toutes les loix diuines & humaines. Il pechoit contre la raison, qui veut qu'en l'obseruation des loix iustes & raisonnables, comme est celle de la diuersité des habits, & de ne paroistre pas luxurieux, les sages ne doiuent pas seulement se conformer à l'exemple des autres hommes; mais eux mesmes fournir des exemples de temperance & de modestie. Sa philosophie ne l'exemptoit point de l'obligation, qui est commune au reste du monde; au contraire elle luy deuoit auoir enseigné à fuir le luxe, & luy deuoit auoir persuader, que la distinction des habits est en quelque façon naturelle. Car puisque cette mesme nature, qui a fait deux sexes differens, en a aussi voulu marquer les differences en presque toutes les parties exterieures du corps: elle nous enseigne suffisamment, qu'il faut que tout l'exterieur en soit different; & que c'est contrarier la fin de la nature, & par consequent la raison d'en vser autrement, & de n'obseruer pas cette destination d'habits. distinc

Le second exemple est de Diogenes, qui

lauant des choux, & voyant passer Aristippus, il luy dist: Si tu sçauois viure de choux, tu ne ferois pas la cour à vn tyran. Aristippus repartit: Et toy, si tu sçauois viure auec les Roys, tu ne lauerois pas des choux. C'est comme si Diogenes eust dit, qui sçait se contenter d'herbes, n'auroit garde de flatter vn tyran: & qu'Aristippus eust repliqué, qui sçait faire la cour aux Roys, n'auroit garde de se contenter d'herbes, ny de faire vne vie particuliere. Ie respons premierement, qu'en tout cela il n'y paroist point de contradiction, pource que la response d'Aristippe n'est pas à propos. Il deuoit plustost dire, pour contrarier la proposition de Diogenes: que ceux qui ont appris par le moyen de la Philosophie, à se contenter de peu, & qui sont moderez en leurs passions, doiuent viure auec les tyrās, pour les corriger de leurs vices. Encores n'eust-il pas rencontré à propos, parce que Diogenes ne luy reprochoit pas simplement la vie de la cour, mais seulement les flatteries dont il vsoit pour auoir du bien, & la fin qui le retenoit auprés des tyrans. Diogenes disoit auec raison, qu'vn Philosophe ne doit pas flatter vn tyran. Aristippe

sur la Sagesse de Charon. 277

change l'estat de la question, & dit, que tous ceux qui sçauent viure auec les Roys n'auroient garde de se contenter d'herbes. Ie respons secondement, que quand il y auroit de la contradiction aux propositions de ces deux Philosophes, qu'il n'y en auroit qu'vne de veritable, sçauoir celle de Diogenes, & qu'Aristippe se trompoit lors qu'il croyoit que la vie particuliere de cynicque, estoit plustost vn effect de sa rusticité que de sa resolution. Diogenes auoit l'esprit tout tel qu'il faut pour se faire valoir à la cour des Roys, qui luy sont venus offrir des presens, iusques là que le grand Alexandre luy voulut donner plus de biens à vne seule fois, que toutes les flatteries des tyrans n'en auoient iamais acquis pour Aristippe. D'ailleurs Diogene auoit raison, lors qu'il aduertissoit l'autre que la nature se contente de peu, & qu'il seroit bien raisonnable que les hommes l'imitassent en cela. Il auoit encore raison lors qu'il faisoit comprendre à cét autre, que ce n'est point la nature qui nous a si fort distingué de conditions : & que c'est encore moins elle, qui d'vn particulier comme estoit Denys, en a fait vn tyran si

S iij

cruel que celuy-là; mais il n'y auoit point de raison en ce que faisoit Aristippe, qui estant né libre, passoit la mer pour deuenir esclaue, & qui faisant profession de la Philosophie, c'est à dire de la verité & de la vertu, contraignoit si fort son naturel, que de flatter & d'authoriser les plus grands de tous les vices, en leur donnant des loüanges, qui ne sont deuës qu'à la vertu; c'est par où ie conclus, que le dire de Diogenes estoit fondé sur la raison, mais que celuy d'Aristippe n'en auoit point du tout, & qu'ainsi la raison ne contrarie point à la raison.

Maintenant s'il me faloit parler selon le iugement que ie fais de cét exemple apporté par Charon, ie dirois que la raison n'a garde d'y contrarier la raison, puis qu'à proprement parler ils n'auoient raison ny l'vn, ny l'autre. L'austerité de Diogenes, ny la bassesse de courage d'Aristippe, n'estoiét conformes ny à la nature, ny à la raison, qui ne se rencontre que dans vne certaine mediocrité, de laquelle en s'esloignant l'vn & l'autre, toute la raison qu'ils pouuoient auoir, c'estoit de se blasmer l'vn l'autre, de mesme qu'vn auaricieux a raison de blasmer vn prodigue, & vn prodigue de blasmer vn auaricieux : pource que le vice de l'vn & de l'autre est contre raison, sans que pour cela ils soient bien fondez de se proposer l'vn à l'autre pour exemple; car en se blasmant, ils se portent vers la mediocrité & vers la raison, au lieu qu'ils s'esloignent de cette mediocrité, en se proposans pour estre imitez.

Le troisiesme exemple est de Solon, à qui on defendoit de pleurer son fils, parce que les larmes estoient inutiles. Solon repart, qu'elles sont d'autant plus iustes qu'elles sont inutiles. C'est comme s'ils eussent dit, il ne faut point pleurer dans les pertes ineuitables; & que Solon eust reparti: Dans les pertes ineuitables nous ne pouuons receuoir du soulagement que par les pleurs. En quoy Solon disoit la verité; mais les autres se trompoient bien fort, de ne vouloir pas que les personnes affligées respandent des larmes; car puis que la nature nous en donne auec vne faculté de pleurer, c'est vn signe qu'elle veut que nous en vsions en certaines occasions, c'est à dire dans les pertes ineuitables, & lors que tous les autres remedes sont inutiles. De fait les larmes n'ont jamais mieux leur saison, que lors qu'elles sont le seul soulagement qui nous reste. Aussi sont-elles tousiours raisonnables, lors qu'elles sont l'effect naturel d'vne grande affliction, & d'vne tristesse qui est iuste, n'y ayant rien de plus raisonnable que ce qui est naturel. La tristesse n'est pas vne chose volontaire, elle est aussi naturelle à nostre ame, que la douleur est au corps, & quand les causes s'en rencontrent, il est impossible que nous ne les sentions. D'ailleurs si l'amitié que nous auons pour nos amis, & mesme celle que nous auons pour nous mesmes, sont des choses naturelles, la nature veut que nous soyons touchez des priuations de nostre bien, & de la presence de tout ce qui nous fait du mal. Enfin nous deuons considerer que les afflictions viennent de Dieu, & qu'il ne nous enuoye les pertes qui nous affligent, qu'afin que nous soyons affligez; si nous n'estions affligez lors que Dieu nous veut affliger, nous meriterions qu'il redoublast la rudesse de ses coups, afin de mieux chastier nostre insensibilité. C'est ce que ie voudrois faire considerer à certains esprits importuns, qui ne veulent iamais donner lieu à la tristesse, ny nous permettre de pleurer lorsque nous en auons raison. Mais, disent-ils, les larmes sont inutiles, elles ne resuscitent point les morts. Ie respons, qu'encore qu'elles ne les resuscitent pas, qu'elles ne sont point inutiles puis qu'elles soulagent nostre douleur, ainsi que l'experience nous l'apprend tous les iours, & qu'elle diminue vn mal qui ne peut estre diminué par ailleurs, comme Solon le remarquoit fort bien : la nature nous ayant plustost donné les pleurs pour soulager nostre tristesse, que pour la tesmoigner.

Le quatriesme exemple est de la femme de Socrate, qui redoubloit son dueil de ce que les Iuges le faisoient mourir iniustement. Comment, dit Socrate, aymerois-tu mieux que ce fust iustement? en quoy il n'y a du tout point de contradiction, pource que ces deux propositions se prennent à diuers égards : estant vray que nous deuons souhaiter que nos amis soient gens de bien, & qu'ils meurent iustes plustost que meschans : mais nous deuons estre dauantage en colere contre les Iuges, lors qu'ils font mourir nos amis innocens, que s'ils les condamnent pour leurs crimes : car en ce cas il n'y a que noſtre intereſt, qui nous porte à nous faſcher contre des Iuges, qui n'ont fait que leur deuoir. Ainſi ie me croy bien fondé de reſpondre pour la femme de Socrate, que ce luy eſtoit vne grande ſatisfaction de ſçauoir que ſon mary eſtoit homme de bien, & qu'il mouroit tel : Mais que cette meſme raiſon l'animoit dauantage contre le peuple d'Athenes, auquel elle vouloit plus de mal de l'auoir condemné innocent, que ſil euſt merité cette condemnation par ſes crimes. Et ſans doute que Socrate l'entendoit bien ainſi, & que ce ne fut que le deſſein de continuer ſes railleries iuſques à la mort, qui luy fit faire cette reſponſe.

Le cinquieſme exemple eſt d'vn Sage, qui diſoit n'y auoir point de bien que celuy, à la perte duquel nous eſtions reſolus: Pource, adiouſtoit-il, que la crainte de le perdre nous trauaille autant que le regret de l'auoir perdu. Au rebours, dit vn autre, nous embraſſons le bien auec plus d'affection, lors que nous apprehendons qu'il nous ſoit oſté. Ie reſpons, qu'en cela il n'y a point de contradiction : Car le premier Philoſophe diſant que les biens que nous apprehendons de perdre, ne sont pas possedez auec vne entiere satisfaction: L'autre repartit, qu'encores que cela fust veritable, nos soins ne laissoient pas de se redoubler pour conseruer ce qu'on nous veut oster: en quoy il ne contredisoit point à ce qu'auoit dit le premier. Cependant quand ie voudrois contredire à ce premier Philosophe, ie monstrerois facilement que sa proposition est fausse, aussi bien que ce qu'il apporte pour la prouuer. Car il est certain, que les biens que nous possedons auec plus de satisfaction, sont ceux à la perte desquels nous ne pensons point du tout. Et lors que nous y pensons, & que nous apprehendons de perdre ces biens, nous les aymons dauantage, que si nous les regardions auec indifference, & que nous fussions resolus à leurs pertes: ne pouuant pas m'imaginer, que la crainte de perdre vn bien, & que l'apprehension qui en trauerse les satisfactions, nous empesche de l'aymer. Messaline estimoit dauantage la vie que Thraseas Pétus, encores qu'elle ne peût se resoudre à la mort. En general, tous ceux qui ayment dauantage la vie & ses delices, & qui y trouuët plus de contentement, craignent aussi dauantage de la perdre. De sorte que la proposition de ce Philosophe estoit tres-fausse. La preuue qu'il en adiouste, l'estoit bien autant : car il est faux que l'apprehension de perdre vn bien, nous trauaille autant que le regret de l'auoir perdu. Secondement, puis que le regret d'auoir perdu quelque chose ne nous empesche pas de l'aymer, il s'ensuit que la crainte de le perdre, ne peut pas nous en empescher. D'ailleurs, puis que nous ne laissons pas d'apprehender les pertes ausquelles nous sommes resolus, il s'ensuiuroit que nous ne serions iamais satisfaits d'aucun bien, quand mesme nous serions resolus de le perdre.

Sur tout ie ne comprend pas le dessein de Charon, qui nous apporte cét exemple, pour monstrer qu'vne mesme raison, sçauoir la crainte de perdre vn bien, est cause de nous le faire aymer, & de faire que nous ne l'estimions pas. Quand cela seroit, il ne faudroit pas s'en estonner, n'y ayant rien de plus ordinaire que de voir vne mesme chose estre cause de deux effects contraires, pourueu que cela se fasse par accident. Comme en cette occasion il est euident, que la crainte ne peut estre cause d'amour, ou d'indifference, que par accident, d'autant que l'amitié ne se termine qu'à la bonté & à la beauté des choses, sans aucune consideration de leur perte. La crainte de cette perte ne nous fait pas aymer dauantage vn obiect si ce n'est par accident, entant qu'elle nous porte à mieux considerer ce que vaut cét obiect. Ainsi elle nous en fait mieux connoistre la bonté: d'où vient que cette bonté estant mieux reconnuë, elle nous porte à l'aymer dauantage, & nous oblige à redoubler nos soins pour sa conseruation.

Le sixiesme exemple est d'vn Cynique, qui demandoit vne dragme au Roy Antigonus, qui l'en refusa, parce que ce n'estoit pas vn present de Roy; lors le Philosophe ayant demandé vn talent, le Roy respondit que c'estoit trop pour vn Cynique. En quoy ie ne trouue ny contradiction, ny contrarieté. Pour le mieux entendre, il faut supposer que les deux demandes estoient ridicules: car si à la premiere fois il demanda trop peu de chose à vn Roy, à la seconde il pechoit contre sa profession de pauureté, & se rendoit ridicule de demander vne somme d'argent, qui en ce temps là estoit capable de le faire riche. Ainsi Antigonus auoit raison de reprendre l'extrauagance de l'vne & de l'autre de ces demandes, voulant l'aduertir qu'il faisoit vn trop grand saut d'vne dragme à vn talent, puis qu'entre les deux il y auoit quantité de sommes mediocres, dont vn Roy pouuoit honnestement faire present, & qu'vn Cynique pouuoit honnestement prendre pour subuenir à ses necessitez, sans pecher contre la profession de pauureté. En cela il n'y a du tout point de contradiction, ce Roy ne faisant qu'opposer la seule raison de mediocrité à deux demandes impertinentes, & representer que la bien-seance deuoit estre obseruée en tous les deux. C'est comme si ie disois, qu'il ne seroit pas seant à vn Roy de donner vn denier à qui que ce soit; mais aussi qu'il n'est pas seant à vn homme, qui par sa profession est obligé d'estre pauure, de demander vne grande somme d'argent à qui que ce soit. Ainsi ce Roy n'employoit pas vne mesme raison contre deux demandes, dont l'vne fust raisonnable, & l'autre ne le fust pas. Ce qu'il deuoit pourtant auoir fait, pour fournir à Charon vne preuue, que la raison est à tous visages.

Le dernier exemple est de celuy, qui voulant persuader qu'vn Roy de Sparte estoit fort bon, il dist qu'il l'estoit mesmes aux meschans. Sur quoy vn autre luy respondit, qu'il ne pouuoit pas estre bon, puis qu'il n'estoit pas mauuais aux meschans. C'est où il a semblé à Charon, que n'estre pas mauuais aux meschans, estoit vne raison qui pouuoit également estre employée à prouuer que ce Roy estoit bon, & qu'il n'estoit pas bon. Ce qui seroit veritablement vne contradiction, si le mot de bon eust esté pris en mesme sens par ces deux personnes. Mais l'vn disoit, que ce Roy estoit si bon, c'est à dire si pitoyable, qu'il ne pouuoit pas se resoudre à faire iustice des criminels. A quoy l'autre respond, que c'est abuser du mot de bon, & ne le pas entendre, que de l'employer pour expliquer la simplicité d'vn Roy : au lieu qu'en son droit vsage il doit signifier vn homme iuste, & qu'ainsi vn Roy, en qui la pitié empesche la iustice, ne veut pas estre appellé bon, c'est à dire iuste.

Que ce n'est point vne temerité aux hommes de preferer leur propre iugement à celuy de tous les autres.

CHAPITRE III.

IL n'est rien de plus commun en la bouche de nos Aduersaires que les reproches qu'ils nous font de la temerité de nos iugemens. Ils ne peuuent souffrir que nous cherchions la verité, auec esperance de la trouuer, ny qu'apres l'auoir trouuée, nous puissions nous en asseurer. Ils veulent que l'opinion & le preiugé soient les reigles de toutes nos creances. Ils n'exceptent ny les loix de l'Estat, ny les maximes de la Religion. Sur tout ils s'imaginent faire des merueilles, lors qu'ils ramassent les diuers sentimens de tout ce qu'il y a eu d'autheurs, qui ont escrit sur vne mesme matiere, adioustant que c'est vne grande folie de vouloir plustost croire ce que dit vn Philosophe, que ce que disent tous les autres. Ils nous asseurent, que la vraye sagesse consiste

siste à douter de ce que nous estimons sçauoir le mieux ; que si nous nous croyons estre bien fondez, d'autres ne le croyent pas moins, qui trouuent autant d'euidence à leurs raisons, que nous en trouuons aux nostres ; & que c'est vne grande iniustice d'en vouloir estre creus tous seuls, & de penser que tout le monde soit abusé. C'est à quoy ils ioignent quantité d'autres discours qui reuiennent à cela, que puis que certains hommes se sont trompez en leur raisonnement, nous ne deuons plus nous tenir asseurez de rien.

Ie monstreray cy-apres l'absurdité de cette conclusion, & feray voir que l'erreur des autres ne preiudicie point contre ce que nous auons de lumiere. Mais aparauant ie leur veux accorder, qu'il se rencontre trop de presomption dans les escrits de beaucoup de nos autheurs, qui ne comprennent point la difference qu'il y a entre chercher la verité & la trouuer, croyans que ce leur est vne mesme chose. I'aduouë encores, que ie ne puis m'empescher de vouloir mal à certains esprits, qui sont asfez temeraires pour croire que tous leurs raisonnemens sont bons, & toutes leurs

T

maximes sans exception. Mais i'ay encores plus mauuaise opinion de quelques autres, de qui les deliberations sont tousiours tremblantes, & qui n'osent s'asseurer de la bonté d'vne raison, lors mesmes qu'elle leur est euidente. Ie sçay bien qu'ils pratiquent les leçons de Charon & de sa sagesse, mais pour cela nous ne laissons pas de condamner cette défiance, & de la prendre pour vne marque tres-asseurée d'vne grande foiblesse d'esprit, qui leur fait imaginer des difficultez où c'est qu'il n'y en peut auoir. Il n'appartient qu'aux hebetez d'auoir les premisses de leurs conclusions toutes claires, & n'oser neantmoins former cette conclusion. Nous voyons tous les iours que la crainte qu'ils ont de se tromper, leur fait échaper des occasions toutes certaines de bien faire leurs affaires. C'est qu'ils pratiquent la sagesse de Charon, qui leur enseigne qu'il se faut défier de tout, à cause que d'autres se sont quelquefois trompez. Mais parmy les honnestes gens, cette défiance passe pour vne foiblesse d'esprit, & vn estat fort contraire à celuy de la sagesse. De fait quand nous voyons qu'vn homme a esté si stupide que de laisser eschaper l'occasion toute euidente de bien faire ses affaires, pour crainte qu'il auoit de se mesprendre, nous le condamnons doublement, puis qu'outre la faute qu'il a fait de ne pas entreprendre vn dessein si raisonnable, il a esté si badin que de douter de la certitude de son euenement.

Il arriue à tous les hommes de se tromper en quelques-vns de leurs iugemens, à cause de la trop grande difficulté des objects, ou bien à cause de la trop grande facilité que nous auons à conclure les choses que nous desirons, & que nous apprehendons. Cela n'empesche pourtant pas que d'autrefois nous ne fassions des iugemens, dont la certitude est si euidente, qu'il faudroit estre fou pour douter de cette certitude, & pour dire, ne me trompe-je point, comme i'ay fait en vne autre occasion? Iamais il n'arriuera à vn homme sage de douter tousiours, encores qu'il se soit trompé quelquefois. Si vn iour voyant vn estranger venir de loin, il le prend pour son voisin, cela n'empesche pas que le voyant de plus prés, il ne le discerne mieux, & apres qu'il a reconnu s'estre trompé, il ne s'ensuit pas qu'il soit encore obligé d'en douter, ou

T ij

bien que lors qu'il voit véritablement son amy, il ait tort de s'en asseurer.

Si les mesprises que nous faisons en nos propres iugemens, ne nous obligent pas de douter tousiours, ce seroit bien vne plus grande iniustice de vouloir que la tromperie des autres nous obligeât de douter de ce que nous sçauons bien estre veritable. Si cette consequence de Charon estoit bonne, il s'ensuiuroit que les plus sages d'entre les hommes deuroient douter de leur raison : Car puis qu'il est vray que la plus grande part des fols enfermez croyét estre sages, & se trompent en cela, il s'ensuiuroit que ceux qui sont veritablement sages, & qui se reconnoissent tels, ne doiuent pourtant pas s'en asseurer. Les sages auroient beau dire, qu'ils sçauent bien n'estre point fols, & ne passer point pour cela dans le monde : On leur dira, suiuant les maximes de Charon, que les insensez ne se tiennent pas moins asseurez de leur sagesse, & de la bonne opinion qu'ils croyent que tout le monde a d'eux : Que tout de mesme que les sages les appellent fous, que aussi eux n'en disent pas moins des sages, & que c'est vne temerité aux sages de s'asseurer d'vne chose, où les fous se sont trompez. En effect si les sages se doiuent desfier de toutes leurs opinions les plus asseurées, ils se doiuent aussi bien desfier de celles de leur sagesse, & du iugement que leurs amis font de leur esprit. Dites tant qu'il vous plaira, que vous ne voulez point estre comparez aux fous, les disciples de Charon vous repliqueront, que peut-estre vous estes plus insensé qu'eux, & que puis qu'ils croyent estre sages, vous auriez tort de vous en asseurer. Que s'il est permis à vn homme sage de se croire tel, encore que d'autres se soient trompez, il luy doit aussi estre permis de s'asseurer de l'euidence de ses raisonnemens.

Il y a des fols dans les hospitaux, esquels on ne remarque autre folie que la creance qu'ils ont d'estre Empereurs, & distributeurs des biens de la terre : Ce qui ne m'a iamais destourné d'admirer la stupidité de Vitellius, toutes les fois que ie lisois dans Tacite, qu'il estoit necessaire que les officiers de sa maison l'auertissent de temps en temps que c'estoit luy qui estoit l'Empereur, & qu'autrement il ne l'eust pas creu. Nous trouuons dans le mesme autheur, que

Claude Cesar doutoit s'il estoit Empereur, & si ce n'estoit point Silius qui auoit la domination de la Republique. En quoy il pratiquoit les plus seures maximes de la sagesse de Charon. Mais tout cela ne nous empesche pas de conclure que ces Princes estoient des hebetez, & que c'estoit vne aussi grande folie à eux de douter du rang qu'ils tenoient, comme il est aux pauures renfermez, de s'imaginer des Monarchies.

Les phrenetiques se croyent bien porter, sans que leur creance oblige ceux qui se portent bien, de douter de la parfaite santé où ils se trouuent. Il s'est rencontré de certains fous, qui ont tenu registre de toutes les marchandises qui se transportoient, comme si elles leur eussent appartenu. De là il ne faut pas inferer que ceux à qui veritablement elles appartenoient, ne deussent pas faire la mesme chose.

Maintenant ie m'en vay monstrer par l'exemple des hommes, qui ont l'vsage de la raison, qu'il est permis à vn homme d'esprit de s'asseurer de son iugement dans des occasions, & sur des sujets, où presque tous les hommes se mesprennent tous les iours: Par exemple, il est certain que le nombre des hommes iudicieux est extremement petit, & que la pluspart n'ont point assez de iugement pour conduire leurs affaires. Cependant presque tous les hommes croyent auoir assez de iugement pour cela, & s'y trompét, comme chacun sçait. Il ne s'ensuit pourtant pas que les hommes iudicieux ne puissent auoir cette opinion là d'eux-mesmes, ny que ce leur soit vne temerité de s'en fier à ce qu'ils en reconnoissent, & à ce qu'en disent leurs amis. Nos Aduersaires ne profiteroient rien de leur dire, qu'vne grande partie du monde s'est tousiours trompée en cela, & qu'il leur est aussi facile de s'abuser, qu'à tant d'autres qui s'y sont abusez. Ceux-là mesmes contre qui i'escris, se fussent offensez si on leur eust objecté cette miserable raison, pour reuoquer en doute l'opinion qu'ils auoient de leurs iugemens & de leur conduite. Aussi vne desfiance de cette nature ne se peut iamais rencontrer dans vn bon esprit, qui non seulement ne se trompe point au iugement qu'il fait de soy-mesme, mais encores est fort asseuré qu'il ne se trompe point. C'est d'où ie veux inferer

T iiij

qu'on plusieurs occasions les hommes d'esprit peuuent reconnoistre si euidemment la verité, qu'ils auroient tort de deferer dauantage à l'erreur des autres, & à l'exemple de ceux qui se sont trompez, qu'à la certitude de leur connoissance. Et quand ils raisonneront de Philosophie ou de Theologie, & que vous leur reprocherez que leur creance peut aussi bien estre fausse que celle de tant d'autres; ils vous diront, que ce n'est point l'opinion des autres qui reigle leur creance, lors qu'elle peut auoir pour fondement la raison, & la verité des choses.

Ie dis bien plus, c'est que la verité se fait connoistre quelquesfois si euidemment, qu'il faut estre hors du sens pour ne s'en rapporter pas plustost à ce qu'elle nous en dit, qu'au iugement de tout le reste des hommes ensemble. Ainsi ce n'est point vne temerité de se croire quelquefois tout seul; mais ce seroit vne grande foiblesse de croire plustost le discours du reste du monde, que ce que la raison nous en fait connoistre. Il n'est iamais arriué qu'à des esprits bien foibles de s'aller mettre au lit, pource que plusieurs leur disoient qu'ils auoient le visage mauuais, & qu'ils estoient malades. Tout ce que pourroient dire tous les hommes de la terre à vne personne bien sage, touchant l'estat de sa santé, ne seroit pas capable de luy en faire douter. Et en ce cas là, ce ne luy seroit point vne temerité de se croire tout seul, & de preferer son opinion à celle de tous les autres. Au contraire ce seroit vne bassesse d'esprit, qui ne seroit pas excusable, s'il faisoit quelque comparaison du rapport des autres hommes auec ce que sa raison luy persuade. Pensez vous que ce Sosie, qui nous est representé par Plaute, n'eust pas esté sifflé dans tous les theatres, s'il se fust creu marié & bourgeois de la ville d'Epidamne, encores que tout le monde se l'imaginast ainsi, & luy voulust faire acroire? *Menechm*

Ce que les Poëtes nous ont escrit d'Vlysse, est sans doute arriué à plusieurs. On ne vouloit pas le reconnoistre pour ce qu'il estoit, ny croire qu'il fust Vlysse. Mais il ne s'en tenoit pas moins asseuré, & nous ne deuons pas dire que ce luy fust vne temerité de se fier plustost à ce qu'il en sçauoit, qu'à ce que tous les autres luy en disoient. Il eust beaucoup perdu de la bonne opinion que tous les siecles conseruent de son iugement, s'il eust douté, suiuant les preceptes que nostre Aduersaire nous en a prescrit en sa sagesse. Et il faut aduoüer, que du temps de Martin Guerre, il n'y auoit encores pas en France vne si grande disposition à la Sagesse, que depuis que Charon a fait imprimer la sienne: Car cét estourdy ne voulut iamais reuoquer en doute ce qu'il estoit, encores qu'vn autre eust pris sa place, & y eust esté confirmé par tous ceux qui le pouuoient reconnoistre.

Plusieurs ont ouï parler de l'histoire de Democrite, & comme tous les Citoyens de sa Republique croyoient qu'il fust insensé, iusques là qu'ils enuoyerent querir le grand Hippocrate, pour luy preparer de l'Hellebore. Democrite qui estoit assez sage pour ne s'estonner point de tout cela, n'en conceut iamais le moindre soupçon de folie, pource qu'il s'en fioit plustost à son iugement, qu'à celuy de tous les autres. S'il eust fait autrement, il eust fourny vn exemple à Charon pour fortifier ses maximes: mais aussi on eust eu raison de l'accuser de folie: Et sans doute qu'Hippocrate ne luy eust pas rendu vn tesmoignage si honorable & si autentique de sa sagesse. Ce qui nous monstre que l'erreur des autres n'est pas capable de trauerser dans vn esprit bien fait, l'opinion qu'il a conceu de ses connoissances.

La ville d'Athenes estoit du temps de Socrate, la plus docte ville du monde, toute pleine de bons esprits & de sçauans hommes. Ce fut pourtant lors que ce bon personnage fut condamné comme vn scelerat & vn meschant, tout le peuple de cette grande ville l'ayant iugé coupable de plusieurs crimes, dont il se sentoit fort esloigné. De fait Socrate ne changea pas pour cela l'opinion qu'il auoit conceu de son merite. Et i'oserois iurer qu'il ne l'eust pas changé, quand tout le peuple du monde eust conspiré auec celuy d'Athenes, pour luy persuader l'opinion imaginaire de ses crimes.

Il est quelquefois arriué à des innocens d'estre condamnez à la mort par les Parlemens de ce Royaume; c'est à dire par vn grand nombre des plus sçauans, & des plus iudicieux hommes de la terre. De sorte qu'aprés leur Arrest, il semble que ce soit vne grande temerité de douter du crime de ceux qui sont suppliciez. Ce preiugé n'empesche pourtant pas que ceux, que des faux tesmoignages font mourir iniustement, n'ayent raison de s'asseurer de leur innocence, & de preferer leur propre iugement aux Arrests des Cours souueraines, & à l'opinion que tout le reste du monde en peut auoir. C'est que la verité est de telle nature, que hors certains empeschemens, qui ne se rencontrent pas tousiours, il est impossible que nous en puissions douter, & que nous ne soyons tres-asseurez de son euidence.

Icy quelqu'vn sera peut estre impatient de sçauoir s'il n'y a point de reigles & de moyens pour discerner les matieres où cette euidence se rencontre, & pour distinguer ce qui est vray d'auec ce qui n'est que vray-semblable. Ie respons premierement, que sans doute il y a beaucoup de reigles pour cela, puis que la Logique ne fait profession, à proprement parler, d'enseigner autre chose. C'est vn art qui a des reigles infaillibles, pour discerner ce qui est euidemment vray d'auec ce qui n'est que probable. On y apprend à distinguer ce qui est necessairement vray d'auec ce qui n'est que

sur la Sageſſe de Charon. 301

contingent. Toutes les reigles d'vn bon raiſonnement y ſont, & toutes les conditions d'vne demonſtration euidente.

Ce n'eſt pas que tous ceux qui ont exactement appris la Logique, ne ſe trompent auſſi ſouuent que les autres, pource qu'ils ne ſe contentent pas de publier ſeulement les veritez qui leur ſont euidentes. La bonne opinion qu'ils ont de leur eſprit & de leur ſcience, les porte à determiner toutes les queſtions où ils trouuent vn peu de probabilité. Meſmes ils s'hazardent de le faire premier que de l'auoir bien examiné. Et dans l'examen qu'ils en font, ils ſe flattent ſi fort, & ont tant de complaiſance pour leur iugement, qu'ils ne daignent pas s'ayder de leur Logique, encores moins ſe ſeruir auec toute rigueur des reigles qui y ſont enſeignées, pour diſcerner ce qui eſt neceſſairement & euidemment vray, d'auec ce qui n'eſt que vray-ſemblable.

Secondement ie reſpons, que quelquefois la verité eſt ſi euidente, qu'elle ſe fait connoiſtre par elle-meſme, ſans qu'il faille demander à quoy c'eſt qu'on la peut connoiſtre. Ce n'eſt que dans les choſes douteuſes qu'il nous faut conſulter. De fait, il nous arriuera quelquefois de consulter toutes les Estoilles, & d'examiner tous les endroits du Ciel, pour sçauoir s'il est iour: Mais c'est lors que l'Aube ne fait que commencer à paroistre, ou bien lors qu'elle ne paroist pas encores : car en ce temps-là nous ne nous seruons que de coniectures pour inferer qu'il est iour, ou qu'il ne l'est pas; en quoy nous nous trompons quelquefois. Mais il faudroit estre fou pour regarder le Ciel en plein midy, à dessein de sçauoir s'il est iour. Et il seroit ridicule de demander à quoy c'est que nous connoissons la lumiere d'auec les tenebres, ou bien le midy d'auec les crepuscules. Il en est tout de mesme des veritez bien euidentes, à l'esgard de nostre esprit, lequel n'a pas besoin de reigles pour les discerner. Il suffit qu'elles luy soient proposées clairement, afin qu'il les reçoiue, sans examen & sans consultation. Toutes les facultez de nostre ame, iusques aux plus libres, reçoiuent peut estre tant de determination de leur obiect, qu'il leur est impossible en certains cas de suspendre leur approbation. A tout le moins elles n'ont pas besoin de reigles pour discerner cét obiect, pourueu, comme i'ay dit, qu'il soit proposé clairement. C'est ce qui me seroit facile de prouuer, si ie voulois transcrire la Logique, & embarasser l'esprit de mes Lecteurs de cette sorte de matiere. Il me suffit que les experiences de tout le monde confirment nostre opinion, & qu'il n'y a point d'homme qui puisse suspendre son approbation, lors qu'on luy dit les premiers principes des sciences, & les conclusions generales qui en sont immediatement tirées. Cependant qui voudroit suiure les maximes de Charon, il faudroit douter s'il est vray qu'vn tout soit plus grand que sa partie, & reuoquer en douté toutes les propositions d'Euclide, auec tout ce qu'il y a de plus seur & de plus euident és demonstrations dans la Geometrie. Il faudroit soustenir, que puis que quelques vns se sont trompez en cherchant la quadrature du Cercle, il n'y a rien de certain en Mathematique, & que tous les principes en sont aussi douteux que ceux de l'Astrologie iudiciaire. Ainsi à cause que la Chymie a occasionné quelques nouuelles difficultez, il faudra soupçonner de faux toutes les conclusions les plus generales de la Phyfique. Qui est vn soupçon qui ne peut tomber qu'en l'esprit de ceux qui n'y sçauent rien, & qui passera tousiours pour ridicule parmy ceux qui l'entendent. En effect cette science, aussi bien que toutes les autres, nous fournira tousiours des maximes, qui sont non seulement veritables, mais dont la verité est euidente & manifeste, sans que les difficultez qui se rencontrent au reste, nous puissent faire douter de leur certitude.

Qu'vn mesme homme peut auoir toutes les facultez de son ame également parfaites.

CHAPITRE IV.

ENtre les imperfections naturelles des hommes, & les defectuositez qui les empeschent de paruenir à vne connoissance certaine & distincte des sciences, Charon n'a pas oublié la condition à laquelle tous les hommes sont reduits, qui est de manquer necessairement de iugement, ou
de

de memoire. Il dit qu'vn mesme homme peut bien auoir ces deux qualitez dans vne mediocrité tolerable, mais qu'il est impossible qu'vn bon iugement se puisse rencontrer auec vne bonne memoire. Cette opinion est nouuelle, encores qu'elle se soit rendue fort commune, à cause du credit que se sont acquis ceux qui ont entrepris de la faire valoir. C'est ce qui m'oblige de l'examiner auec dauantage de soin, & auec esperance d'en faire voir la fausseté. Pour y reüssir, ie partageray ce traité en deux parties ; dans la premiere desquelles ie feray voir que la memoire n'a rien d'Incompatible auec le iugement. Et en la seconde ie monstreray qu'il est impossible que ceux qui ont le iugement bon, ayent la memoire mauuaise. La premiere de ces deux propositions ne peut estre expliquée qu'en esclaircissant l'obiection de tous nos Aduersaires, qui disent que la memoire & le iugement dépendent de deux temperamens qui sont contraires. C'est d'où ils inferent, que le iugement & la memoire sont autant incompatibles en mesme sujet, que le peuuent estre l'humidité & la seicheresse. Mais ie demande à nos Ad-

V.

uersaires, qui leur a dit que le temperament propre à la memoire fust humide, puis que tous les plus sçauans Philosophes en ont vne tout autre opinion? Au moins s'il en faut croire Platon, Auerroës & Galien pluftoſt que Iean Huart, Charon & quelques autres personnes de cette sorte: nous croirons qu'il faut vne mesme disposition pour le jugement & pour la memoire, & que cette memoire dépend de la seicheresse. Outre ces grādes authoritez, la raison & l'experience fortifient nostre sentiment. De faiſt, ce n'eſt pas entendre la nature & la difference des facultez, que de donner à la memoire le temperament des autres sens internes, qui est propre pour receuoir les especes, mais qui n'eſt pas capable de les retenir. Ceux qui nous contrarient, n'auoüent-ils pas eux-mesmes que les especes qui s'impriment ſur vn sujet humide, n'y demeurent pas long temps, & qu'il n'y a que ce qui eſt graué dans le cuiure & ſur vn corps ſec qui puiſſe subſiſter longuement? Nous auons vne forte preuue de cette doctrine, tirée de l'exemple des Melancholiques, qui ont d'ordinaire la memoire beaucoup plus excellente que n'ont pas les

Phlegmatiques, lesquels à cause d'vne trop grande humidité sont presque tous oublieux. C'est la mesme raison pour laquelle vn grand Philosophe s'est persuadé que les Bilieux deuoient auoir la memoire bonne. C'est encore par là qu'on rend la raison pourquoy l'exercice fortifie la memoire aussi bien que le iugement, pource que l'exercice desseiche le cerueau, & le rend plus capable de retenir les impressions qui luy viennent de l'imagination. D'ailleurs les experiences que nous fournissent les Medecins, suffisent toutes seules pour nous faire reconnoistre cette verité. Ils disent auoir remarqué que le sommeil, auquel on se laisse aller immediatement apres le repas, estouffe la memoire, aussi bien que toutes les autres choses qui humectent le cerueau. Ils disent encores, que tous les remedes qui fortifient la memoire, sont remedes secs, & qui seroient tres-dangereux si pour se conseruer elle auoit besoin d'humidité. Enfin l'Anatomie nous apprend, que la partie du cerueau où la nature a logé la memoire, est la plus seiche de toutes. Ce qui auroit esté vne grande extrauagance à cette Nature, d'auoir placé vne faculté en vn

V ij

lieu qui a vn temperament tout contraire à celuy qui est requis pour ses actions. Ne vaut-il pas mieux dire, que cette sage maistresse nous veut enseigner que l'humidité preiudicie à la memoire, & qu'elle ne peut faire ses fonctions que par le moyen de la seicheresse?

Mais, disent nos Aduersaires, d'où vient que nous retenons mieux au matin qu'au soir, si ce n'est à cause que le cerueau est plus humide? Ie leur respons, que c'est à cause que le cerueau est plus sec au matin, & qu'il s'est défait de toutes les humiditez superflues qui l'assoupissoient pendant la nuit. On en pourroit donner encore vne autre raison, tirée de ce que les esprits se sont refaits durant le repos, & sont plus propres pour toutes les actions ausquelles on les veut employer. Vn autre auroit respondu, qu'au soir la memoire est aussi propre à retenir qu'au matin. Mais cela n'est veritable que par accident, & à cause que le sommeil donne plus de commodité & de temps aux especes de s'imprimer, & qu'il ne passe rien par les sens qui les effacent deuant qu'elles soient bien grauées.

On nous obiecte, que les enfans ont la

memoire beaucoup meilleure que les personnes auancées en âge. Ie respons, que cela n'est point veritable, & que les enfans sont extremément oublieux. Cela se remarque principalement en ceux qu'on fait estudier, qui oublient en fort peu de temps tout ce qu'ils sçauent, si on n'a vn soin continuel de leur reperer. Trois mois de desbauche effacent tout ce qu'ils auoient de science: au lieu qu'vn homme fait sera des années entieres sans estudier, que neantmoins cela n'apportera aucun changement remarquable à ses connoissances. Ie sçay pourtant bien que les enfans retiennent assez facilement beaucoup de choses, mais cela ne vient pas de ce qu'ils ayent le temperament de la memoire ; c'est plustost que la nouueauté les porte à l'admiration, qui attache toutes les facultez de leur ame à vn obiect, & les colle, s'il faut ainsi parler, à leur memoire. Ce qui se fait de la mesme façon, que ceux qui ont la memoire mauuaise, s'impriment fortement les especes par assiduité & par artifice, & c'est ce qu'ils appellent la memoire artificielle. D'autre part les enfans ont vne si belle commodité de loger les especes dans des espaces vuides, & dans des places qui n'ont pas encore esté occupées, qu'il ne faut pas s'étonner si les enfans retiennent certaines choses, auec autant de facilité que s'ils auoient la memoire bonne. Il leur seroit cependant impossible d'apprendre vn sermon, ou vn grand plaidoyer, comme nous voyons faire à d'assez vieilles personnes. Ils n'ont pas la memoire si excellente que les hommes de 25. ans, esquels l'ame ayant laissé de faire croistre le corps & les humiditez superflues estans desseichées, toutes les facultez de l'ame & du corps ont tout ce qu'elles peuuent auoir de force. De là vient que les ieunes hommes ont l'imagination, le raisonnement & la memoire dans vn degré beaucoup plus excellent, que ne peuuent pas auoir les autres âges. Et si le iugement estoit vne faculté de nostre ame, & que ce ne fust point vne habitude, qui s'acquiert par experience, & par des actes reïterez, les ieunes gens seroient beaucoup plus iudicieux que les vieux, & formeroient dans le conseil des Princes des resolutions, qui ne sont propres qu'à executer.

En effect, les dispositions qui seruent à bien exercer vne faculté, sont les mesmes qui seruent à se bien acquitter de toute autre. Nos Aduersaires auroient raison, si c'estoit vne intemperie qui fist nos actions, ou que l'excés des qualitez seruist à la bien faire : au lieu que c'est vn temperament bien reiglé, & vne mediocrité assez exacte, qui sert indifferemment à bien exercer toutes les facultez, sans excepter celles desquelles nous disputons. Que si i estois reduit d'auoüer que le iugement & la memoire requiert des dispositions contraires, cela n'empescheroit point qu'vn parfait iugement ne se peust rencontrer auec vne bonne memoire : pource qu'encores que deux dispositions contraires ne se puissent pas rencontrer dans vn mesme sujet, rien n'empesche qu'elles ne se rencontrent dans deux sujets differens. Partant la memoire peut auoir son propre temperament dans le petit cerueau, & le iugement aura aussi le sien dans le grand cerueau : pource que toutes les parties qui portent le nom du cerueau, ne sont pas de mesme temperament.

Mais i'estime beaucoup plus de dire, que le iugement & la memoire requierent vne mesme disposition. Cela est si clair parmy

V iiij

ceux qui entendent la nature de nos facultez, qu'il est arriué à de sçauans autheurs de s'estonner comment c'est que la memoire se peut rencontrer sans le iugement, qui est vne chose fort ordinaire, assez difficile neantmoins à expliquer. Nos autheurs respondent à cela, que Dieu distribue ses dons comme il luy plaist, sans s'attacher tousiours aux dispositions des causes secondes. Ils disent secondement, qu'encores que ceux qui ont le cerueau mediocrement sec, doiuent posseder le iugement & la memoire dans vn degré excellent, neantmoins ayans à se seruir des esprits du cerueau pour les operations de l'vn & de l'autre; ces esprits ne peuuent pas le plus souuent suffire à tout; mais suiuant la difference de nostre inclination, & le choix de nostre volonté, ils s'appliquent si fort aux actions de l'vn, qu'ils laissent l'autre sans exercice. Cela est cause, disent-ils, que ceux qui appliquent tout leur esprit à apprendre les sciences, reüssissent tres-mal à la conduite de leurs affaires, & sont des personnes tres-dangereuses dans vn conseil d'Estat. C'est ainsi que certains autheurs expliquent fort probablement, comment c'est qu'il se rencontre de bonnes memoires, qui ne sont accompagnées d'aucun iugement, bien que la disposition pour l'vn soit la mesme que celle qui rend l'autre si excellente.

Cependant s'il en falloit parler selon mon sentiment, ie prendrois la chose de plus loin, & dirois que quand le iugement manque à ceux qui ont bonne memoire, cela ne vient point par trop d'humidité, ny faute d'aucune disposition, qui soit requise pour le iugement : mais seulement par accident. Pour le bien expliquer, ie presuppose ce que ie prouueray peut-estre ailleurs, que l'entendement est vne faculté qui ne dépend point des dispositions du sujet : & ainsi aucune disposition du cerueau, non pas mesme celle qui fait la memoire, ne peut estre contraire à l'entendement. Que si l'entendement n'a rien qui luy soit contraire, il est euident que rien n'est contraire au iugement, qui est vne habitude de cét entendement. Et sans doute que le commun s'abuse, lors qu'il prend le iugement pour vne des facultez de nostre ame : au lieu que ce n'en est qu'vne habitude acquise, & à peu prés ce que les Moralistes appellent la prudence. Ainsi ce n'est pas la faculté de iuger des choses, c'est à dire l'entendement; mais la facilité que cét entendement acquiert de bien iuger, & vne habitude, comme i'ay dit, qui coopere auec nostre entendement, & le porte à mieux discerner la verité, ou à mieux disposer des moyens qui nous conduisent à nostre fin. De là naist cette commune distinction du iugement speculatif, & du iugement practic, encores que le plus souuent l'Eschole n'employe ces termes que pour designer de simples actions. Partant le iugement doit estre vne habitude de bien raisonner, aussi differente de la faculté de raisonner, que l'habitude de danser est differente de la faculté de cheminer. Et comme nous ne naissons pas auec la facilité de danser, de mesme nous n'apportons pas le iugement au monde, & les enfans n'en ont point du tout, encores qu'ils ayent la faculté de raisonner.

Si donc le iugement est vne habitude, rien ne le peut contrarier qu'vne autre habitude contraire, & non pas les dispositions physiques, pource que tous les contraires sont sous mesme genre. D'ailleurs les habitudes ne dépendent point des dispositions à proprement parler: Et toute la disposition que peut auoir vne faculté à acquerir ses habitudes, ne diffère point de la faculté mesme, qui sans autre disposition precedente reçoit toutes les habitudes qu'elle est capable d'acquerir. Ainsi aucune disposition ne peut contrarier vne habitude, qu'en contrariant la faculté mesme. De sorte que la faculté de raisonner n'ayant aucun contraire, il s'ensuit euidemment qu'il n'y a aucune disposition du cerueau qui puisse contrarier le iugement. De façon que l'entendement ne peut estre empesché de bien faire ses actions, & d'acquerir ses habitudes, que par la defectuosité qui se rencontre en son object, & par les defauts & les manquemés des sens internes, qui sont des facultez subordonnées à l'entendement, & dont les actions sont presupposées pour les actions du iugement. Ainsi en ceux desquels nous parlons, & qui ont la memoire bonne, le iugement ne peut pas manquer, faute de memoire, puis que nous la supposons bonne. Il faut donc qu'ils ayent quelque defaut, ou quelque excés en l'imagination. Les vns sont stupides & hebetez, ayans l'imagination si lente & si tardiue,

qu'elle ne fournit pas assez d'especes à [la]
raison pour former ses conclusions. D'o[ù]
vient que ces gens là ne peuuent qu'à pein[e]
acheuer vn raisonnement, & raisonnent
rarement, qu'ils ne peuuent acquerir cett[e]
facilité, de laquelle nous parlons, ny cett[e]
habitude.

Il y a encores vne autre sorte d'homme[s]
qui peuuent auoir la memoire bonne, [sans]
estre iudicieux. Ce sont ceux que nous ap[-]
pellons fous, esquels l'imagination pech[e]
par excés, & qui l'ont si viue, qu'elle remu[ë]
presque en mesme temps toutes les espe[-]
ces de la memoire, & les presente en foul[e]
à leur raison. Qui plus est, elle change [si]
prés à prés ses representations, que la rai[-]
son n'a pas loisir de les reconnoistre, ny d[e]
faire comparaison de toutes les diuersite[s]
qui luy sont representées. Ce defaut de[s-]
pend d'vne trop grãde chaleur de cerueau
chaleur dans les & d'vne grande subtilité d'esprit, qui re[-]
muë incessamment ces esprits, & auec eu[x]
les especes de la memoire, dont toute l'a[-]
ction n'est que de receuoir & de garder le[s]
especes, lesquelles ne sont iamais remuée[s]
que par l'imagination, sans que la memoi[-]
re puisse troubler le iugement par son ex[-]

cés. Quelques vns de ceux qui n'ont point de iugement, ne laissent pas d'auoir la temperature du cerueau assez bonne, mais ses actions sont troublées par la chaleur des esprits, & des fumées qu'il reçoit des parties inferieures. Et il leur arriue comme à ceux qui sont yures, en qui la chaleur & les fumées du vin agitent si fort toutes les especes de la memoire, que leur entendement n'a pas le temps de les suiure, & elles luy eschapent douant qu'il ait acheué de former son raisonnement. Nous en voyōs d'autres qui raisonnent naturellement fort bien, & qui nous paroissent fort iudicieux hors leurs passions, & sur tout en ce qui concerne les affaires d'autruy. Mais en leurs propres affaires ils ne sçauent ce qu'ils disent, & font de grandes extrauagances. Ces personnes sont d'ordinaire bilieuses, & en qui les passiōs font vne ebullition d'esprits, & le mesme effect dans leur imagination, que celuy qui se rencontre dans l'imagination de ceux qui naturellement tiennent vn peu de la folie.

De cette sorte, ie conclus que le iugement ne peut manquer à ceux qui ont la memoire bonne, que par les manquemens de l'imagination ; car en d'autres il peut manquer faute de memoire. Et pour faire vn bon esprit & vn homme iudicieux, il faut, comme ie diray cy-apres, que la memoire soit assez bonne, pour reseruer beaucoup d'especes : que l'imagination les remuë à propos & assez promptement, sans y causer de precipitation, ny de desordre; l'entendement estant le mesme en toute sorte de personnes, pource qu'il ne dépend point du temperament, ny de ses diuersitez. Cecy auroit besoin d'estre expliqué plus distinctement, n'ayant traité ces matieres qu'en gros, sans en apporter les preuues, ce qui fera croire à beaucoup de personnes qu'il y a de la confusion.

Mais quand i'eusse auoüé que l'entendement dépend de la matiere, ainsi que veut Charon, on n'eust sceu nous monstrer par là, que le iugement aye rien d'incompatible auec la memoire ; puis qu'ils dépendent de mesme disposition. Tout ce que peut la memoire faire de preiudice au iugement, c'est, comme i'ay dit, que ceux qui exercent trop leur memoire, n'exercent pas assez leur iugement. Mais il est impossible de donner aucun exercice au iugement, que vous n'en donniez à la memoire. Ainsi on peut auoir la memoire sans iugement, mais on ne peut pas auoir de iugement sans memoire. Apres cela le iugement ne fait iamais consideration d'aucune espece sans s'y arrester. Outre qu'il dispose les especes dans leur ordre naturel, ce qui sert extremement à la memoire, & encore plus à la reminiscence.

Si le iugement dépendoit d'vne disposition contraire à celle de la memoire, il s'ensuiuroit que tous ceux qui n'ont point de memoire, auroient du iugement, pource qu'ils ne pourroient auoir les dispositions qui sont contraires à la memoire, qu'ils n'eussent celles qui font le iugement. Apres, il s'ensuiuroit, que tous ceux qui n'ont point de iugement, auroient necessairement de la memoire. Cependant l'experience nous fait assez comprendre, qu'il y a beaucoup de personnes qui n'ont ny l'vn ny l'autre: ce qui seroit impossible, si ce qui preiudicie à l'vn, seruoit à l'autre. De sorte qu'il vaut bien mieux dire, que comme il y a quantité de personnes qui n'ont ny iugement ny memoire; de mesme il y en a beaucoup qui ont l'vn & l'autre dans vne grande perfection.

C'est ce que n'ont iamais assez considéré beaucoup de personnes, qui ne voulans pas se ressouuenir que le monde est tout plein d'hebetez, qui n'ont ny memoire, ny iugement, s'opiniastrent de croire que le manquement de memoire est vn preiugé en faueur du iugement. Cela les oblige de publier en tous les lieux où ils se rencontrent, qu'ils n'ont du tout point de memoire. Ils rabaissent cette partie de leur esprit auec des termes si estudiez, qu'il est bien aisé de voir qu'ils en veulent estre creus. Ils querelent tous ceux qui les loüent d'auoir la memoire bonne, s'en defendans comme du plus grand de tous les defauts qu'vn homme puisse auoir. Que s'il leur arriue de reciter vne douzaine de vers, ou quatre lignes de prose, tirées de quelque autheur, ils n'oublier iamais d'ajouster, que ce n'est pas vn effect de leur memoire, n'en ayans point du tout, mais que c'est par iugement qu'ils retiennent tout ce qu'ils sçauent; comme si les facultez changeoient leurs fonctions en faueur de leur caprice, & que le iugement peust faire l'office de la memoire. Ie sçay bien que le iugement ayde beaucoup à la reminiscence, & vn peu

à la

à la memoire, qui ne peut retenir l'ordre qui se rencontre dans les especes, que cét ordre n'ait esté compris de l'entendement. Mais en recompense le iugement ne sert de rien pour les obiects simples, tesmoin la memoire des bestes. Il sert encore moins pour faire bien retenir aucun obiect, sans vne bonne memoire. Il en est comme de la memoire artificielle, qui est inutile, & mesme preiudiciable, sans celle qui est naturelle. D'où on voit que tous ceux qui font les plaintes & les distinctions, desquelles i'ay parlé, tesmoignent en cela beaucoup plus leur manque de iugement, qu'ils ne font les defauts de leur memoire.

I'ay des amis qui n'ont point de part à cette foiblesse; car sçachans que la memoire est vn don de Dieu fort necessaire dans le monde, & fort vtile à ceux qui la possedent, ils remercient Dieu de ce qu'il leur en a donné, & sçauent bon gré à leur memoire des bons seruices qu'elle leur rend tous les iours. Ils la produisent toutes les fois qu'ils le peuuent, sans impertinence, & ne se defendent des loüanges qu'on leur en donne que par modestie, & comme ils feroient de quelque autre loüange. Ils sçauent bien qu'elle n'a rien d'incompatible auec le iugement; car outre les raisons que i'ay apportées, ils le prouuent encore plus fortement par l'experience, & par vne induction de quantité de personnes tres-iudicieuses, qui auoient la memoire excellente. Et premierement ils produisent Themistocle, à qui le plus prudent des historiens a rendu ce tesmoignage, qu'il estoit l'homme le plus iudicieux de la terre, qui deliberoit le plus prudemment, & qui voyoit le plus clair dans l'aduenir. Sa conduite dans les Ambassades, & dans les entreprises de la guerre, & toutes les autres actions de sa vie, sont les leçons les plus iudicieuses que l'histoire puisse fournir au Politique. De sorte que suiuant les maximes de Charon, il estoit impossible que Themistocle peust auoir de la memoire. Il l'auoit pourtant si excellente, qu'il ignoroit que c'estoit qu'oublier, & qu'il en demanda l'art à celuy qui luy vouloit enseigner l'art de la memoire. Ie n'apporte point icy d'exemple de Cyrus, d'Epaminondas & de Pericles, qui outre qu'ils gouuernoient tres-iudicieusement vn Estat, estoient fort sçauans, & auoient cette grande memoire, qui est requise pour les sciences. Ie veux seulement dire, que sans cette partie, Aristote n'eust point sceu tant de choses, comme il en sçauoit; ce qui n'empescha pas que son adresse ne parust en tous ses escrits, qu'il ne fust grand Politique, & que le plus habile Roy de ce temps là ne se seruist fort vtilement de ses conseils. Cynéas auoit vne memoire si prodigieuse, qu'elle fust admirée à Rome : mais son iugement n'y fut pas moins admiré, & on ne fit pas moins d'estat de cette adresse, qui conqueroit plus de villes que les armes de Pyrrus. Toutes les memoires que nous estimons en ce siecle, ne valent pas celle de Plutarque, aussi y a-t'il peu de iugemens qui valent le sien. Parmy les Romains, Scipion & Iules Cesar ont fait parler de leur memoire & de leur iugement. Le dernier n'estoit pas de l'humeur de nos esprits forts, puis qu'il faisoit monstre de sa memoire, iusques à vouloir en receuoir des loüanges, qui n'empeschent pas que nous n'estimions la conduite de sa vie, & les artifices dont il se seruit pour ruiner la liberté de Rome. Dans cette grãde ville il y a eu tout autant de personnes iudicieuses qu'il y a eu de Citoyens. Ils naiſſoient preſque tous fort heureuſement, pour eſtre Conſeillers d'Eſtat, & Generaux d'armées: ce qui n'empeſchoit pas qu'il n'y euſt parmy eux de grands exemples de memoire, comme on peut voir dans vn Dialogue de Ciceron, & dans les œuures de Plutarque. En effect, quand ces gens-là loüent les grands hommes, ils font bien quelquefois eſtime de leur memoire, mais ie n'ay point remarqué qu'ils les ayết iamais loüez de ce qu'ils n'auoiết point de memoire, & ie croy qu'eux-meſmes n'euſſent pas voulu eſtre loüez à ce prix là. Si ie dis que Ciceron auoit la memoire excellente, perſonne ne me contredira; mais ſi i'adjouſte qu'il eſtoit iudicieux, peut eſtre que pluſieurs ne le voudront pas croire. Neantmoins s'il s'en faut rapporter à Brutus, qui le pouuoit bien connoiſtre, Ciceron eſtoit le plus prudent de tous les hommes, & hors les paſſions, auſquelles il s'abandónoit auec trop de facilité, ſes plus grands ennemis n'ont rien trouué à redire à ſon iugement. Hortenſius, Latro, Senecque le pere, & pluſieurs autres, feront voir que l'antiquité nous a eſté fort liberale des exemples que nous cherchons. Parmy les modernes, il seroit facile d'en trouuer beaucoup, mais ie me contenteray d'alleguer Picus Mirandulanus, Iules Scaliger, le Cardinal du Perron, & le feu Prince d'Orange, qui se vantoit de l'auoir prodigieuse: n'imitant pas certains esprits, qui ne pouuans produire autre marque de iugement, que le defaut de leur memoire, il ne faut pas s'estonner s'ils s'interessent à persuader cette opinion. C'est en quoy ils sont bien à plaindre, & beaucoup plus en ce qu'ils laissent perdre leur memoire, à faute de la cultiuer, afin d'acquerir la reputation de iudicieux, au lieu qu'ils perdent par ce moyen tout ce qu'ils auoient de bon, & n'acquierent rien autre chose.

I'espere qu'on m'excusera si ie n'apporte aucun exemple de personnes qui viuent encores, & si ie ne fais point vne induction de tout ce que i'ay connu, de personnes iudicieuses. Ie ne veux qu'exhorter tous ceux qui liront cecy, qu'apres s'estre empeschez pour vn peu de temps, de faire aucune reflexion sur eux-mesmes, ils pensent à bon escient aux hommes de qui ils ont le plus estimé le iugement: & ie m'asseure qu'ils se souuiendront d'auoir quelquefois estimé leur memoire.

Reste donc maintenant, que ie m'acquitte de la seconde de mes promesses, & que ie prouue que la memoire est absolument requise pour le iugement. Cela se peut faire, en supposant ce que l'histoire nous enseigne, que tous ceux qui ont le plus fait admirer leur iugement auoient la memoire excellente: ce qui est vn grand preiugé que la memoire sert au iugement.

Secondement, puis que les plus grands Philosophes ont monstré que ces deux facultez dépendoient d'vne mesme disposition physique, il s'ensuit que par tout où il y a du iugement, il doit y auoir beaucoup de memoire.

Apres cela puis que l'entendement est la maistresse faculté de l'homme, & que l'imagination & la memoire luy sont subordonnées, il faut que l'entendement presuppose en ses actions, l'action de la memoire, & que comme le sentiment ne peut subsister sans les facultez vegetantes, receuant de l'incommodité de tout ce qui contrarie la vie; de mesme le iugement ne peut subsister sans l'imagination & sans la memoire. Et il ne peut y auoir de diminution aux actions de l'vne de ces deux facultez, qu'il n'y en ait aux actions de l'entendement & au iugement.

D'ailleurs puis que le iugement est vne habitude & vne vertu intellectuelle, qui ne s'acquiert que par experience, il est euident que la memoire y est requise, pource que l'experience & la memoire sont vne mesme chose, comme l'enseignent les Philosophes, & plus particulierement les Medecins. En effect les actions qui font l'experience, ne sont pas l'experience mesme, mais la memoire qui nous reste de ces actions. I'ay leu dans Beniuenius l'histoire d'vn homme qui n'auoit du tout point de memoire. Son imagination n'estoit meuë que par les obiects presens. Ainsi il prenoit tout ce qu'il rencontroit qui luy estoit propre. Cette coustume luy fit donner le foüet plus d'vne fois, sans qu'il se corrigeast, ou qu'il se cachast pour desrober, pource que tout ce qu'il faisoit, & qu'on luy pouuoit faire, ne luy acqueroit point d'experience, faute de memoire. Si les Conseillers d'Estat ne se souuenoient de ce qu'ils ont fait, & de ce qu'ils ont veu faire, s'ils n'auoient la memoire remplie du souuenir de tant de negociations difficiles, ils seroient tousiours nouueaux dans les affaires, & procederoient dans leurs resolutions, de la mesme façon que font les simples soldats qui les executent. Sans vne bonne memoire, la grande lecture de l'histoire ne formeroit point le iugement, pource que les petites memoires en sont accablées. Sans cette memoire les vieillards ne seroient pas si iudicieux que les ieunes, d'autant qu'ils n'ont pas l'esprit si fort; mais ils se souuiennent de tant de choses, & ont la memoire fournie de tant d'experiences, & du souuenir de tant de rencontres difficiles, que cela forme leur iugement, & les empesche de se precipiter dans les affaires. De fait dés qu'vne trop grande vieillesse leur fait perdre la memoire, & leur fait oublier ce qu'ils ont veu, le iugement se pert. On nous pourroit obiecter, que deuāt que d'estre reduits à cette extremité, ils perdent vne partie de leur memoire, encore que leur iugemēt soit lors le plus parfait. Ie respons, qu'ils n'apprennent pas si facilement qu'ils ont fait autrefois, ce qui est indifferent pour le iugement, n'estant pas necessaire qu'ils apprennent ce qu'ils sçauent desia, & ce qui est desia en leur memoire. Mesmes si nous naissions auec des connoissances infuses, nous n'aurions point besoin de memoire pour estre iudicieux. En effect, la faculté de memoire n'est necessaire pour le iugement, sinon entant qu'elle est necessairement requise pour se souuenir, & pour conseruer les especes des choses, sans lesquelles nostre iugement ne peut agir. Ie pourray dire apres cela, que durant les premieres années de la vieillesse, les hommes ont la memoire bonne, & la vraye disposition du cerueau qu'il faut pour cela, c'est à dire le temperament le plus propre pour retenir ce qu'ils apprennent, ce qui est la vraye memoire. Que s'ils n'apprennent pas fort facilement, c'est que les especes ne trouuent pas de place où elles puissent s'imprimer, à cause que leur memoire en est toute remplie. Et ainsi on peut dire, que les vieillars n'ont point d'autre empeschement à la memoire, que la memoire mesme qui fait leur iugement.

Maintenant si on considere de quelle façon nostre entendement iuge des choses, on verra que ce n'est qu'en faisant vne exacte comparaison de diuerses choses, qui semblent estre également probables. Deuant que former vne resolution, il faut examiner tout ce qui peut arriuer; ce qui ne se peut bien sçauoir que par la memoire, de ce qui est autrefois arriué en semblable occasion. C'est bien l'entendement qui raisonne & qui conclud, mais il faut que la memoire luy fournisse des principes, & des moyens dont il puisse tirer ses conclusions. Et vn homme ne passera iamais pour iudicieux, si apres des euenemens contraires à ses esperances, il pensoit s'excuser en disant, que cela ne luy estoit pas tombé en l'esprit, sur tout si c'est vne chose qui soit autrefois arriuée, & dont la memoire des hommes puisse fournir quelque exemple. La memoire est donc necessaire pour le iugement, qui est vne opinion d'autant plus seure, qu'on ne luy peut opposer aucune difficulté.

Ie m'imagine pourtant que beaucoup d'honnestes gens n'auront pas la patience de lire tout ce que i'ay escrit de cette matiere, sans s'appliquer ce que i'ay dit, & que n'y trouuans pas leur conte, ils condamneront cette doctrine, de peur de rien relascher de l'opinion qu'ils ont de leur iugement. Mais ie leur veux accorder, qu'il se peut faire qu'ils soient iudicieux encores qu'ils n'ayent point de memoire. Il suffit pour cela qu'ils en ayent eu autrefois, ce qu'ils pourront reconnoistre par la facilité qu'ils auoient en leur ieunesse de retenir ce qu'ils vouloient apprendre. Ie les veux outre cela aduertir, qu'encores qu'ils ne croyent pas auoir de memoire, ils ne laissent pas d'en auoir beaucoup, pouuant dire auec vérité, que i'ay veu peu d'honnestes gens, qui ne fussent assez bien partagez de ce costé là. I'adjousteray qu'il y a plus de bonnes memoires que de mauuaises, en prenant le commun des hommes pour reigle de cette difference, encores que la pluspart la laissent perdre faute d'en auoir le soin qui seroit requis. Et neantmoins nonobstant cette negligence, il y a peu de memoires qui ne soient mediocres, & qui ne suffisent pour auoir autant de iugement qu'il nous est necessaire, pour la conduite de nos petites affaires.

Mais, dira quelqu'vn, comment se peut-il faire que des hommes iudicieux ayent la memoire, sans connoistre en auoir? N'est-il pas bien plus iuste qu'ils s'en rapportent à leurs propres experiences, qu'à tout ce que vous dites en faueur de nostre opinion? Ie respons, que iamais vn homme ne croira auoir la memoire, si d'autres ne luy persuadent. La raison de cela est, que nous ne iugeons iamais de nostre memoire que par ses manquemens & ses defauts. Nous la traittons, comme nous ferions vn valet, lequel nous ne loüons iamais lors qu'il fait ce qu'on luy commande, pource que nous croyons que c'est son deuoir; mais s'il manque vne seule fois, il est asseuré d'en receuoir plus de coups, ou de reproches, que dix années de bon seruice ne luy feroient receuoir de loüanges. De mesme nous nous imaginons, que la memoire n'est faite que pour retenir, & ainsi nous ne luy sçauons aucun gré de ce qu'elle retient; mais nous l'accusons toutes les fois qu'il luy eschape quelque chose. Tout ce que nous disons de meilleur, & tous les mots que nous proferons, sont des effects de nostre memoire, sans qu'il nous arriue iamais de dire que nous auons la memoire bonne, & de faire cette reflexion : au lieu que vous ne sçau-

sur la Sagesse de Charon. 333

riez oublier le nom d'vn homme que vous n'aurez veu qu'vne seule fois, sans vous en prendre à vostre memoire. Vne seule action qui nous desplaist, nous fait quelquefois dire tous les maux imaginables d'vn homme qui sera extremement vertueux. De mesme il vous arriue fort souuent de condamner vne bonne memoire, & d'en dire tout ce que vous pourriez dire d'vne mauuaise, pource qu'elle vous aura manqué vne fois au besoin. Si vous traitiez vostre iugement auec autant de rigueur, & que vous ne vous deschargeassiez point sur autruy des fautes qu'il vous fait faire, peut estre le condamneriez vous plus souuent que vous ne faites vostre memoire.

Voulez vous sçauoir ce qui en est, croyez ce que vos amis vous en disent, qui sont tellement persuadez que la memoire est contraire au iugement, qu'ils n'auroient garde de vous la reprocher si la verité ne les contraignoit. Apres vous pouuez comparer vostre memoire auec celles de la pluspart des hommes; car il ne faut pas se comparer auec celuy dont parle Pasquier, ny auec Scaliger, & tous les autres qui l'ont eu prodigieuse; mais il faut s'examiner sur le modele de la plufpart des hommes. Et vous verrez que dans le recit qu'ils feront d'vne hiftoire, ou d'vne piece de Theatre qu'ils pouuoient fçauoir auffi bien que vous, ils oublient beaucoup de paroles & de circonftances qui ne vous font pas efchapées. Si quelqu'vn me difoit, qu'il a fait toutes les efpreuues qui fe pouuoient faire, & qu'il eft bien affeuré de n'auoir du tout point de memoire. A cela ie ne luy fçaurois faire de refponfe qui luy foit agreable, feulement ie luy diray, que peut-eftre ne s'eft-il pas bien examiné, qu'il n'eft pourtant pas impoffible qu'il n'ait point de memoire, mais auffi qu'il n'eft pas impoffible qu'il n'ait point de iugement. S'il en a, c'eft en certaines chofes qu'il fait par couftume, & aufquelles depuis long temps il a appliqué tout le peu qu'il auoit d'efprit & de memoire, comme i'expliqueray plus exactement dãs vn Examen des efprits, que ie publieray vn iour, encore que ie fçache bien dés à prefent, qu'il ne fera pas au gré de tout le monde. Tout ce que ie veux conclure icy, c'eft que pour auoir le iugement excellent, il faut auoir la memoire bonne, ou à tout le moins mediocre.

De la connoissance de nous-mesmes.

CHAPITRE V.

ENcore que toute la sagesse de Charon ne soit escrite à autre fin que pour apprendre aux hommes à se bien connoistre: si est-ce que s'ils vouloient s'en fier à ce qu'il en dit, ils se mesconnoistroient d'vne estrange sorte, & se prendroient pour quelque autre chose bien differente de ce qu'ils sont. Ils ignoreroient leur propre nature, & les priuileges qui y sont annexez, & auroient auec cela vne tres-mauuaise opinion de toutes les connoissances dont ils sont capables. C'est ce qui m'a obligé de publier ces deux traitez, pour faire comprendre à nos Aduersaires quelle est leur veritable nature, & la difference qui les distingue des bestes. Ie leur ay voulu aussi faire resouuenir de tout ce qu'ils auoient dauantages naturels, afin que de là ils apprissent à connoistre ce qu'ils sont, & quelle doit estre leur fin principale. Il m'a fallu monstrer apres tout cela, que l'homme pouuoit auoir plusieurs connoissances fort certaines, afin de ne desesperer personne, & luy faire auoir l'opinion que nous deuons conceuoir de nos trauaux, & les aduantages qui nous reuiennent de cette connoissance. Car si nous estions de si chetiues creatures, comme Charon nous le veut persuader, il ne nous pourroit pas reuenir grande consolation de cette connoissance. Nous serions beaucoup plus heureux de ne nous point connoistre, & tirerions beaucoup de satisfaction de nostre ignorance, outre que nous espargnerions la peine & le chagrin qu'il nous faut subir en cette recherche.

Sur tout ie ne puis comprendre le dessein de Charon, lors qu'il veut, que nous bien connoistre ne soit rien autre chose que connoistre nos defauts. Ce n'est pas que ie n'aye leu qu'anciennemēt plusieurs l'auoient ainsi expliqué, iusques à ce que Ciceron eust escrit à son frere, que c'estoit mal prendre le sens de l'Oracle, & donner vne interpretation bien estrange à ses paroles, que de croire qu'il ne nous resommandoit rien par là que l'examen de
nos

nos infirmitez. C'est ce que les modernes ont encore mieux éclaircy, monstrant que ce n'estoit pas le moyen de se bien connoistre, ny de se connoistre tout entier, que de ne se considerer que par la pire partie de soy-mesme. Aussi est-ce vne grande iniustice de vouloir que nous ignorions ce que nous auons de meilleur, & d'attacher par force toute nostre estude & toutes nos connoissances où c'est qu'il n'y en peut auoir: car toutes les connoissances de l'homme ne peuuent auoir pour obiect que des estres reels, & des choses qui subsistent. Ainsi nos defauts n'estans que des priuations des choses qui ne sont pas: la connoissance que nous en aurions ne pourroit estre que fort creuse, & beaucoup plus inutile que Charon ne s'imagine. Et c'est se tromper bien fort, que de croire, comme font quelques vns, que la connoissance de nos vices & de nos defauts, nous porteroit toute seule à la recherche des biens & des vertus: car pour suiure la vertu, & se la proposer côme vne fin, il en faut connoistre la nature & la beauté, & reconnoistre en suite que nous en sommes veritablement capables, & que nous pouuons y paruenir.

Ie ne suis point de l'opinion de Charon, en ce qu'il veut obliger tous les hommes d'employer tout ce qu'ils ont de vie à cette connoissance d'eux-mesmes, comme si c'estoit leur fin principale, & le seul moyen de paruenir à la sagesse. Cela eust esté excusable du temps de l'Oracle de Delphe, & parmy des Payens, qui n'ayans autre lumiere que la naturelle, ne pouuoient pas connoistre de Dieu ce que nous en connoissons maintenant, ny se le proposer comme nous faisons, pour le but & pour le principe de toute leur sagesse. Ils auoient raison de s'attacher si fort à la connoissance d'eux-mesmes, puis qu'ils estoient eux-mesmes le plus digne obiect de leurs contemplations, & que c'estoit le seul moyen de connoistre ce qui se pouuoit connoistre de Dieu, ie veux dire sa puissance & sa prouidence, dont les effects sont beaucoup plus euidens en l'homme, que dans tout le reste des creatures.

D'ailleurs il faut considerer qu'au temps que cét Oracle fut rendu, la Physique & la Morale, qui nous enseignent à connoistre l'homme, estoient deux choses fort imparfaites. Ce que l'on connoissoit de l'homme en ce temps là, ne merite pas d'estre appellé science : au lieu qu'en ce siecle ces deux sciences ont esté elabourées à vn poinct, qu'encores qu'il manque beaucoup à leur perfection, neantmoins elles doiuent attendre fort peu d'accroissement de nostre estude. I'aduoüe que nostre ame ne se connoist pas fort bien, mais tousiours se connoist-elle aussi bien qu'elle se peut connoistre. Elle a tenté tous les moyens possibles, pour sçauoir sa nature & ses facultez, & ne s'est arrestée en cette recherche, qu'apres estre paruenuë à vn terme, au dela duquel elle ne comprend rien que des espaces imaginaires. Tout ce qui se peut sçauoir de la theorie de l'ame, se peut apprendre en fort peu de iours, apres lesquels il ne restera rien à expliquer que des questions fort inutiles.

Ainsi comme c'estoit au temps de l'Oracle vne grande sagesse de s'adonner tout entier à la connoissance de l'homme, ce seroit maintenant vne grande folie puis que nous n'y pouuons rien adjouster, & que nous pouuons facilement apprendre tout ce qui s'en peut sçauoir. Pour cela il ne faut que lire les Philosophes qui nous ont precedé, lesquels n'ont point de part à la calomnie, dont Charon tasche d'obscurcir la gloire de leurs trauaux, lors qu'il dit que de tout temps les hommes se sont negligez eux-mesmes, & que sans se daigner considerer, ils se sont seulement efforcez de connoistre le reste du monde, & de tout connoistre, encores qu'ils ne se connoissent pas eux-mesmes. De façon qu'à croire nos Aduersaires, l'homme est ce qui est le moins connu par la Philosophie. Comme si leur principal trauail n'auoit pas tousiours esté de connoistre l'homme. Mesmes depuis Socrate, ils s'y sont presque entierement occupez, n'examinans le reste, qu'en tant qu'il pouuoit seruir à cette connoissance. Ce fut là tout le but de ce grand homme, & sa principale ambition, en quoy il a esté suiui de Platon & d'Aristote, de qui tous les autres ont esté des imitateurs.

Ie demande aux disciples de Charon, si Aristote & vne infinité d'autres autheurs, auoient autre but que la connoissance de l'homme, en tous les grands volumes qu'ils ont escrit de l'ame & de ses fonctions, de la generation des animaux & de leurs parties. Ie leur demande encore si toute la

Morale, la Politique, les ouurages des Iurisconsultes & des Medecins, sont escrits à autre intention, que pour nous expliquer la nature de l'homme, & la difference de ses inclinations. Il n'est pas besoin de recommander maintenant aux personnes d'estude, qu'ils s'adonnent à connoistre l'homme, puis qu'il leur est fort difficile de faire aucune sorte d'estude, sans faire celle là ; pource que presque tous les liures se proposent l'homme pour sujet, aussi bien que pour obiect. Les sciences speculatiues ne nous expliquent que les facultez & les habitudes de nostre ame : les autres ne nous parlent que de nos actions. Et quand nous voudrions nous diuertir par des lectures moins serieuses, nous verrions que l'histoire ne nous entretient que de cela. Les Romans & la Poësie ne sont que des representations de nos mouuemens, & tout le reste n'est rien que pour nous.

De là vient qu'en toute la Nature, il n'y a rien de si connu que l'homme. Nous sçauons exactement toutes les proportions qui doiuent estre entre toutes les parties externes de son corps. Il n'y a point de vertebre, ny de si petite fibre au dedans, dont l'Ana-

Y iij

tomie n'ait fait de gros traitez. Nous n'ignorons pas vne de ses facultez de quelque genre qu'elles soient, ny pas vne des passions de son appetit. Toutes les habitudes intellectuelles & morales, desquelles les hommes peuuent estre capables, ont esté examinées auec tant de soin, que nostre esprit n'y peut rien adjouster. Le nombre de nos actions & de nos vertus, a esté si exactement espluché, que nous ne deuons plus rien attendre de tous ceux qui se meslent de faire des liures auiourd'huy: leur trauail ne pouuant maintenant estre vtilement occupé sur cette matiere, qu'à leuer les nouuelles difficultez que certains esprits se plaisent de faire naistre. En effect cette sorte de science est tellement acheuée, que Charon qui a employé tant de temps & d'estude, pour nous enseigner à nous bien connoistre, n'a pourtant pû nous reueler de faculté que l'on ne sçeust pas desia, ny pas vne espece d'action que les anciens n'eussent expliqué, non plus que des passions & des vertus qui leur fussent inconnuës. La raison de cela est, que cette estude a esté la principale que les hommes ayent fait dés le commencement, & à laquelle ils ont eu plus d'inclination naturelle. Si la difficulté en a rebuté quelques vns, ils ne se sont point mis en peine de connoistre le reste du monde, ny la nature des autres especes, qui ne sont point si connuës que l'homme : car tout ce que nous sçauons de la nature des Vegetaux & des autres animaux, ne s'est pû sçauoir qu'en nous seruant de la connoissance de nous mesmes, & examinant le rapport qui y peut estre. De toutes les differences specifiques, nous ne connoissons que la nostre. Il n'y a point d'autre espece en la Nature, dont nous ne sçachions exactement les proprietez & les puissances, ny des actions de laquelle on peut faire vn aussi gros liure, que celuy que Charon a fait de la connoissance de nous mesmes.

Ie croy auoir dit ailleurs, que mon dessein n'estoit pas de contredire Charon, si ce n'est aux endroits où il s'esloigne du sentiment que nous deuons auoir de la dignité de l'homme, & des priuileges de sa nature. Ainsi il ne faut point trouuer estrange, si ayant leu dans cét autheur, qu'vn chacun de nous se connoist mieux luy mesme, qu'il n'est connu tout le reste du monde; ie fay valoir cette opinion, puis qu'elle est plus honorable à l'homme, que ne sont tous les prouerbes qu'on a publiez à l'encontre; comme si vn chacun de nous estoit aueugle en tout ce qui le concerne, & que pour apprendre ce qu'il est, il le deust tousiours demander à quelque autre. C'est ce que ie veux refuter maintenant, commençant par nos facultez naturelles, & par les defauts qui s'y rencontrent. Il est certain que nous connoissons mieux que personne la portée de toutes les puissances de nostre ame: ce que peuuent nos yeux & nos oreilles, & iusques où peuuent aller les forces du reste de nostre corps. De sorte que toute la difficulté est touchant certaines facultez & habitudes, comme sont l'esprit, la memoire, le iugement, & l'inclination aux vertus, où l'on apporte pour preuue de nostre aueuglement l'opinion qu'a vn chacun de nous, qui se croit plus aduantageusement partagé, que tout le reste des hommes qu'il connoist. Ie respons, que cela n'est point veritable, & qu'il n'y a point d'homme bien sage, quel qu'il soit, qui ne reconnoisse en plusieurs autres des parties d'esprit & des vertus, lesquelles il sçait bien n'auoir pas dans un degré si excellent.

J'ay remarqué au Chapitre precedent, que plusieurs auoient plus mauuaise opinion de leur memoire qu'ils ne deuroiët, & qu'ils en cedoient trop facilement les aduantages à tout autre. Cela se fait pour les raisons que i'ay expliqué, & à cause de la negligence de ceux qui se veulent tromper eux-mesmes : autrement comme ceux qui l'ont mauuaise, le reconnoissent bien par les manquemens qu'ils y reconnoissent tous les iours; de mesme ceux qui l'ont bonne, pourront remarquer aisement les aduantages qu'elle leur donne par dessus le commun des hommes. Il ne nous est pas si facile de sçauoir ce que peut retenir la memoire d'vn autre; car il arriue souuent à plusieurs, qui font quelque recit, de faire admirer leur memoire à tous les assistans, & en receuoir des loüanges, que leur propre memoire leur fait condamner comme iniustes, pource qu'elle se souuient bien de la peine que luy a cousté le recit qui luy acquiert tant de loüange. Tous les spectateurs d'vne Comedie iugent facilement si vn Acteur se souuient de ses vers, mais il n'y a que luy qui sçache s'il doit cela à la bonté de sa memoire, ou à la peine qu'il a pris pour s'en bien ressouuenir. Nous remarquôs tous les iours, que ceux qui ont la memoire plus mauuaise, sont plus fidels en leurs recits, & manquent moins en la prononciation d'vn discours estudié, que ceux qui se fient trop en leur bonne memoire, & qui la negligent.

Il en est de mesme de l'imagination, qui est ce que la pluspart appellent l'esprit. Vn autheur est, à proprement parler, le seul qui sçache certainement combien il a l'imagination sterile, & la peine que luy donnent toutes ses productions, il n'y a que luy qui puisse dire seurement, si l'abondance qui se rencontre en ses ouurages, est l'effect d'vne penible recherche, ou bien d'vne imagination fertile. Nous auons veu des Poëtes de nostre temps, qui à force de suer sur le papier, de contraindre leur imagination, & de la mettre à la gehenne, representoient dans leurs vers, vne facilité, laquelle ils sçauoient bien n'auoir point. Ils employoient quinze iours à faire quatorze vers, & à mettre au iour vn Sonnet, qui sembloit s'estre fait luy-mesme, tant la rithme & les pensées en estoient naturelles.

Nous en sçauons d'autres, qui apres auoir resué trois mois dans vn cabinet, & y auoir gasté vne rame de papier toute entiere pour acheuer vne Ode ou vn Epigramme, les ont esté puis apres debiter en vn cabaret, comme si le vin, la compagnie, & le premier sujet qui s'estoit rencontré, leur eussent inspiré tout à l'heure: ce qui obligeoit toute cette compagnie de donner des loüanges à vne imagination qui n'en meritoit pas: au lieu d'en donner à l'artifice qu'auoient ces Poëtes, d'engager la compagnie sur le sujet, qui auoit fait durant si long temps toutes les occupations de leurs estudes. Il y en a bien qui fournissent force coniectures, par où on peut reconnoistre combien leur cousté l'acheuement de leurs ouurages, & la foiblesse de leur imagination; mais eux-mesmes l'auoient reconnu auparauant nous, par des experiences bien plus certaines.

Ainsi la plus grande difficulté est touchant le iugement, qui est proprement cét esprit, qu'on dit estre si bien partagé : car plusieurs confessent bien n'auoir pas la memoire si fidelle, ny l'imagination si prompte, que d'autres de leur connoissance:

mais en ce qui concerne la foiblesse de leur iugement, cette confession leur cousteroit beaucoup dauantage à faire, pource que plusieurs ne croyent rien deuoir à personne de ce costé là : ce qui en quelques vns n'est point vn effect de leur aueuglement, mais de la veritable connoissance qu'ils ont d'eux-mesmes. De fait ceux qui excellent par dessus les autres, se mesconnoistroient bien fort, s'ils ne s'estimoient ce qu'ils valent, & tout autant qu'vn autre peut valoir. Cette estime est vn effect du iugement qu'ils doiuent faire d'eux mesmes, & vne reconnoissance qu'ils doiuent à leur vertu, ou plustost à celuy qui leur en a esté si liberal, duquel ils ne sçauroient se plaindre sans ingratitude & sans aueuglement. Cette asseurance qu'ils ont d'eux-mesmes, est vn tesmoignage de leur iugement, comme la desfiance est la seule vertu qu'ayent les infirmes, & vne marque tres-asseurée de leur foiblesse.

Le monde est si rempli de cette sorte de timides & de desfians, qu'il me seroit impossible de comprendre qu'vn chacun des hommes s'estime autant que tout autre, & cette desfiance est si grande en l'esprit de ceux qui en sont trauaillez, qu'elle leur fait renoncer à la societé, leur fait peupler les solitudes, & quelques autres lieux : A tout le moins elle les reduit à fuir toutes les personnes dont ils reconnoissent l'esprit, pour conuerser auec d'autres, de qui ils n'apprehendent pas d'estre mesprisez.

Mesmes parmy ceux qui sont exempts de cette foiblesse, & qui passent pour honnestes gens, vous en verrez peu qui n'ayent des amis, au iugement desquels ils deferent beaucoup plus qu'ils ne se deferent à euxmesmes. Il s'en rencontre qui adorent respectueusement tous les conseils, & toutes les pensées d'vn autre, qui l'imitent en tous ses gestes & toutes ses prononciations; iusques là qu'ils imitent ses defauts, & se rendent ridicules. La pluspart des hommes croyent bien auoir assez d'esprit pour se conduire. Mais ils ne voudroient pas entreprendre la conduite des autres, & ne s'en croyent pas capables. Ils s'estiment bien auoir assez de iugement pour euxmesmes, mais non pas ce qu'il en faut pour gouuerner vn Estat, ny tant qu'ils en reconnoissent en vne personne fort parfaite, pour laquelle ils n'ont que des admirations

& des pensées respectueuses. Ils ressemblent aux filles, qui à force de se regarder rencontrent en leur visage quelque chose d'aymable: Ce qui n'empesche pas qu'elles ne voulussent estre aussi belles qu'vne autre fille de leur connoissance, en qui elles trouuent des auantages qu'elles sçauent bien n'auoir pas. Vn homme d'esprit est le seul qui puisse connoistre de quoy son iugement est capable, & s'il se trouue conforme aux euenemens. Les autres n'en iugent que par ce que nous en publions, & par des paroles qui sont souuent differentes de nos pensées, lesquelles nous desguisons de beaucoup de feintes. Ainsi il n'y a que nous qui sçachions certainement de combien nostre iugement est meilleur que celuy d'vn autre. Il est pourtant vray qu'à toutes les fois que nous nous comparons auec vn autre: L'amour de nous mesmes trauerse fort nostre esprit en cét examen, & que l'enuie que nous auons pour les autres, nous aueugle encores dauantage. Neantmoins malgré tous ces empeschemens, nous nous connoissons mieux nous mesmes que les autres ne nous connoissent, pource que les autres sont autant aueuglez par l'enuie & par leur propre amour, & sont trauersez par les mesmes empeschemens, sans auoir la commodité de nous reconnoistre, comme nous l'auons. Cela se peut expliquer par l'exemple de nos amis, l'affection desquels leur fait sans doute excuser beaucoup de nos defauts, & leur cache vne partie du mal qui est en nostre esprit: Ce qui n'empesche pas qu'ils ne iugent mieux de nos defauts, que ceux qui ne nous ont iamais veu en particulier, à cause que nostre frequentation ordinaire leur donne plus de commoditez de reconnoistre ce que nous sommes. Les autres qui ne nous voyent que dans la ruë, & qui n'ont iamais pû nous considerer en nostre deshabillé, ne peuuent en iuger que par des apparences trompeuses, & ne peuuent pas penetrer nostre interieur, comme font nos amis. Partant puis que l'affection que nous portent nos amis, ne les peut pas empescher de nous connoistre mieux que les autres. Il faut auoüer que l'affection que nous auons pour nous mesmes, ne peut pas nous empescher que nous ne iugions mieux de ce que nous sommes, que ne peuuent pas faire nos amis. La raison de cela est, que nous auons plus de commodité de nous connoistre, que nous viuons plus familierement auec nous mesmes qu'auec tout autre, & que hors les complimens qu'vn chacun de nous se fait plus souuent qu'il ne faudroit, il y a de certaines heures de familiarité, esquelles nous nous descouurons ouuertement, ce que nous cacherions à nos freres. Quelquefois nous examinons nostre esprit auec chagrin, & auec vne extreme rigueur, puis venans à considerer celuy des autres, nous y voyons des beautez que nous n'auons pas, & que nous voudrions bien auoir. Que s'il arriue que nous nous trompions en faisant cette comparaison, c'est à cause que nous ne connoissons pas si bien les autres comme nous nous connoissons nous mesmes. Nous y faisons consideration de tout ce que nous auons de bon : au lieu qu'vne partie de la vertu des autres nous est cachée. Et il nous arriue en cela, comme à la plusparts des gens de lettres, qui preferent la science dont ils font profession à toutes les autres, pource qu'ils en connoissent toutes les beautez, & ignorent la plus grande partie de celles des autres. Ainsi les auantages que nous prenons par dessus les autres hommes, seruent à esta-

à establir mon opinion, & monstrent que nous auons plus de facilité à nous connoistre nous mesmes, qu'à connoistre les autres, & par consequent que les autres n'en ont à nous connoistre.

Ie ne m'arresteray pas long temps à parler des vertus morales, puis qu'il n'y a que nous mesmes qui sçachions celles que nous auons, & celles que nous n'auons pas. Il n'y a que vous qui sçachiez si vous estes iuste, si vous estes temperant, si vous estes veritablement homme de bien, ou si vous estes vn hypocrite. Les actions de iustice, de chasteté & de moderation que nous faisons, ne sont que de foibles tesmoignages de l'interieur de nostre ame, & bien souuent de fausses preuues de nostre vertu. Des considerations esloignées de nos inclinations, nous peuuent porter à de bonnes actions, & nous faire paroistre fort differens de nous mesmes. Tout le monde estimera qu'vn General d'armée soit courageux, encore qu'il ne le soit pas, pource que la vanité, la temerité, l'esperance & le desespoir, luy font faire les mesmes actions que pourroit faire vn courage genereux, & luy font receuoir des loüanges de tous

Z

ceux qui en iugent par les actions & le[s]
euenemens. Mais il est le seul qui sçache
s'il est veritablement courageux, & si tou[tes]
ses mouuemens sont accompagnez de cet[-]
te constance & de cette égalité d'esprit
qui est necessaire pour le courage. Le[s]
plus timides d'entre les hommes, à forc[e]
de parler hautement, ont passé pour les plu[s]
vaillans, ce n'est pas qu'ils se mesconnus[-]
sent si fort que de se croire vaillans. C'e[-]
stoit la grande connoissance qu'ils auoien[t]
de leur foiblesse, qui les portoit à ce dégui[-]
sement.

A cela on ne nous peut obiecter qu[e]
le prouerbe, qui enseigne qu'vn chacun d[e]
nous est aueugle en ce qui regarde ses de[-]
fauts. Ce prouerbe n'est pourtant poin[t]
fait pour les hommes d'esprit, qui hors cer[-]
taine petites choses à quoy ils ne daignen[t]
pas prendre garde, connoissent mieux leur[s]
defauts que tout autre, quelque artific[e]
qu'ils employent pour se tromper eux-
mesmes. Ils ressemblent en cela aux Me[-]
decins, qui encore qu'ils se flattent en leu[r]
mal, lors qu'ils sont malades, en parlent
pourtant mieux que d'autres Medecins qui
seront plus sçauans. De là vient qu'vn Phi-

losophe ne vouloit pas qu'vn Medecin se peust dire capable de traiter toute sorte de maladie, si premierement, il ne les auoit esprouué. Il vouloit dire, que nous ne pouuons bien iuger que des defauts que nous auons, ny en connoistre la nature & leur remede. C'est sans doute que si le bon Socrate n'eust point eu tous les defauts que sa physionomie descouuroit, & que personne que luy n'auoit peu reconnoistre, il n'eust pas parlé si naïfuement de la nature des vices, & nostre morale luy seroit beaucoup moins redeuable. I'en pourroy dire autant de Senecque, & auec autant de verité. En effect si vn Philosophe n'auoit iamais senty l'enuie & l'amour, ny pas vne de leurs boutades, il n'en comprendroit pas la violence, ny n'en pourroit pas expliquer les moindres mouuemens. Il s'imagineroit que ce sont de petites piqueures, qui ne sont pas à l'espreuue de sa philosophie & de sa resolution. Quelqu'vn me demandera, d'où vient que les honnestes gens ne se corrigent pas de leurs defauts s'ils les connoissent? Ie respons, que bien souuent ils ne le peuuent pas, & que toutes les maladies communes ne sont pas guerissables,

Tout le monde n'a pas tant de pouuoir sur son esprit, & ne sçait pas gourmander ses inclinations, comme faisoit Socrate de qui ie vien de parler. D'ailleurs si les honnestes gens ne se corrigent pas de leurs defauts, c'est qu'ils ne le veulent pas, & qu'ils ne daignent pas en prendre la peine. Les inclinations que nous auons de naissance sont si fortes, & la coustume nous en rend quelques-vnes si familieres, qu'à moins que de viure dans vne contrainte perpetuelle, il nous est impossible de ne les faire pas paroistre. Apres cela l'esperance qu'ils ont que leurs amis les supporteront, les rend negligens à cét esgard, ne croyans pas que le reste du monde, & des personnes à qui ils sont indifferens, ayent droit d'exiger d'eux autant de peine, comme il faudroit qu'ils en souffrissent pour changer leur naturel, iugeans presque aussi raisonnable, que les autres se conforment à leur humeur, comme il seroit qu'ils se conformassent à celles des autres. Sur tout puis que l'approbation & la recompense qu'ils receuroient de tant de contraintes, sont des biens presque imaginaires, & qui ne les touchent pas si fort que le contentement qu'ils ont de se satisfaire eux mesmes. Il y en a qui ne daignent pas se corriger des defauts qu'ils connoissent, s'imaginans que d'autres ne les connoistront pas, & qu'ainsi sans prendre la peine de se reformer au dedans, il suffit de pallier vn peu l'exterieur. Ioinct que ceux des hommes qui excellent par dessus les autres, ont quelque raison de se persuader que la lumiere de leur esprit & de leur vertu esblouit si fort les yeux du reste du monde, qu'on n'apperçoit pas leurs imperfections, ou à tout le moins qu'on est obligé d'excuser des defauts, qui sont recompensez par des vertus si hautes. I'adjousteray pour la fin, qu'il y a beaucoup d'hommes qui aiment leurs defauts, & les doiuent aimer, pource qu'ils aident à les faire valoir, & les font paruenir à leur fin principale.

Ceux-là se trompent bien fort, qui reprochent aux hommes de lettres, la trop bonne opinion qu'ils ont de leur sçauoir. Ce n'est pas que i'entreprenne icy l'apologie de tous ceux qui font profession des sciences, encores moins de ceux à qui elles ont estoufé le iugement, & qui sont aueuglez d'vne si sotte vanité, qu'ils se rendent ridicules à tout le monde. Ie veux seulement dire, que les plus grands hommes qui se meslent des sciences, & à qui elles ont acquis plus de reputation, sont les mesmes qui en ont plus mauuaise opinion. I'en connois qui font beaucoup de monstre de leur sçauoir, qui parlent resolument de toutes choses, & qui semblent admirer tout ce qu'ils disent: lesquels neantmoins n'ont point de sentimens si auantageux d'eux mesmes, que ceux qu'ils veulent persuader aux autres. Car apres auoir vsé de beaucoup de contrainte, & s'estre efforcez d'en faire acroire à tout le monde, ils viennent à despoüiller ce personnage, à se mescontenter d'eux mesmes, & à se despiter contre leur ignorance. Il faudroit qu'vn homme fust bien aueuglé de cette ignorance, s'il ne la reconnoissoit pas, & s'il ne remarquoit que les sciences sont des lumieres que nous ne voyons que de fort loin, & qui ne seruent qu'à nous faire connoistre l'obscurité où nous sommes, & nous donner desir de nous en approcher. C'est ce que ceux qu'on appelle sçauans, & qui sont iudicieux, reconnoissent estre si difficile, qu'il s'est veu de grands personnages souhaiter de n'auoir iamais appris à lire, & defendre à leurs enfans tous autres liures, que ceux qui traitent l'histoire, & les Mathematiques. La contemplation donne si peu de satisfaction aux Philosophes, qu'ils s'y appliquent fort raremēt, & presque toufiours par vanité, ou par necessité, y en ayant fort peu qui n'abandonnassent toutes ces speculations, pour quelque autre sorte d'employ. Encore que vous les voyez seuls, & que vous vous imaginiez qu'ils n'ont iamais de plus petites pensées que l'immensité de Dieu, & l'immortalité de leur ame: ils s'amuseront bien souuent à conter leurs pas, ou à repasser mille fois dans leur esprit quatre mots d'vne chanson mal faite, qu'ils viennent d'ouïr chanter par vne seruante. Si lors il suruient quelqu'vn de leurs admirateurs, il les pressera de dire quel estoit le sujet de cét entretien solitaire, & attribuera à modestie le refus qu'ils en font: au lieu que c'est qu'ils auroient honte qu'vn autre sceust les sottises qui rouloient dans leur imagination, & qui faisoient tout l'entretien de leur solitude, pource qu'en effect ils n'ont pas si bonne opinion de leur esprit, ny de leurs propres pensées, comme en ont ceux qui les frequentent, qui ne les connoissent pas si bien, comme ils se connoissent eux-mesmes.

On accuse aussi tous les autheurs de faire trop d'estime des productions de leur esprit, & de n'estre pas iuges competans de la bonté des liures qu'ils font imprimer, iusques là qu'on les veut contraindre de se tenir tousiours derriere le tableau, & de n'en faire aucun iugement, que celuy qu'ils oyront faire aux autres. Mais pour moy ie suis d'vne bien contraire opinion, ayant experimenté mille fois, qu'il n'y a point de plus seur moyen de iuger de la bonté d'vn liure, que de s'en rapporter au iugement que l'autheur en fait en ses prefaces. Quãd vous le voyez ramasser quantité d'excuses, pour empescher qu'on ne le blasme d'auoir escrit d'vne matiere fort commune, c'est vn tesmoignage que son trauail n'estoit pas fort necessaire, & que le monde s'en fust bien passé. Si vous le voyez tout tremblant de l'apprehension que son liure soit condamné, asseurez vous que cela luy est ineuitable, que c'est sa conscience qui l'accuse, & qu'il ne craint rien que ce qu'il sçait bien auoir merité. Si vous demandez à vn

Poëte, qui mesmes ne soit pas fort iudicieux, quels sont les meilleurs vers qu'il aye iamais fait; & à vn autre autheur, quel est le meilleur endroit de son liure : Ils ne s'y mesprendront iamais, & ne manqueront iamais de commencer par ce qui merite mieux d'estre estimé, encores que quelquefois ces endroits reçoiuét le moins de loüanges; pource qu'ils ne sont pas bien entendus de ceux qui les lisent, s'ils ne sont aidez par celuy qui les a escrit. En effect il n'y a que l'autheur mesme qui puisse bien iuger de son ouurage. Vn autre ira inconsiderément condamner vn liure, qui sera digne de beaucoup de loüanges, à cause qu'il en aura leu les plus belles pensées ailleurs. Mais l'autheur n'en estimera moins son liure, pource qu'en conscience il sçaura bien que ses pensées ne sont point desrobées, & qu'elles sont venuës en son esprit de la mesme façon qu'elles estoient venuës en l'esprit des autres. Comme il est le seul qui puisse sçauoir d'où luy sont venuës ses meilleures pensées : aussi est-il le seul qui en puisse bien iuger, & qui ait droit de le faire. Vn autre le mesprise dés le premier larcin imaginaire qu'il aura descouuert;

au lieu que l'autheur aura raison de s'estimer davantage, dés lors qu'il verra qu'il s'est rencontré en mesme pensée que les plusgrands hommes de l'antiquité, & que son esprit est capable des mesmes choses qui leur ont acquis vne si grande reputation. Que si vous remarquez des fautes dãs vn liure, ne pensez pas qu'elles soient toutes inconnuës à son autheur. Mais plustost asseurez vous qu'il y voit plus de contradictions, & que pour certaines raisons il y laisse plus d'autres fautes qu'il connoist, que tous les critiques du monde n'en sçauroient deuiner. I'excuse encores fort ceux qui ne font imprimer que des recueils & des rapsodies, lors qu'ils les estiment beaucoup. Ils ont raison de l'estimer, pourueu qu'ils ayent iudicieusement choisi les meilleures choses qui estoient esparpillées ailleurs, & nous leur deurions sçauoir gré de ce qu'ils sont si liberaux d'vne chose qui leur couste si cher. En effect cette sorte de liures seroit capable de nous rendre sçauans, si nous pouuions aussi bien que les autheurs, connoistre & discerner toutes les belles choses qui y sont. Ils y voyent des rapports merueilleux, qui nous sont inconnus, & des beautez que nous ne sçaurions descouurir sans leur aide. Ainsi ils sont fort à plaindre du peu de recompense qu'ils reçoiuent de leurs trauaux : ce qui n'est pas tant vn effect de nostre ingratitude, ou de l'enuie qu'on leur porte, comme de ce que tous tant que nous sommes ne pouuons pas reconnoistre ce que valent les ouurages de cette sorte, faute d'en croire le iugement des autheurs, & de se vouloir rapporter à eux de ce qu'ils sont seuls capables de connoistre. Voulez vous sçauoir ce qui en est, ressouuenez vous, s'il vous plaist, qu'il y a peu de gens de lettres qui ne fassent des recueils pour leur vsage, où ils mettent tout ce qu'ils ont leu de meilleur. Ils ne donneroient pas ces recueils pour tous les liures du monde, pource qu'ils leur sont beaucoup plus vtils. Cependant dés que ces recueils sont imprimez, nous les trouuons de la nature des autres liures. La raison de cela est, qu'il n'y a pas vn mot la dedans qui ne fasse ressouuenir l'autheur de ce recueil de quantité de belles choses, que ie neverray pas en les lisant. De là vient encores que tous ceux qui ont estudié, estiment beaucoup plus les escrits de leurs maistres,& ce qu'ils leur ont ouï expliquer, qu'ils ne feroient pas d'autres meilleurs liures, à cause qu'ils n'y discernét pas tout ce qu'il y a de bon, comme ils font dans les escrits, dont leurs maistres leur ont expliqué tous les termes, & toutes les façós de parler. Neantmoins apres tout cela, ils ne cónoissent encores pas si bien la bonté de ces escrits, comme ceux qui les ont faits. C'est qu'il arriue à tous les autheurs de conceuoir l'explication de plusieurs difficultez auec plus de lumiere, que les anciens n'en auoient employé à les expliquer, ce qui les oblige d'en escrire. Que s'ils ne reüssissent pas mieux que les anciens à faire comprendre leur esclaircissement, ce n'est pas qu'ils n'ayent veritablement conceu quelque nouuelle lumiere; mais c'est que leurs paroles ne sont pas si significatiues que leurs pensées. Et ils ne peuuent pas mettre dans leurs liures ce qui suppleoit dans leur esprit, à la signification des termes dont ils se seruent à s'expliquer. Car la plufpart des paroles dont nous nous seruons, nous sont bien plus significatiues, qu'à tout autre, pource que nous les faisons valoir dans nostre esprit tout ce que nous voulons les fai-

sur la Sagesse de Charon. 365

se valoir, & plus qu'elles ne valent dans l'vsage ordinaire, & dans l'esprit de ceux qui lisent nos ouurages, ou qui nous escoutent, lesquels ne peuuent pas si bien iuger de nos trauaux, comme nous mesmes. Ie puis monstrer encores la mesme chose par ailleurs, & par vne experience fort ordinaire. Toutes les fois qu'vn homme iudicieux fait vn liure, il n'y met pas vne parole qui ne serue à l'explication de son sujet, & qu'il ne la iuge vtile ou necessaire pour exprimer entierement sa pensée : & si vous le priez de faire vn abregé de son liure, il ne sçauroit l'auoir fait. Que si cét autheur croit auoir besoin de tant de paroles pour s'exprimer, i'en aurois besoin ~~encores~~ de beaucoup dauantage. Neantmoins si on me donnoit pour l'en ce liure, i'en ferois facilement vn fort petit dre. abregé, où ie m'imaginerois auoir mis tout ce qu'il y auoit de matiere, & y auoir laissé tous les mots qui sont absolument necessaires, & n'auoir retranché que ce qu'il y auoit de superflu. Donnez en suite mon recueil à vn autre, sans luy communiquer le liure dont il aura esté extraict, il verra, à son aduis, dans cét abregé beaucoup de paroles superfluës, & en fera vn autre abregé: c'est à dire, qu'il laissera tout autant de belles choses qu'il s'imaginera auoir retranché de paroles inutiles. C'est par là, & par de semblables considerations, qu'on pourroit faire l'apologie de beaucoup d'autheurs, qu'on accuse d'estimer trop leurs liures, & de ne s'en vouloir pas entierement fier au iugement de leurs amis.

Examen des opinions de Charon, touchant les loix de la Nature.

CHAPITRE VI.

Nous auons appris à l'eschole, que la raison est en tous les hommes, auec des lumieres naturelles, & des connoissances qui les font discerner, ce qui est naturellement iuste d'auec ce que l'opinion a authorisé. C'est ce que i'expliqueray plus clairement cy-apres, ne voulant que rapporter ce que Charon a escrit de cette matiere, & monstrer qu'il a trouué nos sentimens si conformes à la raison, que quelque dessein qu'il eust de les contrarier, il ne s'est pû empefcher d'en faire le principal fondement de fa fageffe, iufques à encherir par deffus ce que nous en difons, & adjoûter de certaines chofes, en faueur de noftre opinion, qui ne font pas au gré de ceux qui la fouftiennent, & d'autres qui ont befoin d'eftre adoucies par quelques explications. Quoy qu'il en foit, nous lifons dans le troifiéme chapitre de fon fecond liure, que le reffort de la vraye fageffe eft la Nature, laquelle oblige tout le monde de fe reigler felon elle, puis qu'elle nous enfeigne la vraye prud'hommie. Il dit que Dieu a mis en tout homme vn reffort interne de fageffe, à laquelle l'homme ne peut renoncer fans ceffer d'eftre homme. Il adjouste que la reigle de vertu eft la Nature, c'eft à dire, cette equité & raifon vniuerfelle, qui efclaire & reluit dans vn chaqu'vn de nous: de forte que qui la fuit, agit felon Dieu, puis que c'eft la loy premiere & fondamentale qu'il a mis au monde. Cette loy eftant effentielle & naturelle en nous: d'où vient qu'elle eft appellée nature & loy de nature, qui ne peut eftre efteinte ny effacée, fans qu'il nous faille chercher autre reigle dans le monde, puis que nous l'auons au dedans de nous, & nous la trouuerions si nous voulions nous taster & escouter. De là vient que la Theologie nous enseigne, que les Gentils font naturellement ce qui est de la loy, pource qu'ils l'ont escrite en leur cœur: le Decalogue, & ces loix de diuers peuples n'estans que des copies publiques & particulieres, & des extraicts de cét original que nous auons & sentons au dedans. Ce sont des ruisseaux qui viennent d'vne source bien plus excellente & plus viue. De sorte que ces loix externes doiuent estre examinées au niueau de la Nature, qui est en tous les hommes, & qui s'y maintient forte & inuincible. D'où vient que ces sages disent, que bien viure est suiure cette Nature, entendans par là l'equité & la raison, qui contient les semences de toutes ces vertus, & qui est la matrice de toutes ces bonnes & belles loix, & des equitables iugemens, que mesmes les idiots prononcent, donnans à tous vn mouuement au bien, & à la fin qu'ils doiuent cercher.

Apres tant de choses dites à l'auantage de nostre nature, que restoit-il à Charon, que de nous particulariser vn peu les enseignemens

gnemens de cette nature, & de nous dire quelles sont ces loix, afin que nous les puissions suiure. C'est pourtant ce qu'il est bien esloigné de faire, employant toute la suite de ce chapitre, à monstrer que le principal fondement de sagesse, lequel il auoit posé, est vn fondement imaginaire ; qu'encores qu'il y ait des hommes au monde, neantmoins leur nature n'y est plus, & qu'il ne s'y en reconoist plus rien en nous. Il adjouste, que ces loix qu'il nous veut obliger de suiure, ne sont plus, & qu'il n'y en a point du tout. Que s'il y en auoit, nous les ensuiurions d'vn commun consentement : toute nation, & tout homme particulier les approuueroit. Cependant il n'y a chose au monde qui ne soit contredite, ny rien de si estrange qui ne soit authorisé par l'vsage. Il dit en suite, que toute cette Nature, de laquelle il auoit dit tãt de bien, & laquelle il disoit estre en tous les hommes, n'est point en effect. Il n'en reste, dit-il, ny trace, ny image. Il n'y a que les bestes où on la puisse trouuer, & encores aux plus sauuages, qui n'ont point esté corrompuës par nostre frequentation, n'y ayant que l'homme qui ne suiue pas la Nature, & qui la trouble par son bel esprit, & son libre arbitre, & par le moyen des sciences, desquelles il fait profession. Il veut que nostre nature soit destruite par nostre raison, encores qu'il eust dit deuant & apres, que suiure la Nature est suiure la raison, & que c'est la vraye nature & perfection de l'homme de suiure cette raison, à laquelle il doit conformer sa volonté, ce qui est, dit-il, tres-facile aux vns, qui d'eux mesmes se portent au bien: les autres en ont vne auersion monstrueuse, laquelle se peut pourtant corriger, & estre ramenée à la vraye Nature par l'estude de la Philosophie, & de ces autres sciences, dont il ne se souuient pas qu'il auoit dit tant de mal, comme si elles eussent estoufé & renuersé nostre nature, au lieu de la restablir.

C'est ainsi que cét autheur s'est contrarié, sans auoir dessein de le faire, toutes ces contradictions ne s'estant rencontrées que fortuitement en ce Chapitre, & à cause qu'il a esté transcrit de diuers autheurs, & qui tenoient des opinions differentes. Dés le premier liure, il nous auoit asseurez, que ce n'est point la nature des choses qui nous remuoit l'ame, mais seulement l'opinion, pource que la verité & la nature des choses n'ont point d'entrée chez nous, autrement elles seroient receuës de tous: vne chose n'ayant de sa nature plus de verité, ny plus de raison qu'vne autre qui luy sera contraire; mais elle les reçoit de nostre imagination, comme les habits n'ont autre chaleur que celle qu'ils reçoiuent de nous.

Pour refuter tout cela, ie n'aurois qu'à dire, que suiuant la confession de Charon, il y a en tous les hommes vne nature & vne raison vniuerselle, qui y est escrite, & qui s'y maintient forte & inuincible, & à laquelle l'homme ne peut renoncer sans cesser d'estre homme. Mais pource que ie n'ay iamais pû approuuer la coustume de ceux qui s'imaginent auoir bien refuté l'opinion d'vn autheur, lors qu'ils l'ont refuté par ses propres sentimens & ses contradictions: Ie m'efforceray d'establir l'opinion commune par d'autres moyens plus seurs. Ce sera le sujet des Chapitres suiuans, voulant employer celuy-cy à l'examen de quelques absurditez que Charon a voulu insinuer en traitant cette doctrine. La premiere est l'opinion qu'il a conceu des bestes, &

Aa ij

l'aduertissement qu'il nous donne d'apprendre d'elles à viure selon nature, puis qu'elle ne se trouue que dans les bestes les plus sauuages.

Pour renuerser cette opinion, il ne faut que considerer, que la raison est à proprement parler ce qui constitue la nature de l'Homme, & ce qui la distingue des bestes: d'où il est euident que cette Nature ne peut pas se rencontrer où elle n'est pas, ny en des animaux qui n'ont pas de raison. Quand ils en auroient, elle y seroit plus imparfaite qu'aux hommes, & il leur manqueroit le degré qui constitue nostre nature.

Apres cela vous deuez considerer, que si vous ne prenez ce mot de Nature en general pour la prouidence de Dieu, & pour l'ordre qu'il a establi au monde: que cette Nature prise ainsi generalement, n'est point vn estre reel qui subsiste, mais seulement vn terme de Philosophie, qui ne nous sert qu'à exprimer des pensées confuses. La raison de cela est, que tout ce qui subsiste au monde, a son estre determiné, & sa nature particuliere, differente de celle des autres. Ainsi les diuerses especes d'animaux ont necessairement des inclinations differentes, qui constituent tellement leur nature, que ce qui est naturel à vne espece, ne l'est pas à l'autre. De sorte que ce seroit renuerser la Nature de vouloir que les bestes se conforment à nous, ou que nous conformions nostre nature à celle des bestes: pource qu'outre certaines inclinations generales, tout ce qui est naturel à vne espece, est contre la nature de l'autre. Cela se monstreroit bien euidemment dans les bestes, si nous pouuions penetrer iusques à la connoissance des differences specifiques, qui determinent chaque espece. A faute de le pouuoir faire, il faut s'arrester à ce qui nous en paroist, & aux choses exterieures, qui nous enseignent que les inclinatiõs des bestes ne sont pas seulement diferẽtes, mais qu'elles sont côtraires. Les vnes aiment la lumiere, & se réjouissent à son approche; les autres ne sortent que de nuit. Quelques animaux sont dans vn perpetuel assoupissement, les autres dans vn remuëment presque perpetuel. Les vns sont naturellement enragez, les autres ont vn abrutissement particulier. Les Tigres nous fournissent des exemples de cruauté, &

les Asnes de patience. Certains oiseaux ont vne inclination pour la lubricité, & les autres pour la continence. Les Chiens remangent ce qu'ils ont vomi, encores que nos esprits forts ne sçauroient y auoir touché sans horreur. Les Pourceaux ont vne inclination pour les ordures. Les Chats pour la chasse des Souris. Les Moucherons pour le vin, & les Estourneaux pour la ciguë, qui seroit vn poison aux hommes. Ainsi puis qu'il n'y a point deux especes de bestes, qui ayent les mesmes inclinations naturelles, il nous est impossible de les imiter toutes, & d'auoir en mesme temps des inclinations contraires. De sorte que Charon estoit obligé, au moins pour acheuer les preceptes d'vne parfaite sagesse, de nous nommer les bestes qu'il nous propose en exemple, & de nous dire si ce sont les Tigres, les Pourceaux, ou les Moucherons, qu'il veut que nous imitions. Il s'est contenté de dire, qu'il faloit imiter les animaux les plus sauuages, & apprendre d'eux à viure, selon la droite raison. Peut estre vouloit-il parler des poissons. Car c'est vne sorte d'animaux fort difficiles à appriuoiser, & que nous n'auons encores point corrompus par nostre frequentation. Toutes les autres bestes les plus sauuages, ne peuuent pas nous enseigner quelles sont nos inclinations naturelles, puis qu'elles sont ennemies de cette societé, pour laquelle les hommes ont tant d'inclination. Il faudroit renoncer à tous les aduantages que nous receuons de cette societé, seulement à cause qu'elle nous empesche d'estre conformes aux bestes sauuages, de qui Charon veut que nous apprenions les reigles de bien viure, & le droit vsage de nostre raison. Cela nous doit faire abandonner tous les deuoirs de l'humanité, la pratique de toutes les vertus, pour nous exercer aux rapines, aux meurtres, & aux autres violences. Il nous faudroit fuir la lumiere, & la liberté de l'air que nous respirons, pour nous cacher tout le iour dans vne cauerne, ou dans le plus obscur d'vne forest, attendant que la nuict fauorise la cruauté de nos desseins, & authorise vne guerre, qui ne nous est point naturelle, mais qui l'est tant à cette sorte de bestes, que les Romains en emprunterent le nom, dont ils expriment la guerre. Ce ne sont pas seulement les bestes de differente espece, qui se battent, &

Aa iiij

qui se tuënt, ce sont bien souuent celles de mesme espece. Ie sçay bien que nos Aduersaires s'opiniastrent à nier ce que ie vien de dire, pource que cela ruine le seul fondement que puisse auoir leur opinion. Ils soustiennent qu'il n'y a que les hommes qui se destruisent les vns les autres, nous voulans faire croire que nous n'auons iamais veu les bestes, qui sont de mesme espece, s'entrebattre, lors qu'elles ont leur pasture à partager, ou que les obiects de leur amour, leur donne de la ialousie. Nous en voyons tous les iours qui mangent leurs petits tous viuans, & qui n'attendent pas d'estre fort incommodez de la faim, pour en satisfaire leur appetit. C'est ce qu'elles n'ont point appris par la frequentation des hommes. Vous pouuez adjouster à cela ce qu'vn grãd personnage a escrit des Chiens, lesquels semblent n'auoir d'enuie ny d'inimitié que pour d'autres Chiens. La conuersation qu'ils ont auec nous d'ordinaire, ne les a encore point corrompus. Nous ne les auons point infectez de nos coustumes. Ils ont si peu profité en nostre Eschole, qu'ils ne sçauent que c'est de ciuilité ny d'hospitalité, iusques là qu'ils ne veulent pas souffrir que d'autres Chiens s'approchent de leurs fumiers, ou passent seulement deuant la porte de leurs Maistres.

S'il nous faloit imiter les autres animaux, il nous faudroit engager à rendre aux bestes les mesmes seruices qu'elles nous rendent, endurer qu'elles nous enfermassent, qu'elles nous mal-traitassent, qu'elles nous fissent boire & manger à leurs heures, principalement il faudroit renoncer à cette grande inclination que nous auons de sçauoir toutes choses, & à cét ardent desir que nous auons pour les sciences, qui nous est pourtant si naturel, qu'il seroit impossible de l'arracher de nostre esprit. Il faudroit encore renoncer à nostre principale fin, & à cette forte inclination naturelle que nous auons de connoistre Dieu, & de l'admirer en ses ouurages. Il faudroit que nous employassions toute nostre vie à satisfaire les appetits du corps, sans auoir aucun soin de nostre ame, qui fait pourtant la meilleure partie de nostre Nature.

Nous ne sçaurions imiter les bestes, sans nous abandonner à toutes sortes de vices, pource qu'il semble que l'idée en soit aux bestes, & que ce fut d'elles que les premiers hommes apprirent la luxure, la violence, la cruauté & la gourmandise, & qu'ils empruntérent le reste de leurs inclinations vicieuses. Et peut estre que de là est venuë l'opinion de Platon, qui croyoit qu'apres la mort, les ames des vicieux estoient confinées dans les corps des bestes, dont elles auoient imité les inclinations pendant la vie.

Cette matiere se pourroit estendre bien loin, sans qu'elle se puisse estre contrariée par aucune obiection raisonnable. Car ce qu'on nous obiecte de l'Escriture n'est du tout point à propos. Ie sçay bien que certains hommes y sont exhortez à la preuoyance, par l'exemple des Fourmis, qui est vne exhortation adressée à certaines personnes vicieuses, qui ne se seruans de leur raison que pour en abuser, & ayans estoufé tous les sentimens de leur nature, elles ont besoin de l'estudier ailleurs. Ioinct que cette preuoyance que nous voyons dans vne action particuliere des Fourmis, ne vient pas de leur nature, mais de l'instinct & d'vne prouidence Diuine, laquelle nous sommes obligez d'admirer sur quelque subjet qu'elle s'exerce. I'aduoüe bien encore qu'il y a dans les bestes de certaines retenuës, dont beaucoup d'hommes ne sont point capables, de sorte que pour faire honte à ces gens-là, l'Escriture leur propose de certaines choses à imiter dans les bestes, encores qu'elles se rencontrent plus parfaitement en certains hommes.

La seconde absurdité se peut inferer des preceptes de nostre Aduersaire, & des enseignemens qu'il donne à tous les hommes, qui veulent paruenir à la vraye sagesse, de suiure leur nature, sans se soucier des opinions, qui est dire à vn bon entendeur, qu'il fera bien de suiure ses inclinations particulieres, fussent-elles fort vicieuses, sans s'arrester au iugement du monde qui les condamne, ny à nostre raison qui se peut tromper en ne les approuuant pas. Io ne sçaurois pourtant croire qu'il ait eu vn sentiment si estrange, puis qu'outre quantité d'autres considerations qu'vn bon esprit comme le sien, pouuoit facilement s'imaginer : vn chacun iugera facilement, qu'il arriueroit beaucoup de malheurs & de confusions sur la terre, si cette opinion y estoit receuë. Vn homme sage ne pourroit pas y viure heureux, si vn chacun suiuoit ses inclinations, & les mettoit en pratique. On seroit exposé à la violence des larrons, des luxurieux, & des meurtriers. Ceux qui ont assez d'ambition & de force pour asseruir les autres hommes, feroient reuenir l'esclauage au monde. Ce qui causeroit vn grand desordre, & nous reduiroit aux mesmes extremitez, qui firent anciennement establir des loix & des coustumes, côtre lesquelles Charon s'offense aussi fort, comme si elles nous ostoient toute nostre liberté. Elles seroient pourtant necessaires, afin de la maintenir, & pour nous faire viure en repos, & auec la satisfaction qu'on se peut proposer de la sagesse, laquelle ne trouueroit point de place au monde, si vn chacun de nous s'abandonnoit à ses passions particulieres.

La troisiesme absurdité que Charon a voulu insinuer, c'est que les sciences estouffent la nature de l'homme, & ses bonnes inclinations : ce qui ne peut estre veritable, puis que toutes les sciences seruent à produire les inclinations de l'homme, ou à les perfectionner. La Theologie, la Iurisprudence, & la Philosophie morale, ne sont enseignées à autre dessein qu'à nous monstrer quelles doiuent estre nos inclinations, auec la façon de les conformer à la raison, & de corriger les vices qui renuersent nostre nature. Les autres sciences nous facilitent l'inclination naturelle que nous auons pour les connoissances, outre qu'elles la font paroistre en son iour, lors qu'elles déuelopent nostre nature spirituelle de la grossiereté de la matiere qui l'estoufoit. Ainsi ceux-là ont beaucoup de raison, qui soustiennent que les sciences perfectionnent nostre nature, de la mesme façon que la culture des Plantes les conserue en leur nature, & leur en facilite la perfection. Nos Aduersaires respondent, que les Plantes perdent beaucoup de leur beauté naturelle par le moyen de la culture que nous y apportons, & que ce n'est qu'à nostre égard qu'elles s'en rendent plus belles & plus parfaites. Mais l'experience monstre qu'ils se trompent, puis que ce sont les vertus les plus naturelles des Plantes, qui se perfectionnent par la culture. Elles en vegetent plus parfaictement. Elles se nourrissent mieux, croissent mieux, produisent de plus beaux fruicts, & en plus grande abondance. Et c'est sans contredit, que s'il y auoit dans les Plantes, outre ces trois facultez, quelque autre vertu naturelle, elle se perfectionneroit tout de mesme par la culture, & par le soin que nous en auons, qui est tellement necessaire à certaines plantes, comme aux vignes, à celles qui portent le bled, & à plusieurs autres; que sans cette culture, elles auroient de la peine à subsister, & à conseruer leur nature en son integrité, & ne pourroient faire que fort mal leurs actions les plus naturelles.

Que les loix ne laissent pas d'estre naturelles, encore qu'elles ne soient pas receuës vniuersellement par tous les hommes.

Chapitre VII.

IE croy vous auoir assez fait connoistre iusques à present, que mon dessein n'est pas de faire en ce traicté, vne rapsodie de tout ce que i'ay de lecture, ny de transcrire ce que les autres ont suffisamment expliqué. Ie le veux tesmoigner plus ouuertement en cét endroit, où ie pourrois m'estendre presque à l'infiny, si ie voulois rapporter tout ce que les autheurs ont escrit, touchant le droit naturel & les loix naturelles, puis que les Iurisconsultes en ont escrit fort au long. Les Theologiens ont basti de grands commentaires sur la seconde partie de la somme de Theologie, où cela est expliqué : outre quantité de gros volumes qu'ils ont composé separement, du droit, de la Iustice, & des loix en general. C'est là dedans que ceux qui aspirent à vne profonde doctrine, trouueront dequoy se contenter, & dequoy conuaincre tous les contredisans. Mais pour moy, qui n'escris que pour des personnes qui apprehendent qu'on leur en fasse acroire, & pour les demy-sçauans, ie veux poser l'estat de la question, tant que nos Aduersaires le contestent. Ainsi ie ne veux pas definir les loix de la Nature, comme si elles estoient ce qui nous est commun auec les bestes, de mesme que par les Iurisconsultes, ny dire auec les Philosophes, que la loy de nature est vne lumiere de la droite raison, par laquelle nous difcernons naturellement ce qui eſt bon en ſoy d'auec ce qui ne l'eſt pas, ce que l'on doit aimer d'auec ce que l'on doit haïr. Ie n'appelle maintenant loy naturelle, que de certaines maximes qui ſont conformes à la raiſon & à noſtre nature, leſquelles on diuiſe communemét en principes, & en concluſions generales. Car les concluſions particulieres, qui varient ſelon la varieté des circonſtances, ne meritent pas d'eſtre appellées loix naturelles, quelque verité qui s'y rencontre quelquefois, mais auec moins d'euidence à noſtre égard. C'eſt que l'entendement des hommes a tellement eſté obſcurci par leur faute, qu'il ſe trompe ſouuent dans les applications particulieres, encore qu'il voye euidemment la certitude des premiers principes, & des concluſions generales qui en ſont tirées immediatement, ſoit pour la theorie des choſes, ſoit pour la pratique. Ce ſont ces dernieres que i'appelle icy les loix naturelles, leſquelles perſonne ne reuoqueroit en doute ſans vne vieille obiection, qui a eſté renouuellée par Charon en diuers lieux de ſon liure, où il nous aduertit, que la Nature eſtant vne, & vniforme,

sur la Sagesse de Charon. 385

forme, il faut qu'vne loy soit vniuersellement approuuée de tout le monde, pour croire qu'elle soit naturelle. C'est d'où il conclud, qu'il n'y a point de loix naturelles, puis qu'on ne luy sçauroit apporter aucun exemple de loy, qui ne soit contrariée en quelque nation, par vne autre loy qui y est approuuée. Pour respondre à cette obiection, & en faire voir la foiblesse, i'apporteray cy-apres quantité de loix, qui ont esté vniuersellement reconnuës. Mais maintenant ie veux faire voir, qu'il n'est pas absolument necessaire qu'vne loy naturelle soit approuuée de tous les hommes: ce qui est bien facile, puis que toute la force de l'obiection de nos Aduersaires consiste en cette proposition, *Que toute verité naturelle, & qui a son fondement en la Nature, est également receuë de tous les hommes.* Mais cette proposition est tellement fausse, que hors l'opiniastreté de nos Aduersaires, elle ne meriteroit pas que ie m'y arrestasse. I'espere le faire auoüer à tous ceux qui auront tout ce qu'il faut de patience pour lire ce Chapitre tout entier jusqu'à la fin.

Premierement, puis que suiuant les sentimés de Charon, la Nature nous môstre que

Bb

toutes choses sont également iustes & equitables, & qu'elles ne sont discernées que par l'opinion, il s'ensuiuroit que tout le monde deuroit auoir mesme sentiment, & condamner également toutes les loix & toutes les coustumes, pource qu'elles contrarient toutes cette Nature, qui nous met dans vne indifference de toutes les mœurs, & de toutes les instructions de la morale.

Secondement, s'il estoit vray que tout ce qui est naturel, doiue estre également reconnu, il s'ensuiuroit qu'en toute matiere contradictoire, vne mesme proposition seroit égalemẽt receuë de tout le monde, ce qui est tres-faux & tres ridicule. Par exemple, la pluspart des ~~autheurs~~ Philosophes ont creu que la terre estoit immobile dãs le centre du monde, au lieu que maintenant beaucoup croyẽt qu'elle n'est ny immobile, ny dãs le centre du mõde. Il est impossible que l'vne & l'autre opiniõ soit veritable, puis qu'elles sont contradictoires. Il est outre cela impossible, que l'vne de ces opinions ne soit veritable, ne soit naturelle, & n'ait vn veritable fondement en la Nature de la terre. De sorte qu'il s'ensuiuroit, suiuant le discours de Charon, que de ces deux propositions, celle qui a son fondement en la Nature, deuroit estre receuë vniuersellement de tout le monde, ce qui n'estant pas, tesmoin l'experience, il faut conclure, qu'vne verité ne laisse pas d'estre naturelle, encore qu'elle ne soit pas receuë vniuersellement.

C'est encore vne question Physique, de sçauoir si le lieu naturel du feu elementaire est au dessus de l'air, les vns soustenans qu'il y est, les autres qu'il n'y est pas. Ainsi il ne peut y auoir qu'vne de ces deux opinions, qui ait fondement en la Nature; cependant il me seroit fort difficile de dire, laquelle est maintenant la plus approuuée. Et posé qu'il n'y ait point de feu elementaire, il est certain que l'opinion que nous en auons, n'est pas capable d'en faire vn, non plus que l'opinion de quelques Modernes, n'est pas capable d'empescher qu'il n'y en ait. De mesme il est necessaire, ou que l'air soit chaud de sa nature, ou qu'il ne le soit pas, neantmoins les sentimens des Philosophes ne conuiennent point en cela. De sorte que s'il est chaud en effet, toutes les opinions qu'on en peut auoir, ne sont pas suffisantes pour empescher qu'il ne soit chaud de sa nature. Aussi est ce vne grande folie de vouloir reigler la verité naturelle des choses par l'opinion que les hommes en ont, au lieu de reigler les opinions par ce qui nous paroist de la nature des choses. Sur tout Charon, qui s'estoit declaré l'ennemy iuré de l'opinion, se fait grand tort de vouloir que l'opinion soit la reigle de la verité & de la nature des choses.

En suite de ces exemples, il me faudroit transcrire toute la Physique, pour faire voir qu'il n'y a point de veritez naturelles, qui n'ayent esté contredites par quelque Philosophe. Les vns ont dit, que le feu n'estoit pas chaud ; les autres, que la neige estoit noire. Et i'en connois de fort sçauans, qui disent encore à present, que l'eau boüillante n'estoit pas chaude, & qui le croyent comme ils le disent. C'est ce qui nous mostre l'importunité de tous ceux qui veulent que toute verité naturelle soit également receuë de tout le monde, puis que par malheur toutes les veritez de la Physique ont esté contrariées. Il est vray que dans la Morale nous trouuerons quantité de loix & de maximes, qui n'ont iamais esté contredites, ny affoiblies par aucune exception, ce qui acheuera de ruiner l'obiection de nos Aduersaires.

Pour bien en comprendre la foiblesse, il faut sçauoir qu'elle est desrobée des Stoïciens, qui se trouuans aussi empeschez à destruire les sentimens naturels du plaisir & de la douleur qui se rencontre en tous les hommes, que le peuuent estre nos Aduersaires, à estoufer les sentimens naturels que nous auons de la Diuinité, ils se seruirent du mesme raisonnement, comme on peut lire dans Seneque, & ailleurs. On y verra que l'apprehension de la mort & des douleurs n'est point naturelle: que ces choses sont d'elles-mesmes, & de leur nature indifferentes, qu'elles n'ont de mal que le nom & l'opinion, que les infirmes s'opiniastrent d'en auoir. Pour prouuer toutes ces extrauagances, les Stoïciens se seruent de la raison, que i'ay dit que Charon auoit emprunté d'eux. Ils disent que les choses paroissent tousiours, & au iugement de tout le monde, ce qu'elles sont en leur estat naturel, comme la terre est tousiours seche, l'eau tousiours froide, & que tout le monde en a la mesme opinion. Mais, disent-ils, il n'en est pas ainsi des gesnes & des supplices. Ce ne sont que des noms & des paroles que les sages sont obligez de mettre en indifference sans les apprehender. Leur raison estoit, qu'il y a eu des hommes qui l'ont creu ainsi. Mais pource qu'on n'eust pû nier que personne peust estre de cette opinion, ils le prouuent premierement par les enseignemens de leur secte qui le publioit ainsi. Secondement, par l'experience de ceux qui l'auoient tesmoigné dans les occasions. D'où ils inferoient que c'estoit veritablement leur opinion, puis que ces deux seuls moyens qu'on pouuoit auoir de iuger de leur creance, sçauoir les paroles & les actions, s'accordoient en cela, & confirmoient aux autres hommes ce qui estoit de leurs sentimens. Ainsi encore que l'auersion naturelle que nous auons pour cette sorte de maux, fasse croire à beaucoup de nos Aduersaires, que les Stoïciens se contentoient de faire bonne mine, neātmoins nous sommes obligez de croire, qu'au dedans ils estoient persuadez de l'opinion, laquelle ils tesmoignoient par tant d'exemples de patience. Et c'est purement deuiner que de les accuser de feintes en ces occasions, & comme reproche

Charon, iuger des opinions d'autruy par les nostres, & reigler tout le monde à nostre sentiment. Si ce moyen est receuable, ie diray à nos Aduersaires, que les loix que nous auons en France, sont également approuuées de tous les peuples de la terre, que par tout l'inceste & le larrecin, ont semblé de fort grands crimes, & qu'encore que certaines nations les ayent authorisées par coustume, elles en auoient toute la mesme opinion que nous en auons, laquelle elles dissimuloient, à cause de certaines considerations. C'est ce que Charon n'eust pas voulu accorder. De sorte que ie suis fort excusable, si ie croy que les Stoïciens ont eu veritablement ces opinions, puis que tous les moyens qui me restent pour en iuger, me portent à faire cette conclusion, que ces gens-là n'ont iamais creu que la mort & les douleurs fussent des maux veritables. Ils le prouuoient par la mesme raison, dont Charon se sert, pour monstrer qu'il n'y a point de loix naturelles: ce qui me suffit pour faire voir que la raison de Charon ne vaut rien du tout, puis qu'elle sert à monstrer l'indifference du mal & du bien, du plaisir & de la douleur, & a autant ou plus de force pour l'opinion ridicule des Stoïciens, qu'elle n'en a pour celle de nos Aduersaires.

Charon croyoit aussi bien que moy, que la mort estoit mal, & que la douleur n'est pas si naturelle que le plaisir, ce qu'il ne pouuoit pourtant pas soustenir, suiuant ses principes, puis que tout le monde n'en a pas esté d'accord, & que sa creance a esté contredite par quantité de Philosophes, qui meritent autant d'estre creus que luy. Ce seroit se mocquer d'vn criminel qui apprehenderoit la roüe, que de luy aller dire, suiuant les maximes que Charon est obligé d'auoir, que les coups de barres ne font du tout point de mal; qu'Anacharsis, qui estoit vn grand personnage, l'auoit ainsi iugé, que toute vne secte de Philosophes bien sages & bien iudicieux, ont enseigné dans leurs Escholes, que nostre corps doit naturellement auoir de l'indifference pour la vie & pour la mort, pour le plaisir & pour la douleur : pource que s'il nous estoit naturel de souhaiter plustost l'vn que l'autre, tout le monde l'auroit ainsi creu. Ce qui n'estant pas, il est iniuste que l'opinion que nous en auons, preuale sur celle de tant de grands hommes, qui en auoient vn sentiment tout contraire. Ie croy pourtant qu'il n'y a point de miserable, qui ne se faschast d'estre traité de cette sorte. D'où on peut voir, que ceux qui se seruent de cette raison, pour monstrer que nos loix ne sont pas plus iustes que celles des Sarrazins, ont grand tort de n'en reconnoistre pas la foiblesse.

Mais dira quelqu'vn, encores que l'opinion des Stoïciens soit ridicule, & par consequent que la raison par laquelle on l'infere, ne puisse pas estre bonne, cependant les exemples qu'ils apportent pour monstrer que les choses naturelles sont tousiours les mesmes, ne laissent pas d'estre tirées d'experiences fort veritables, comme ce que Seneque dit, que la terre est tousiours seiche, & que l'eau est tousiours froide, & que tout le môde est de la mesme opinion. Ie respons, que quand les Stoïciens auroient fourni à nos Aduersaires quelques exemples de certaines choses naturelles, qui fussent tousiours en mesme estat, il ne s'ensuiuroit pas que tout ce qui est naturel fust tousiours d'vne mesme sorte. Seulement on pourroit conclure, que certaines choses naturelles ne reçoiuent point de changement, sans tirer à consequence pour tout le reste. De fait, si vne chose ne pouuoit estre naturelle qu'auec la condition que posent nos Aduersaires, il faudroit dire, qu'il n'y a point de stature qui soit naturelle parmy les hommes. Ainsi tout ce que nous auons de Geans, de Nains, de Boiteux & de Bossus, auroient raison de nous dire, que leur estat est aussi naturel que le nostre; que s'il y auoit vne certaine mediocrité de taille qui fust naturelle, elle se rencontreroit en tous les hommes. Par la mesme raison on pourroit soustenir, que la santé n'est pas plus naturelle que la maladie, & que la folie est aussi naturelle que le bon sens. Secondement ie respons, que sous la Lune il est non seulement impossible de rencontrer aucune chose naturelle, de laquelle tous les hommes ayent la mesme opinion : mais aussi qu'il n'y en a point qui ne soit sujette au changement, & qui soit tousiours la mesme. Ce n'est pas que la Nature n'ait ses reigles qu'elle se prescrit à elle mesme, comme elle nous en prescrit: ce qui n'empesche pas qu'il n'arriue des exceptions & des monstres en la Nature particuliere de quelques indiuidus, qui pour cela ne destruisent pas la Generalité des maximes de la Physique. Ie n'en veux point d'autres exemples que ceux de Senecque, lesquels ne peuuent pas seruir à son dessein. Vn chacun de nous ayant experimenté que l'eau n'est pas tousiours froide, que la terre n'est pas tousiours seche, & qu'elle est souuent humectée par le meslange de son contraire. De façon que puisque des choses si naturelles, comme sont la froideur à l'eau, & la secheresse à la terre, reçoiuent du changement par le moyen de leurs contraires. Il ne faut pas trouuer estrange si les loix naturelles, & qui ont fondement en la Nature, souffrent des changemens, & sont trauersées en nostre esprit par le meslange des opinions qui leur sont contraires. Nostre Nature a bien de certaines inclinations, qui la portent à suiure plustost vne chose qu'vne autre. Mais ces inclinations sont bien souuent estouffées par les preiugez, & par les fausses opinions qui y sont introduites par la force de nos passions, ou par la tyrannie des temps & des Princes, qui changent le sentiment que nous deurions auoir des veritez morales.

Elles nous portent à des mouuemens contraires aux bonnes inclinations, qui sont restées en nostre Nature. C'est ce qui a introduit la desbauche, le libertinage, & l'Atheisme, contre les sentimens naturels que nous auons de la Diuinité, de la temperance, & de quelques autres vertus.

Quelqu'vn m'obiectera, que veritablement il y a des sentimens naturels, & des inclinations naturelles, mais que puis qu'elles font place à d'autres inclinations contraires, il semble impossible de discerner ce qui est naturel d'auec ce qui ne l'est pas. Ie respons, que lors qu'il n'est question que des connoissances naturelles, il n'est pas impossible aux hommes, qui se voudront seruir de toute leur raison, de discerner quels sont les enseignemens de la Nature, & de les distinguer d'auec ce qui les contrarie.

Par exemple, il n'est pas impossible aux hommes de discerner si la connoissance de Dieu, & l'inclination à le seruir, leur sont plus naturelles que l'Atheisme. Pour le discerner, nous n'auons qu'à nous seruir des mesmes moyens dont nous nous seruons, pour reconnoistre quelle est la qualité naturelle de l'eau, ou de quelqu'autre corps.

Le premier moyen, est la consideration que nous faisons, qu'encores qu'il y ait beaucoup de sources chaudes, & des eaux boüillantes, il y en a, sans comparaison, dauantage de froides, ce qui nous fait conclure, que le froid est naturel à l'eau, & que le chaud ne luy suruient que par accident. C'est ainsi que nous deuons dire, qu'encores qu'il soit peut estre veritable que Diagoras, & deux ou trois autres, à force d'vser de mauuais raisonnemens, ayent estoufé les sentimens qu'ils auoient de la Diuinité, qu'il ne faut pas conclure que ces sentimens ne fussent pas naturels. Ce n'est pas que ie croye que ces gens-là fussent veritablement Athées, mais ie veux dire, qu'encores qu'ils l'auroient esté, nous serions tousiours receus à soustenir, qu'ils estoient des Monstres en la Nature, & des exceptions si petites, qu'elles seruent à nous confirmer, que le sentiment de Dieu est naturel. Nous sommes maintenant desabusez du rapport de certains voyageurs, qui faute d'auoir assez conuersé auec vn des peuples de l'Amerique, s'allerent imaginer qu'il ne connoissoit point de Dieu. Nous sçauons que ce peuple, aussi bien que les autres, a vne connoissance confuse d'vne puissance souueraine, laquelle preside à la conduite du Monde. Cependant quãd vne Nation toute entiere ne connoistroit point de Dieu, cela ne derogeroit point à la generalité de nostre maxime, & n'empescheroit pas que le sentiment que nous auons de Dieu, ne soit naturel. Ma raison est, que cette Nation seroit si petite, en comparaison de tout le reste du Monde, que son ignorance ne nous doit pas en cela estre plus considerable, que le fut aux Anciens Anatomistes, la teste des Macrocephales. C'estoit vne Nation où l'on ne voyoit que des testes, dont la figure estoit monstrueuse, ce qui n'empesche pas qu'il n'y ait vne figure de la teste qui est naturelle, où le cerueau est plus commodement logé, & où il exerce mieux ses fonctions naturelles. C'est d'où on peut inferer, qu'encores qu'vne loy & qu'vne reigle soient trauersées par de grandes exceptions, elles ne laissent pas d'estre naturelles, nonobstant ces exceptions, & les contradictions qu'on leur oppose.

Un autre moyen que nous auons, pour connoistre que la froideur est naturelle à l'eau, c'est de considerer que l'eau ne s'eschaufe que par violence, & par l'impression qu'y fait quelque corps exterieur. Mais elle se refroidit d'elle mesme sur tout lors qu'elle reçoit vn peu d'aide de l'air qui l'enuironne: Encores qu'elle s'en puisse bien passer, resmoin ce degré de froideur qu'elle acquiert par dessus la froideur de l'air, par où nous concluons qu'elle a vne inclination naturelle au froid. Tout cela se peut appliquer au sentiment que nous auons de Dieu. Vn homme qui seroit nourri dás l'ignorance, & qui auroit vescu toute sa vie parmy les Bestes, paruiendroit de luy-mesme, & par la force de sa raison, à quelque connoissance de la premiere cause, & de l'honneur qui luy est deu. Il ne pourroit remarquer le mouuement reiglé des Astres, qui rouleroient sur sa teste, & ce bel Ordre des saisons, sans soupçonner que toutes ces choses ne sont pas faites elles-mesmes, & qu'elles sont gouuernées par vn Maistre bien sage & bien prouident. Que s'il s'en trouuoit quelqu'vn, dont l'esprit n'eust point assez de force pour s'esleuer iusques là, il ne faudroit que fort peu trauailler à retirer cét homme de son ignorance, parce que de luy-mesme il y contribueroit beaucoup. Il ne faudroit qu'exciter les semences de pieté, qui sont cachées en luy: & comme nous voyons en l'eau qui se refroidit à l'air, il iroit plus auant en cette connoissance, que l'ayde qu'il receuroit des instructions ne le pourroit porter. De fait, ce que nos peres nous ont enseigné de l'existence de Dieu, de son pouuoir, de sa prouidence, & de sa bonté, s'est trouué si conforme à nostre raison, & à nos sentimens naturels, que la creance que nous en auons, a maintenant des fondemens bien plus fermes, que tous les enseignemens que nous auons receus de ceux qui nous ont esleuez. Nous pouuons dire à nos peres, ce que certains Samaritains disoient à vne femme ; Nous auons creu au commencement, à cause de ce que vous nous en auez dit; mais maintenant nostre creance est fondée sur nos propres sentimens. En effect, ie ne veux pas seulement dire, qu'il est plus difficile de nous arracher la connoissance que nous auons de Dieu, qu'il n'est de la faire auoir

à vn

à vn homme qui n'y auroit iamais esté instruit. Ce qui suffiroit pour monstrer que cette connoissance nous est plus naturelle que l'ignorance qui la contrarie. Ie veux dire, qu'il n'y a pas vn homme qui suiue toutes les opinions de son pere, & qui ne puisse estre desabusé de ce qui n'a autre fondement que l'instruction. C'est ce qui nous fait dire, qu'il faut bien que la connoissance de Dieu ait vn autre fondement que cette instruction, puis qu'il nous est impossible de nous en défaire. I'accorde pourtant bien, que le vice de quelques vns, que les mauuais raisonnemens, & les extrauagances de quelques autres, étoufent en eux presque toute cette connoissance. Mais ils se peuuent attester à eux-mesmes, auec combien de peines & de contraintes ils en sont venus iusques là. Ce qui deuroit suffire, pour leur persuader qu'ils ont esbranlé vne croyance qui leur estoit naturelle, & qu'il est impossible d'employer tant de violences, que contre ce qui est naturel. D'autre part ie les puis asseurer, qu'il leur reste encores des semences, qui se manifesteront en leurs temps, & qui monstreront que ce qui estoit obscurci, n'estoit en

Ce

cores pas éteint. Il en sera d'eux comme de beaucoup de Stoïciens, en qui les sentimens naturels qu'ils deuoient auoir du bien & du mal, estoient presque tous estoufez par les opinions qui les contrarioient, & par les preiugez de la secte : neantmoins pource que ces sentimens n'estoiét pas tout à fait perdus, ils se manifestoient durant les douleurs & les allechemens de la volupté, & faisoient voir à ces gens là qu'ils estoient conformes à leur nature. Cecy se peut encores expliquer par l'exemple de toutes les choses naturelles, dont les facultez paroissent enseuelies iusques à ce qu'elles soient réueillées, & comme ressuscitées par l'aide de quelque Agent qui leur est exterieur. La chaleur est naturelle à plusieurs corps que les Medecins disent estre chauds, encores qu'ils ne le soient pas toûjours actuellemét, & que quelquefois leur chaleur soit estoufée par vne grande froideur, qui feroit croire qu'ils seroient froids de leur nature, n'estoit que pour peu qu'ils soient aydez par la vertu de nostre estomác, ils monstrent que la froideur leur est estrangere, & qu'vne chaleur plus grande que celle de nostre estomac, est proprement leur vertu naturelle. Il en est ainsi des sentimens naturels que nous auons de Dieu. Ils ne paroissent point en quelques vns, qui ont vescu en la stupidité & en l'ignorance, iusques à ce qu'ils soient excitez par l'instruction. En quelques autres, ils sont autant contrariez par les extrauagances de l'Atheisme, que la chaleur du vin est quelquefois contrariée par la froideur des glaces qui l'enuironnent : ce qui n'empesche pas que ces sentimens ne nous soient aussi naturels que la chaleur l'est au vin, & aux autres corps dont i'ay parlé.

Il est encore des loix de la Nature, qui nous enseignent à seruir Dieu & honorer nos peres, comme des premiers principes des sciences qui nous enseignent, qu'il est impossible d'estre & de n'estre pas tout ensemble : qu'vn tout est plus grand que sa partie. Voila des principes dont beaucoup d'hommes n'ont iamais oüi parler, & qui ont esté contredits par autant d'extrauagances que l'a esté la prouidence de Dieu. Ils ne laissent pourtant pas d'estre d'vne verité fort euidente & fort naturelle. Ie dis qu'il en est tout de mesme des loix de la Nature. Elles ne sont point pratiquées par quelques vns qui les connoiffent, & font inconnuës à beaucoup d'autres qui n'en ont iamais ouï parler. Ce qui n'empefche pas qu'elles ne foient naturelles, & qu'elles ne foient d'vne verité fort euidente, comme ie monftreray cy-apres par beaucoup d'autres exemples. Mais maintenant ie ne veux apporter que la loy du talion, qui a efté pratiquée au commencement du monde, deuant que la mefchanceté des hommes fuft accreuë à tel poinct, qu'elle euft befoin d'eftre reprimée par la crainte des fupplices, qui font en quelque façon plus grands que les crimes. Cette loy eft encore pratiquée, au rapport de Lery, par ceux d'entre les hômes qui fuiuent plus la Nature, & au naturel defquels la couftume a moins apporté de changement. I'ay fouuent propofé cette mefme loy à beaucoup de differens perfonnages, qui n'en auoient iamais ouï parler, fans que la difference de leur humeur, ny le preiugé des couftumes de leur pays, ny vne pratique qu'ils auoient toute contraire, ait pû empefcher que tous enfemble ils ne diffent que cette loy eftoit tres-iufte, encore que quelques vns fe forgeaffent trop facilement de certains cas particuliers, esquels il leur sembloit impossible d'obseruer cette loy : aduoüans neantmoins que toutes les fois qu'elle se pouuoit obseruer, l'obseruation en estoit tres-iuste.

La seconde raison que Charon apporte contre les loix, & les enseignemens de la Nature, est prise de l'exemple de tous les hommes, qui trouuent auiourd'huy vne chose iuste, qui hier leur sembloit iniuste. Ie respons, que les sentimens que nous auons de la Nature ne s'effacent que fort rarement, comme cela se void dans les premiers principes, & dans les conclusions generales qui en sont immediatement tirées. Mais dans les cas particuliers il ne faut point trouuer estrange, si nous nous trompons souuent à discerner ce qui est iuste d'auec ce qui ne l'est pas, sur tout deuant que de l'auoir bien examiné. I'aduoüe encore qu'vn homme qui estoit moralement bon, peut deuenir meschant. Ce qui n'empesche pas qu'il ne luy reste de certains principes de iustice qui luy sont naturels, lesquels il s'efforce d'estouffer par vne suite d'actions vicieuses, & de mauuais raisonnemens. Et peut estre qu'il y reüssit

Cc iij

quelquefois, n'y ayant rien de si naturel qui ne puisse estre changé par la coustume, & par les habitudes contraires.

Nos Aduersaires nous obiectent, qu'il ne peut y auoir de maximes de droict qui soient naturelles, veu que dans la plufpart des affaires il se rencontre des contestations, ce qui ne seroit pas, disent-ils, si tous les hommes auoient des idées de ce droit naturel en leur esprit. Ie respons, suiuant les principes que i'ay desia posez, qu'il n'est pas necessaire que les maximes du droit naturel soient vniuersellement receuës. Secondement, qu'il se peut faire que ces maximes soient claires & bien euidentes à tout le monde, mais pour cela il ne s'ensuit pas que les consequences que l'on en tire, soient d'vne pareille euidence. Nostre esprit embrasse bien les reigles generales sans erreur: neantmoins il se trompe bien souuent, lors qu'il en veut faire l'application aux affaires particulieres. Les Iuges ne disputent iamais s'il faut rendre à vn chacun ce qui luy appartient, mais si c'est rendre à vn particulier ce qui luy appartient, que de le punir ou de le recompenser. Il en est de ces reigles de droit naturel, comme des maximes generales des Medecins, lesquelles sont fort vrayes & fort naturelles, n'y ayant rien de plus naturel que de conseruer vne chose par son semblable, & d'en destruire vne autre par son contraire. Cela n'empesche pas que dans leurs consultations, & dans l'application particuliere de ces maximes, ils ne rencontrent d'aussi grandes difficultez que celles qui rendent le iugement des procés difficiles entre les Iuges.

Enfin nos Aduersaires nous obiectent, que la Iustice ne peut pas estre naturelle, pource que c'est vne habitude, & que toutes les habitudes s'acquierent. Ie respons, que la plus grande difficulté de cette obiection consiste en l'ambiguité des paroles, n'estant pas necessaire que ce qui est naturel, ne puisse quelquefois estre acquis. S'il n'est entierement acquis, il est acreu & fortifié par les habitudes. D'ailleurs tout ce qui s'appelle habitude dans les Escholes, n'est pas vne vertu acquise, estant trescertain que ce qu'on appelle en Philosophie l'habitude des premiers principes des sciences, ne differe point de nostre entendement speculatif, qui est vne faculté naturelle. De mesme ce qu'on appelle l'habitude des maximes generales d'equité & de iustice, ne differe point de l'entendement practic, comme on parle dans les Escholes. Apres cela ie veux accorder à nos Aduersaires, que la Iustice est vne habitude acquise, par laquelle nostre volonté est portée à rendre à vn chacun ce qui luy est deu; cette habitude estant tres-vtile pour perfectionner nos facultez naturelles, & pour adioûter plus de facilité naturelle à leurs actions. Ce n'est pas que nostre volonté estant esclairée de nostre raison, ne se portast sans autre lumiere, à faire de bonnes actions; mais elle le fait encore mieux quand elle y a vne habitude. Nostre raison nous fait tousiours connoistre, qu'il est iuste de rendre à vn homme ce que nous sçauons luy appartenir; mais pour cela nous ne luy rendons pas tousiours, à cause que nous auons d'autres inclinations, & des habitudes toutes contraires, qui ont besoin d'estre corrigées par cette Iustice. Cela se peut expliquer par l'exemple de la Temperance, qui est vne vertu & vne habitude acquise, aussi bien que la Iustice, encore que la Nature, nostre raison, & nostre propre sentiment, nous ayent suffisamment instruit, & fait connoistre, sans habitude, qu'il y a vne certaine mediocrité de manger & de boire, & de prendre nos plaisirs. On pourroit dire la mesme chose du courage & de la prudence, & monstrer par là que nous faisons naturellement ce à quoy nous portent les habitudes.

Qu'il y a des loix qui ont esté vniuersellement reconnuës iustes, & pratiquées par tous les peuples de la terre.

CHAPITRE VIII.

JE ne puis m'empescher de reïterer en cét endroit le conseil que i'ay desia donné à tous ceux qui ont de la curiosité pour ces matieres, de s'adresser aux Theologiens Scholastiques, qui les ont examinées exactement. C'est dans leurs liures qu'ils apprendront que l'homme agissant tousiours pour vne certaine fin, se propose en toutes ses actions la recherche du bien, & la fuite du mal, qui est la premiere maxime de la Morale, sur laquelle sont fondées toutes les autres, comme seruir à Dieu, aimer la sobrieté, laquelle ils prouuent estre aussi naturelle à l'homme comme elle luy est vtile. Ils vous enseigneront que l'homme est naturellement doüé d'vne raison, qui de soy & de sa nature ne peut auoir pour object que des choses qui sont naturellement raisonnables. Ainsi la volonté se portant tousiours au bien, y ayant vne inclination naturelle pour son object naturel, qui est tousiours bon, il faut que cét object soit veritablement en la Nature, & qu'il precede l'action de la volonté, de mesme que ce qui est vray, precede l'action de l'entendement. Et comme la verité des choses ne despend point de la connoissance que nous en auons, de mesme la Iustice ne despend point de nostre volonté. Ce n'est point le iugement que nous en faisons, qui fait que la vertu consiste en vne mediocrité naturelle, que les excés & les defectuositez sont contre nature, & que la partie de l'homme la moins excellente, doit se laisser gouuerner par la plus excellente,

& assujettir toutes ses passions à la raison. Enfin ce n'est point nostre iugement, qui fait que les choses sont iustes ou iniustes, comme les autheurs que i'ay citez, le prouuent fort doctement. Pour moy ie veux agir plus populairement contre nos Aduersaires, & leur monstrer qu'il y a des loix naturelles, suiuant mesme la definition qu'il plaist à leur caprice d'en donner; sçauoir, qu'vne loy ne doit estre appellée naturelle que lors qu'elle est vniuersellement receuë. C'est ce que i'ay monstré estre tresfaux dans le Chapitre precedent, mais que ie veux aduoüer maintenant, apportant quantité de loix & de coustumes, qui ont esté generalement approuuées par tous les peuples du monde.

Ie commence par cette maxime, qui nous enseigne de ne faire à autruy, & de n'estimer iuste que ce que nous voudrions nous estre fait. Cette loy a esté reconnuë de tous les peuples, & approuuée en tous les siecles. Les Payens l'auoient appris de la Nature, les Iuifs la trouuoient en la loy de Moyse, & elle nous est recommandée en l'Euangile. Son approbation sera tousiours vniuerselle, sans que la pratique toute contraire de plusieurs particuliers, ny l'interest particulier de chacun de nous, ny l'affection que nous nous portons à nous-mesmes, au preiudice de celle que nous deuons aux autres, puissent empescher aucun hôme de trouuer cette loy tres iuste. Tout le môde ne la pratique pas, mais tout le monde croit qu'elle deuroit estre pratiquée, n'y ayant point de personne si interessée pour soy-mesme, qui n'y acquiesce en sa conscience: ny de personne si stupide, à qui elle ne soit dictée par les sentimens de la Nature, & qui ne la deuine par son propre raisonnement. De fait il n'y a point de païsant si grossier, qui en se plaignant d'vn tort qu'il aura receu de son voisin, n'adjouste: Si ie luy auois fait cela, il ne voudroit pas le souffrir.

Il a esté commandé en tous les pays d'honorer les peres & les meres, & ainsi la loy qui nous l'ordonne est naturelle, au moins si c'est vn signe qu'vne loy soit naturelle, lors qu'elle est receuë de tout le monde. Les parricides ne font point d'exception à cette loy, pource qu'ils en reconnoissent la iustice au mesme temps qu'ils la violent, y estans meus par des raisons apparentes, ou pluſtoſt tranſportez par leurs paſſions.

On nous obiecte que cette loy n'a pas eſté receuë par tout, pource qu'il y auoit vn pays où les enfans auoient accouſtumé de tuer leurs peres, & dés qu'ils auoient atteint vn certain âge, & vn certain terme de vieilleſſe, apres lequel ils iugeoient qu'on ne faiſoit plus que languir au monde, & qu'ainſi c'eſtoit leur rendre vn ſeruice tres-important que de les tuer. Ie reſpons, que ce pays là n'eſt plus au monde, & que peut eſtre n'y fut-il iamais. Ce n'eſt pas que ie vueille nier abſolument vne hiſtoire, qui eſt atteſtée par des autheurs fort celebres, & qui eſt creuë par beaucoup d'honneſtes gens, à qui ie dois cette complaiſance, de la receuoir cõme ſi elle eſtoit veritable. Ie ſupoſe doncques que parmy certains peuples il y a eu des loix qui obligeoient les enfans de tuer leurs peres. Mais en recompenſe ie ſouſtiens, que ceux qui meurtriſſoient ainſi leurs peres, reconnoiſſoient auſſi bien que nous l'equité de cette loy naturelle, qui exige de nous du ſeruice, & de l'amitié enuers nos peres. De fait, l'hiſtoire nous apprend, qu'ils ne commettoient ce parricide qu'à dessein de deliurer leurs peres des miseres de la vieillesse; ce qui ne se pouuant faire que par leur mort, ils s'imaginoient leur rendre beaucoup de seruices, & leur tesmoigner par là tout ce qu'ils deuoient d'affection. D'où on void que la loy qui nous prescrit de seruir nos peres, & de leur rendre tout ce que nous pouuons de tesmoignage d'amitié, a esté aussi bien reconnuë par les autheurs de ces coustumes parricides, qu'elle a esté par tous les autres peuples de la terre. En effet cette cruelle coustume n'estoit rien que l'effet d'vn ressentiment naturel qu'auoient ces Barbares, touchant le seruice qui est deu aux peres & aux meres. Ils reconnoissoient auec toutes les nations du monde, qu'il estoit iuste de rendre à son pere, tout ce qu'on pouuoit de bien & de seruice, estimant cette loy si equitable & si naturelle, que pour l'obseruer ils violoient quantité d'autres loix, dont ie parleray bien tost. Ainsi ie puis dire, qu'en ce qui concerne le seruice deu aux parens des parricides, ils n'en auoient point d'autres opinions que celles que nous auons, & qu'ils deuoient auoir. Ils n'erroient point en la These, comme on parle; leur erreur n'estoit qu'en l'hypothese, & en ce qu'ils s'imaginoient que de tuer leurs peres pour les deliurer des miseres de la vieillesse, c'estoit leur rendre le seruice qui leur estoit deu. Ils se trompoiét en cela bien fort, & pour obseruer vne des loix de la Nature, ils violoient quantité d'autres loix naturelles. Premierement ils pechoient contre la Nature, qui enseigne qu'il n'y a qu'vne sorte de mort qui soit naturelle. Cette Nature ne veut pas que les hommes aduancent la mort des vns des autres, auec des precipitations & des violences, s'estant reseruée d'executer cela elle-mesme, par des mouuemens qui sont plus seurs & moins accompagnez de douleurs, desquelles la Nature est fort ennemie. Outre que sans beaucoup raisonner, la Nature pouuoit faire comprendre à ces enragez, que puisque leurs peres leur auoient donné la vie, ils estoient obligez de la leur donner tout autant qu'ils pouuoient faire, ou qu'à tout le moins ils ne leur deuoient pas oster. Apres cela ils pouuoient bien reconnoistre qu'ils estoient trop officieux enuers leurs peres, lesquels ils forçoient de subir la mort, n'y en ayant presque pas vn qui ne preferast les incommoditez de la vieillesse à la douleur d'vne mort violente. Cela deuoit faire penser aux enfans, que lors qu'ils seroient arriuez au mesme âge ils auroient les mesmes sentimens que leurs peres. C'est d'où ils deuoient inferer, qu'ils violoient vne loy bien naturelle, & qu'ils pechoient contre la Nature, en ce qu'ils faisoient à autruy ce qu'ils eussent bien voulu ne leur estre pas fait. Enfin pas vn d'entr'eux n'ignoroit qu'il n'y a rien de plus naturel à l'homme que la vie, & rien qui soit plus contre la nature de l'homme, & qui la destruise entierement plus que la mort : ce qui seruiroit à faire voir que tout homicide est contre Nature. Sur tout il est euident, que le parricide de ces gens là choquoit beaucoup les loix de la Nature. D'où ie conclus, que puisque leurs coustumes conttarioient si fort à la Nature, il faut que nos loix qui sont contraires à ces coustumes, soient bien naturelles, & qu'ainsi ce soit vne des ordonnances de la Nature, de conseruer la vie à nos peres & meres.

C'est encore vne loy fort vniuerselle, celle qui enseigne que la liberté naturelle à tous à tous les hommes, & que l'esclauage est contre nature : sans qu'il se faille arrester à ce que quelques vns citent d'Aristote contre cette creance vniuerselle : car ce Philosophe n'a rien voulu dire autre chose, sinon qu'il naissoit des hommes, qui naturellement auoient l'esprit si mal fait, qu'ils estoient plus propres à obeïr aux autres, qu'à se gouuerner eux mesmes. Comme s'ils eussent esté des monstres, qui n'ayans pas les qualitez qui constituent la nature de l'homme, qu'en vn degré fort imparfait : ils ne deuoient rien pretendre aux priuileges de la liberté, qui suit cette Nature, & qui nous est naturelle, comme luy-mesme l'a remarqué. L'esclauage est vne chose forcée, & les sentimens de la Nature ont esté si puissans en cette occasion, que de se faire auoüer par tous ceux qui auoient le plus d'interest à les nier. Les Romains qui s'estoient asseruy presque tout le monde, & qui outre cela nourrissoient quantité d'esclaues, nous ont declaré par leurs loix, que la liberté est vne chose naturelle. Et ceux d'entr'eux qui ont exercé le plus de tyrannie sur leurs esclaues, n'ont pas laissé de celebrer à certains iours de l'année, la memoire de ces premiers temps bien-heureux, efquels on fuiuoit les loix de la Nature, fans qu'il y euft de difference entre les hommes. C'eſt ce qui nous monſtre qu'il faut que les ſentimens de la Nature ſoient bien forts, puis qu'vne couſtume ſi vniuerſelle, & continuée par tant de ſiecles, ne les a pû étoufer.

Ce que diſent nos Aduerſaires, que ce qui eſt vertu en vn pays, eſt vn vice en quelqu'autre, ne peut eſtre veritable, puis que la prudence a touſiours paſſé pour vertu en tous les pays du monde. C'eſt elle qui a rendu la vieilleſſe fort venerable par tout, au lieu que d'elle-meſme elle eſt effroyable & contemptible. Et ſans doute que les ieunes gens, qui ſont plus robuſtes que les vieux, ne leur auroient pas confié le gouuernement des Republiques, ſans le reſpect que l'on a touſiours eu pour la ſageſſe. Hors les intereſts particuliers, on ſe laiſſe touſiours conduire par le conſeil de ceux qu'on eſtime les plus prudens. Les autres vertus morales ont auſſi generalement eſté approuuées, & c'eſt par là que tous les grãds hommes ont acquis l'eſtime des peuples, &

sur la Sagesse de Charon. 419

toute leur authorité. De fait, ie ne croy pas qu'on peust nommer vne seule prouince où la liberté n'ait pas esté en honneur, où le courage & la vertu militaire n'ait pas esté respectée de tous les hommes. Il ne faut point s'imaginer d'exceptions, puis que cette vertu a esté également & vniuersellement honorée de toutes les nations de la terre, des Barbares & des Ciuilisées, de celles qui estoient fauorisées de la connoissance du vray Dieu, & de celles qui ne l'estoient pas.

Apres cela toutes les nations du monde ont estimé la fidelité & la reconnoissance, & ont eu en haine la trahison, la tromperie & l'ingratitude. La verité qui est l'objet de nostre entendement, est tellement naturel à l'homme, qu'il n'y eut iamais de prouince, où cette verité ne fust plus estimée que le mensonge, ny où il fust ordonné de mentir. Toutes les nations ont creu, que c'estoit vn grand crime que de violer la foy promise, & de se seruir du serment & des iuremens pour tromper ceux qui s'y fient.

Il n'a iamais esté permis de violer le droit d'hospitalité, qui a tousiours esté sainct & sacré parmy tous les hommes de la terre,

Dd ij

encore que bien souuent il ne soit pas assez respecté par quelques particuliers qui le prophanent, & qui en abusent. Ainsi il est souuent arriué à quelques Ambassadeurs d'estre outragez par ceux-là mesmes à qui ils estoient enuoyez : cependant on reconnoissoit bien le tort qu'on faisoit à des personnes qui sont en quelque façon sacrées, & que les peuples les plus barbares ont tousiours respecté.

Il n'y eut iamais de pays où il ne fust pas permis de defendre sa vie, & de repousser la force par la force. Cette loy est si puissamment escrite dans le cœur d'vn chacun de nous, qu'il n'y a point de consideration qui la puisse effacer. L'experience qui a fait voir que ces maniaques qui blasment les guerres, comme si elles estoient defenduës en l'Escriture, ont encore quelque reste de ce sens qui leur est commun auec les bestes, ne voulans point souffrir sans resistance, le mal qu'ils reçoiuent de leurs ennemis, & lors qu'ils se contraignent tant que de le souffrir, ils ne laissent pas de ressentir en leur esprit vne loy naturelle, qui contredit leur extrauagance.

De mesme il n'y eut iamais de prouince,

où il fust estimé iuste & legitime de retenir vn salaire accordé, & de frauder le droit des mercenaires. Ie souhaiterois que les disciples de Charon me designassent quelque endroit dans l'Amerique, où non seulement cela se pratiquast, mais encore où ce qui nous semble estre vne si grande meschanceté, fust authorisé par des loix. Ie souhaiterois en suite qu'ils me nommassent des pays, où les loix defendissent de rendre vn depost, qui auroit esté commis à la fidelité de leurs habitans. C'est ce qu'ils ne feront iamais, pource que rendre vn depost est vne chose si raisonnable, que si nous faisons tous les hommes iuges de ce different, lequel est le plus iuste de rendre ou de retenir ce qu'on nous a donné à garder, il n'y a personne qui sans deliberer, ne die, qu'il est fort iuste de le rendre. Il ne peut y auoir aucune consideration particuliere qui contrarie la Iustice de cette loy, encore que quelquefois il s'en rencontre qui en different l'execution. Comme si vn furieux me demandoit son espée, laquelle il m'auroit donné à garder. En ce cas, il faudroit attendre qu'il fust plus sage & plus retenu, sans que pour cela il me fust permis de disposer de cette espée à mon profit, & au preiudice des pretentions, qui doiuent estre conseruées à ce proprietaire. Et ainsi cette espée doit tousiours estre gardée en estat de luy estre renduë à luy, ou à ses proches : & ie suis obligé de conseruer la volonté de luy rendre, & le pouuoir de le faire.

Il ne me souuient pas d'auoir leu qu'il y ait de nation, où il soit commandé par les loix du pays, de tuer vn passant exprés pour luy dérober son argent, ou quelque autre chose de son bien. Comme cela est iniuste parmy nous, il l'a tousiours esté parmy les autres peuples du monde. Ce n'est pas que cette sorte de crime n'ait souuent esté pratiquée ailleurs de la mesme façon que nous la voyons pratiquer en France. Mesmes ie veux croire qu'il y a des pays où cette meschanceté n'est pas si rigoureusement punie. Tout ce que ie pretens, c'est qu'elle n'a iamais esté authorisée par les loix. De sorte que ceux qui nous demandent vne loy si vniuersellement receuë, qu'elle ne soit cõtredite par quelqu'autre loy, sont obligez de nous dire vn peuple qui ait fait des loix pour establir cette violence.

Ie ne sçaurois aussi m'imaginer qu'il y ait eu des pays en toutes les quatre parties du monde, où les loix defendissent aux maris d'aimer leurs femmes, & aux femmes d'aimer leurs maris, & de se procurer mutuellement tout ce qu'ils pouuoient contribuer à l'vtilité l'vn de l'autre. A quoy quelques vns adjoustent, qu'en tous les pays les hommes commandent aux femmes, & que les femmes sont obligées de leur obeïr. C'est ce que d'autres ne veulent pas auoüer, à cause de l'exemple de nos voisins, chez qui les femmes heritent des Sceptres & des Couronnes. Cela n'arriue pourtant iamais que lors qu'il ne se rencontre point de masles dans la maison Royale, ce qui monstre les priuileges de nostre sexe. La mesme chose se peut encores connoistre par l'inclination de ces peuples : car encores qu'ils respectent religieusement les loix de leur pays, & qu'ils y obeïssent auec fidelité, cependant ils en reconnoissent bien l'iniustice. Ils souhaitent plustost des Princes que des Princesses ; & s'il estoit à leur choix, on les verroit tousiours gouuernez par les Princes. Il n'est pas mesme iusques aux femmes, qui ne choisissent plustost vn

Dd iiij

Roy qu'vne Royne, si cela leur estoit permis: n'y ayant peut estre rien qui soit plus contraire à l'inclination des femmes, que de souffrir les commandemens d'vne femme. En effet, il semble bien plus naturel que ce soient les hommes qui commandent, & sans doute que la Nature le veut ainsi, puis qu'elle leur a donné toutes les qualitez qui peuuent seruir pour cela. Ie veux dire des forces de corps & d'esprit, beaucoup plus grandes que celles qui se rencontrent d'ordinaire aux femmes, dont la foiblesse naturelle nous aduertit, que c'est la Nature qui les a mis en nostre protection.

Il n'est pas possible de trouuer vne loy qui defende aux peres d'aimer leurs enfans, n'y ayant point de peuple si barbare, ny qui ait si fort renoncé aux sentimens de la Nature, que de defendre aux peres vne chose qui leur est si naturelle. I'ay mesme de la peine à croire que cette loy ait iamais esté enfrainte par aucune exception particuliere; car sans doute que ceux d'entre les peres, qui ont tesmoigné plus de haine pour leurs enfans, & qui les ont exposez, pechoient en cela auec remors, reconnoissans bien qu'vn pere estoit obligé d'aimer ses enfans, lors mesmes que d'autres considerations luy faisoient faire des actions fort contraires à cette amitié.

Ie pourrois encore apporter beaucoup d'autres loix & de coustumes, dont les vnes sont vniuersellement approuuées, encores qu'elles ne soient pas pratiquées par tout, les autres sont generalement pratiquées. Mais i'estime que cecy suffit contre Charon, qui ne nous demandoit qu'vn seul exemple d'vne loy qui fust estimée iuste par tous les peuples de la terre.

Qu'il y a des coustumes qui sont fondées sur des raisons naturelles, & plus conformes à la Nature que celles qui leur sont contraires.

CHAPITRE IX.

ENcores que le principal but de la doctrine de Charon, soit de monstrer que tout despend de l'opinion, & qu'il n'y a point de loy plus naturelle, ny de couſtume plus raiſonnable, que celles qui les contrarient : ſi eſt-ce qu'il n'a pû s'empeſcher de ſouſtenir, qu'il eſtoit plus naturel d'auoir pluſieurs femmes, d'aller nud, & de bruſler les corps morts, que d'en vſer ſuiuant nos couſtumes : leſquelles il reprend auec beaucoup d'aſſeurance. Il adiouſte neantmoins par modeſtie, qu'il peut bien s'eſtre trompé au iugement qu'il en fait; mais pourtant qu'il n'en croira rien, ſi on ne luy monſtre par d'autres raiſons contraires : car lors il dira, vous ſoyez le bienvenu : ie n'auois ces opinions, qu'en attendant que vous me les oſtaſſiez, & m'en donnaſſiez de meilleures. Pour moy i'eſtime, qu'encores que Charon euſt de grands dons d'eſprit & de iugement, qu'il y auoit de ſon temps quantité de ſçauans hommes, qui l'euſſent facilement deſabuſé s'ils euſſent daigné en prendre la peine : n'y ayant rien de ſi foible en tout ſon liure, que ce qu'il apporte contre ces trois couſtumes. Et i'eſpere faire voir, ſans beaucoup d'effort, que les opinions que nous en auons, ſont appuyées de raiſons & de fondemens plus probables, que ne ſont pas les obiections, auec lesquelles on s'efforce de les combatre.

Ie commence par cette coustume, qui nous defend d'auoir plusieurs femmes, & souftiens, auec le commun du peuple, que les Iuifs & les Mahometans, qui en vsent d'autre sorte, pechent en cela contre Nature, & contre la premiere de ses maximes, qui nous enseignent de n'obliger personne qu'à ce que nous voudrions nous estre fait. C'est à dire, que les hommes doiuent consulter là dessus leurs propres inclinations, qui leur enseigneront, que comme ils ne veulent point auoir de compagnons en la possession de leurs femmes, qu'aussi il est tres-iuste qu'vne femme possede son mary toute seule, sans auoir à le partager auec plusieurs autres, comme permet la loy de Mahomet. Charon deuoit considerer, que s'il eust esté femme, il n'eust pû approuuer cette coustume, & qu'ainsi il pechoit contre Nature: lors qu'il vouloit contraindre les femmes à vne chose, qu'en cas pareil il n'eust pas voulu luy estre faite.

Secondement, quand vous penserez que c'est nostre nature qui nous porte à nous aimer plus que nous n'aimons tous les autres : vous iugerez facilement, que nostre nature ne permet point que nous partagions auec d'autres des obiects que l'amour nous fait passer pour les plus grands de tous les biens. Les bestes, de qui Charon veut que nous aprenions à discerner ce qui est naturel, nous feront voir par quantité d'experiences, qu'elles veulent posseder les objects de leur amour toutes seules, & que la ialousie est vne passion fort naturelle, puis que la pluspart des combats qui se font entre les animaux de l'vn & de l'autre sexe, ne vient que d'auoir à partager l'obiect de leurs passions & de leurs desirs. D'ailleurs il est certain, que parmy nous cela apporteroit beaucoup de diuision dans les familles, & trauerseroit les enseignemens de la Nature, qui nous porte à la paix & l'vnion. Ce qui suffit pour nous faire voir, que ce dont la discorde est vne suite necessaire, doit necessairement estre contre Nature, aussi bien que contre les bonnes mœurs.

Apres cela l'experience nous enseigne, qu'vne amitié n'est iamais fort grande, ny telle que doit estre d'vn mary enuers sa femme, lors qu'elle est comme esparpillée à l'esgard de plusieurs personnes. Ainsi les hommes qui partagent leur amitié, ne peuuent point assez aimer leurs femmes, ny les femmes auoir tant d'affection pour leurs maris, dont elles voyent l'amitié estre partagée, n'y ayant rien de plus naturel que de ne rendre d'amitié qu'autant que nous en reconnoissons aux personnes qui nous aiment. D'autre part il est impossible, que parmy tant de femmes vn mary n'en aime vne plus que toutes les autres, ce qui se fait bien souuent par opinion, & quelquefois parce qu'elle est plus aimable. De sorte que les enfans de celle-là sont tousiours les plus aimez, encores que bien souuent ils le meritent moins : ce qui est directement contre la Nature, qui commande à vn pere de rendre également ce qu'il doit, à ceux qui sont également ses enfans. Cette mesme Nature nous asseure aussi, qu'il est iniuste que la consideration d'vne mere force les inclinations du pere, & contraigne son iugement en faueur de ceux qui le meritent moins, & à qui cette Nature a donné moins d'auantages naturels.

Il est encore plus considerable, que si la

Polygamie estoit receuë & pratiquée vniuersellemēt en tous les endroits du monde, qu'il ne s'y trouueroit point assez de femmes pour tous les hommes qui y sont. Nous le sçauons auec beaucoup de certitude; car puis que dans les pays Septemtrionaux, il ne se trouue de femmes que ce qu'il en faut pour les hommes qui y habitent : nous deuons croire, qu'au reste du monde il n'y a point tant de femmes que chaque homme en puisse auoir quatre legitimes, sans conter les Concubines. Il n'y a point de Naturaliste qui ne sçache, que dans tous les pays froids & humides il naist vn peu dauantage de filles que de garçons, & cela pour des causes qui peuuent estre prises du temperament. Ioint que si la Nature en vsoit autrement, on n'eust pas trouué dequoy assortir tout le monde, à cause que dans les Prouinces Septemtrionales communemēt elles ne viuent pas si long temps que les hommes. Au contraire dans les pays Meridionaux il naist dauantage d'hommes, aussi n'y viuent-ils pas si long temps, estans plus sujets aux maladies chaudes, qui les emportent en la fleur de leur âge. Partant puis qu'il y a plus d'hommes en Afrique

& en Asie que de femmes, comment seroit-il possible de donner si grand nombre de femmes à vn chacun des hommes qui y habitent? Nous en pouuons iuger par ce qui se fait en France, où il faudroit, suiuant le conte de Charon, qu'il restast quatre ou cinq fois autant de filles sans se marier, comme il reste d'hommes. Cependant si vous contez les Religieux & les autres Ecclesiastiques, auec ceux qui se font tuer à la guerre, sans se marier, vous verrez qu'il y a beaucoup plus d'hommes qui ne se marient point que de filles. Du temps de nos peres, les guerres ciuiles auoient diminué le nombre des hommes bien plus qu'il ne l'est pas maintenant. Neantmoins il s'est trouué assez d'hommes pour espouser toutes les filles. De fait, s'il nous est resté de vieilles filles de ce temps-là, il nous est pour le moins resté autant de vieux garçons. En vn mot, si la Nature eust voulu qu'vn seul homme eust eu quatre femmes, elle en eust fait quatre fois autant que nous en voyons, & les eust fait viure plus long temps qu'elles ne viuent. Mais direz vous, comment donc peuuent faire les Turcs, qui en ont vne si grande quantité? Ie respons, que c'est qu'ils en empruntent des autres nations. Outre qu'ils violentent la Nature en beaucoup de sortes. Premierement, vne partie d'entr'eux s'abandonne à des vices qui luy rendét le mariage odieux. D'ailleurs leur pays fourmille d'esclaues qui ne se marient iamais. Le nombre des Eunuques y est fort grand. Et pour en auoir on hazarde la vie d'vne grande quantité de petits garçons, dont il ne reschape que fort peu, en comparaison de ceux qui en meurent. Enfin la guerre, dont cette nation fait vne profession perpetuelle, y auance la mort de beaucoup d'hommes, & en empesche beaucoup d'autres de se marier. Ainsi il ne faut pas trouuer estrange, si ceux qui se marient, ne manquent pas de femmes. Que s'ils viuoient en ce pays là, suiuant la coustume des Chrestiens, desquels ils ont pris la place, ils verroient que la Nature ne met des femmes au monde, qu'à proportion des hommes qui y sont.

Ioignez encores à cela, que c'est la Nature qui oblige les peres de nourrir leurs enfans, de la mesme façon que les bestes le pratiquent à l'endroit de leurs productions. Or est-il que si tous les hommes auoient
plusieurs

plusieurs femmes, & vn grand nombre d'enfans, ils ne sçauroient les nourrir de leur trauail, comme il faut qu'ils fassent la pluspart. De sorte que puisque tout ce que peut faire vn pere, c'est de s'aquitter des deuoirs naturels à l'endroit d'vne femme, & d'vn petit nombre d'enfans : nous deuons croire qu'il est plus naturel & plus raisonnable qu'il n'en ait pas dauantage. Les bestes nous font en cela nostre leçon, suiuant la remarque d'vn grand personnage, qui a escrit, que parmy les animaux, dont le pere est obligé de contribuer à la nourriture des petits, vn seul s'acouple d'ordinaire auec vne seule, ainsi que ie l'ay expliqué plus au long dans la premiere Partie, n'ayant voulu citer cela qu'en passant, pour faire auoüer à nos Aduersaires, que les hommes qui sont obligez de nourrir leurs enfans, doiuent à l'imitation des bestes, se contenter d'vne seule femme.

Ma derniere raison ne peut qu'elle n'ait beaucoup de force, puis qu'elle est prise des inclinations les plus naturelles que la Nature ait mis en l'vn & en l'autre sexe. Ie parle de celles qui leur seruent de motif pour les porter au mariage, qui autrement seroit en horreur à beaucoup de personnes. Ces inclinations ont esté esgalement partagées, en sorte que les desirs & les contentemens de l'vn & de l'autre sexe se trouuent proportionnez. S'il y auoit de la disproportion, la Physique n'y pourroit trouuer autre supplément, que celuy que les Dames Romaines proposerent au Senat: ce que nostre Morale condamne, comme la cause de trop de desordres & de confusions. Cependant cette coustume est beaucoup moins contraire aux inclinations de la Nature, que la Polygamie, au sens que Charon la veut introduire. Ie me suis efforcé de paroistre obscur en cét endroit, & n'y estre pas entendu de tout le monde. Mais i'adjousteray plus clairement, que le mariage est, suiuant le prouerbe, vn meslange de commoditez & d'incommoditez : en sorte pourtant qu'vne seule femme suffit à vn homme pour toutes les commoditez du mariage, au lieu que le nombre des incommoditez croistroit par le nombre des femmes.

A toutes ces raisons que Charon pouuoit facilement s'imaginer, il n'oppose que l'exemple des loups, lequel n'est du tout point à propos, puis que selon sa confession, chaque loup ne peut pas auoir sa louue. Outre qu'il se trompe de croire, que ce soit la seule cause de leur sterilité. Il adjouste la coustume des Mahometans, qui font des armées si prodigieuses, à cause qu'vn mesme homme peut auoir plusieurs femmes. Ie respons, que quand la Polygamie seroit vn moyen asseuré pour multiplier beaucoup, on ne laisseroit pas de la reietter, à cause qu'en l'estat que le monde se trouue à present, cette coustume y introduiroit plus de maux & de desordres, qu'on ne receuroit de bien de cette grande multiplication, laquelle est maintenant si peu necessaire, que plusieurs croyent que la guerre & la peste sont des moyens, dont Dieu se sert tres-vtilement pour l'empescher. Et toutes les fois qu'on nous parle de cette question, nous deurions considerer, qu'au commencement, & en vn temps que la multiplication estoit beaucoup plus necessaire, Dieu ne crea pour Adam qu'vne seule femme, & ne voulut pas que les autres en eussent dauantage. Et i'ay monstré cy-dessus, que cette trop grande multiplication contrarioit les desseins de la Naturc, en ce qu'elle empeschoit la pluspart des peres de s'aquitter des deuoirs naturels enuers leurs enfans. Apres tout cela, ie soustiens que la Polygamie n'est point vn moyen pour peupler dauantage le monde: car pourueu que toutes les femmes soient mariées, comme elles sont en la Chrestienté, elles multiplieront dauantage, que si elles estoient plusieurs femmes d'vn seul mary. De fait, de toutes les prouinces du Turc, il n'y en a point de si peuplée que la France, l'Angleterre, & les Pays-bas. Aussi est-il fort certain, que si la dixiesme partie des femmes du grand Seigneur estoient mariées, suiuant nostre coustume, qu'elles laisseroient beaucoup plus de lignée, que ne fait pas tout ce grand nombre, qui n'est destiné qu'aux plaisirs d'vn seul: tesmoin ce qui est arriué de nostre temps. Il ne faut pas s'imaginer que la grandeur de ces armées Mahometanes, soit vn signe que l'Empire du Turc soit fort peuplé, mais seulement qu'il est plus grand & plus estendu. Ioint qu'il n'y a point de petit Royaume, qui ne fist de grandes armées, pourueu qu'on menast tout le monde à la guerre. En effet, toutes ces grandes inondations de peuples, qui ont ruiné l'Empire Romain, sont sorties d'vn petit coin de la terre, où la Polygamie, & la sagesse de Charon, estoient deux choses également inconnuës.

I'eusse finy ce Chapitre en cét endroit, n'estoit qu'il n'est pas trop long pour y ioindre les responses à toutes les obiections que Charon fait contre la coustume de se vestir: nous asseurant au Chapitre sixiéme du premier liure, que les habits sont inuentez pour esteindre la Nature : laquelle ayant pourueu tous les autres animaux de couuerture, il n'est pas à croire qu'elle ait plus maltraité l'homme. Mais Charon se deuoit souuenir, qu'ailleurs il n'approuue pas la nudité, non plus que le trop de façon que l'on met à s'habiller.

Il deuoit en suite considerer, que puis que les habits ne sont inuentez que pour conseruer nostre nature, & la garentir des contrarietez qui la destruisent, & qui corrompent nostre temperament naturel: qu'il n'y a pas d'apparence qu'ils soient faits pour esteindre nostre nature. I'aüoüe bien que la Nature nous a donné des peaux & des couuertures, qui nous garantissent le dedans: mais elles ont besoin elles-mesmes d'estre garanties, & d'estre mises à couuert des iniures de l'air. Quoy qu'on die, nous sommes plus nuds que ne sont pas les bestes, & c'est par le moyen des habits qu'il faut recompenser la couuerture que la Nature leur a donné de plumes, ou de poil. Encores voyons nous, que nonobstant tout cela, elles ne laissent pas de ressentir les intemperies de l'air. Nous en voyons estoufer de chaleur durant l'esté, & d'autres que les froidures de l'hyuer font mourir, à cause qu'elles n'ont pas l'industrie de se faire des habits. S'il falloit que nous imitassions toutes les actions des autres animaux, & toute leur stupidité, il faudroit se resoudre à mourir de froid pendant les neiges, ou de changer de climat toutes les fois qu'il arriue quelque changement en l'air.

Charon adjouste, que si les habits estoiët naturels, plusieurs nations ne seroient pas nuës. Ie respons, que veritablement nous ne naissons pas auec nos habits: mais que pour cela ils ne laissent pas d'estre naturels; c'est à dire, vtils & necessaires à la conseruation de nostre nature. I'ay monstré ailleurs, qu'il n'est pas necessaire, que tout ce qui est naturel, soit pratiqué de tout le mõ-de. I'adjousteray maintenant, qu'il y a si peu d'hommes qui aillent nuds, en comparaison des autres, qu'ils ne font point d'exception qui soit considerable. Encore n'est-ce que leur paresse & leur barbarie qui les empeschent de se vestir, & d'euiter par ce moyen mille incommoditez qu'ils reçoiuent de plusieurs sortes d'insectes, dont parlent ceux qui ont escrit l'histoire de ces peuples. Outre que les intemperies de leur air les retiennent presque tout le iour dans l'eau, ou à couuert de leurs cabanes, au lieu que la chaleur nous incommode beaucoup moins lors que nous sommes vestus: de sorte que ie ne comprend pas pourquoy Charon a escrit, que les habits ne seruent point contre la chaleur.

Il a encores plus grand tort lors qu'il nous defend de cacher certaines parties, lesquelles il soustient n'estre pas honteuses. Cependant il auoit dit ailleurs, que le peché les auoit renduës honteuses. D'où il s'ensuit qu'elles le sont maintenant, & qu'il les faut cacher. Ainsi nos Aduersaires ne peuuent tirer aucun aduantage de la nudité d'Adam, de laquelle ie me reserue de

Ee iiij

traiter exactement autre part. Aussi bien n'est-il icy question que des hommes tels qu'ils sont à present, & dans vn estat auquel la nudité desplaist à Dieu, & est defenduë par les bonnes loix. La nudité d'Adam n'estoit pas dangereuse ny honteuse, comme elle est maintenant. Toutes les parties de son corps estoient pleinement assujetties à sa raison. Toutes ses passions & tous ses mouuemens dependoient de sa volonté. Et ce n'est que par sa faute que l'homme y esprouue de la desobeïssance & des rebellions, qui outre qu'elles sont de honteuses marques de nostre foiblesse, elles découurent des pensées qu'on a interest de cacher à tout le monde. En suite de cela, la nudité est dangereuse, en ce qu'elle donne des occasions de pecher, qui sont empeschées par les habits. En effet, c'est vne imagination bien estrange de croire, comme font quelques-vns, que ce qui est caché, donne dauantage de desirs. C'est comme s'ils disoient, que le masque des femmes, leurs gans & leurs mouchoirs, donnent dauantage d'amour, que ne font pas leurs beautez naturelles ; & que la coustume que nous auons de voir des visages descouuerts, empesche les hommes de se laisser prendre par là.

Charon a beau dire, que les parties que nous appellons honteuses, sont aussi honnestes que le visage. Cela ne peut pas estre veritable, puis qu'elles sont sales, & qu'elles sont destinées pour l'euacuation des plus vilains excremens, se ressentans elles-mesmes bien fort de cette puanteur. De fait, puis que l'on se cache lors qu'on se descharge de ces excremens, il est aussi bien raisonnable qu'on cache les parties qui seruent à cela. Charon respond, qu'il n'est pas besoin de les couurir, pource que la Nature les a suffisamment caché, & les a mis à couuert de nos yeux. C'est d'où ie prouue contre luy, que c'est imiter la Nature que de s'habiller, & que comme elle a caché ces parties à nos propres yeux, elle nous instruit par là que nous les deuons cacher aux yeux des autres hommes, qui en prendroient dauantage d'horreur. Il n'y a rien de plus naturel, que de couurir ce que la Nature a couuert, & croire que comme elle a empesché que nous ne les voyons, qu'elle veut aussi que nous empeschions les autres de les voir. Sur tout ressouuenez vous, que cette sorte de parties est sans comparaison plus cachée dans les bestes, qu'elle n'est pas aux hommes. Car sans parler icy des oiseaux, dans lesquels tout ce qu'il y a de honteux est exactement couuert de leurs plumes; les bestes à quatre pieds ont la situation de leurs corps plus auantageuse pour cela, outre que leur queuë & leur poil seruent à cét office, qui ne peut estre recompensé en l'homme que par les habits. De sorte que la Nature, qui a donné à l'homme vne plus grande inclination pour l'honnesteté, luy doit aussi auoir donné l'inclination de se couurir, & de reparer par les habits cette sorte de nudité, qui proprement ne luy est pas naturelle.

Il reproche en suite à tous les hommes, qu'ils ont grand tort de se croire les maistres du môde, puis qu'ils n'osent aller nuds, & qu'ils empruntent les peaux des autres animaux. Ie dy que cela sert à monstrer leur superiorité, & que ces autres animaux sont faits pour leur seruice.

Il adjouste, que les habits ne sont point vtils contre le froid, puis que sous mesme air on va nud, ou vestu; que nous auons les parties les plus delicates toutes descouuer-

sur la Sagesse de Charon. 443

ees : d'où vient qu'vn gueux disoit, qu'il estoit tout visage, que plusieurs grands Capitaines alloient tousiours teste nuë. Ie respons, que l'on se peut bien accoustumer à supporter plus facilemét le froid, mais non pas sans en estre fort incommodé. De fait, encores que nous ayons le visage & les mains d'ordinaire découuertes, nous ne laissons pas d'y auoir beaucoup de froid, de les chaufer, & de les couurir pendant l'hyuer. Nous y souffririons encores dauantage de froid, & le trouuerions insupportable, n'estoit que le reste du corps estant bien eschaufé par les habits, leur communique vne partie de sa chaleur. Ainsi il ne faut pas s'estonner, si des femmes delicates se descouurent le sein au plus fort de l'hyuer, ce qu'elles ne feroient pas si d'ailleurs elles n'estoiét chargées d'habits. De mesme que durant les plus froides nuits nous auõs souuent vn bras hors du lict, sans y sentir aucun froid, qui nous incommode : d'autãt que ce bras est échaufé par la cõmunication qu'il a auec le reste du corps. De sorte que Charon raisonnoit tres-mal, lors que de la descouuerture du visage, il en tire vne cõsequence pour vne nudité toute entiere.

Apres il apporte l'authorité de Platon & de Varron. Dont l'vn dit, qu'il est vtile pour la santé de ne couurir ny la teste, ny les pieds: l'autre nous asseure, qu'on se descouuroit en presence des diuinitez Payennes & du Magistrat, plus pour la santé que pour la reuerence. Ie n'examine point ces citations, pource qu'il me suffit qu'il n'y est point parlé d'vne entiere nudité. Ioint que Charon ne s'en peut preualoir contre l'opinion commune, luy qui dit en son second liure, que la façon de saluër, dont vsent les Mahometans, est beaucoup meilleure, sans s'incommoder en plusieurs façons, comme nous faisons en nous descouurant au preiudice de la santé.

Pour la fin, il dit que l'inuention des maisons est plus ancienne, plus naturelle, & plus vniuerselle, que celle des vestemens, & sur tout qu'elle nous est commune auec les bestes. I'auouë que cette inuention est vn peu plus vniuerselle, mais ie nie qu'elle soit plus ancienne & plus naturelle; car les maisons ne peuuent estre naturelles, que les habits ne le soient. Et si la Nature & la raison enseignent aux hommes de se bastir des maisons contre le chaud & le froid, elle leur enseigne aussi, que puis qu'ils ne peuuent pas transporter les maisons à leur gré, toutes les fois que leurs affaires les appellent ailleurs, il est bien raisonnable qu'ils en ayent d'autres qui soient portatiues: l'vn ne pouuant pas estre naturel, que l'autre ne le soit semblablement.

De la coustume d'enterrer les morts.

CHAPITRE X.

Charon a fort bien reconnu que la coustume d'enterrer les corps morts est presque generale, ce qui est vn grãd indice qu'elle est en quelque façon naturelle, & qu'elle doit estre receuë vniuersellement, si ce n'est qu'elle contrarie à la foy, ou à la raison. A moins que cela, il n'est pas iuste que l'opinion particuliere de nostre Aduersaire, l'emporte sur vn sentiment si general.

Sa premiere obiection est prise de ce qu'il est plus noble d'estre consumé par le feu, qui est le plus noble de tous les elemens. C'est à quoy ie pourrois opposer quantité de difficultez, mais ie me contente de respõ-

dre, qu'il est encore plus noble de n'estre cõ-
sumé d'aucun element, & de ne deuoir sa
ruine qu'à soy mesme: ainsi qu'il arriue à
ceux que nous enterrons, comme ie monstreray en la suite de ce Chapitre.

Il veut que le feu soit ennemy de pourriture & de puanteur. Ce qui n'est point veritable, tesmoins ceux qui ont assisté au bruslement des corps, qui auoient esté condamnez au feu. Il dit que le feu est voisin du
Ciel, qui est vne question à laquelle ie ne
touche point, n'ayant pas entrepris de contredire Charon en tout ce qu'il a escrit. Il
me suffit de dire, que le feu dont nous nous
seruons, est extrememẽt impur, & n'appro-
chá iamais du Ciel. Il ajouste que le feu tiẽt
de la Diuinité, & que c'est vn signe de l'immortalité. C'est peut estre à cause qu'il s'e-
steint si facilement, & qu'il n'a du tout
point de resistence.

Ie monstreray cy-apres, que sans preiudicier à nostre opinion, nous pourrions bien
luy ayder à loüer l'excellence du feu; car
quãd nous le releuerions au dessus du Ciel,
& que nous rabaisserions la terre au dessous
du centre de tout le mõde, il seroit toûjours
mieux fait d'enterrer les corps morts, que de

les brusler. Ie ne sçaurois pourtant souffrir que Charon appelle la terre, le marc & l'ordure des elemens, puis que c'est vn element different de tous les autres, aussi pur & aussi simple que le reste. S'il y a du meslâge & de la confusion, il s'en rencontre aussi bien dâs nostre feu & dans nostre air, comme dans la terre, qui ne fut iamais la mere de corruption, ainsi que Charon l'appelle temerairement: ne considerant pas que les qualitez naturelles de la terre, la froideur & la secheresse, sont les conseruatrices des mixtes, & les ennemis de la pourriture. Que s'il estoit vray qu'elle fust mere de corruption, on pourroit dire, que ce seroit dans ses entrailles, que par cette raison il faudroit enseuelir les corps morts, qui ne tendent plus qu'à la corruption, suiuant le dessein de la Nature, qui se haste de les destruire, afin de les employer à quelqu'autre vsage.

Il adjouste, que c'est vne extreme ignominie que d'exposer aux vers des corps qui sont si excellens. A cela vn Naturaliste respondroit, que c'est le plus grand bien qui puisse arriuer à la chair d'vn corps mort, que d'estre r'animée par quelque forme viuante, & par vne ame sensitiue. Vn ver est bien plus excellét qu'vn corps mort: & c'est plustost l'intention de la Nature, d'engendrer vn nouueau corps par la corruptiõ d'vn autre, que de consumer cette matiere par le feu, laquelle elle veut reseruer pour d'autres desseins.

Pour la fin, il dit que c'est apparier l'hõme aux bestes. Ce que i'estime estre fort iuste; car puis qu'ils sont semblables en leur mort, & que leurs corps apres la separation de l'ame immortelle, sont de mesme nature: ie ne comprens pas pourquoy il y faille apporter tant de distinction. Au moins Charon ne peut s'offencer de ce que nous faisons, sans renoncer à sa doctrine, qui enseigne que la Nature nous a si peu distingué des bestes, que ce qui leur est naturel, ne nous peut pas estre contre nature.

Ie n'examine point l'exemple de l'agneau Paschal, lequel n'est du tout point à propos, i'ayme mieux apporter les preuues de l'opinion commune. Premierement, nous produisons l'exemple des premiers hommes, desquels il est parlé en l'histoire de Moyse, qui enterroient leurs morts, & qui suiuoiẽt en cela les enseignemens de la Nature, laquelle n'estoit pas encores corrompuë par
les

les opinions & par les couſtumes particulieres. Ie m'imagine que celle de brûler les corps morts n'ait iamais eſté introduite que par quelque mauuais exemple, ou par quelque ſorte de raiſon. Cette couſtume peut eſtre venuë en beaucoup de païs par force, comme chez les Carthaginois. Cela m'aide à conjecturer que cette façon de bruſler tous les corps, ne peut eſtre que mauuaiſe, venant d'vn mauuais principe, & n'ayant eſté introduite que par des tyrans. Les Patriarches qui eſtoient inſtruits en vne meilleure eſchole, en vſoient tout autrement. Il ſemble meſme qu'en cela Dieu nous ait voulu monſtrer noſtre deuoir, lors qu'il enterra le corps de Moyſe, afin de preuenir l'idolatrie : ce qui ſe pouuoit en quelque façon mieux faire, en le conſommant par les flammes, ſi cela euſt eſté auſſi naturel, & qu'il ne nous euſt pas voulu inſtruire de ce que nous deuions faire. Ie ſçay bien que cette ſorte de preuues ne plaira pas à beaucoup de perſonnes, auſſi ne m'en ſuis-ie voulu ſeruir que pour rendre le change à Charon, qui n'auoit pas bien examiné la difference

Ff

qu'il y auoit entre les restes de l'Agneau Paschal, & le corps d'vn homme mort.

Maintenant si nous considerons la nature des corps morts, nous apprendrons facilement en quel lieu ils doiuent estre mis. Pour cela, il ne faut que se souuenir que la terre est nostre lieu naturel, & que la Nature a donné aux hommes la surface de cette terre, afin d'y faire leur habitation tant qu'ils sont viuans: de mesme que les metaux, les pierres, & en general tous les corps qui ont plus de pesanteur que l'homme, ont esté placez par la Nature, dans le sein de la terre. D'où il s'ensuit, que puisque les corps des hommes acquierent plus de pesanteur par la mort qu'ils n'en auoient en leur vie, il faut les mettre plus bas qu'ils n'estoient lors qu'ils estoient viuans, afin de satisfaire à cette nouuelle pesanteur qui leur est suruenuë par la mort.

Ceux qui ne trouueront pas ce raisonnement assez fort, seront pourtant contraints d'auoüer, que la terre est le lieu naturel des corps morts, puisque c'est le seul element pour lequel ils ont de l'inclination, & où ils trouuent vn repos asseuré. Car si vous les consultez, &

sur la Sagesse de Charon.

que pour apprédre leur lieu naturel, vous les mettiez dans le feu, ou dans l'air, ou que les iettiez dãs l'eau, vous verrez qu'ils employeront tout ce qui leur reste de vertu, & tout le surcroist de leur pesanteur, pour se ioindre à la terre, & vous faire comprendre que c'est leur vray cêtre, & le lieu de leur repos. Apres cela vous comprendrez, que côme les esprits qui participent beaucoup de la nature de l'air & du feu, se sont euaporez par la mort, pour se ioindre au gros des Elemens, dont auparauant la mixtion ils auoient fait partie. De mesme il faut rendre à la terre ce qu'il y a de terrestre, c'est à dire, ce qui reste de ce corps, où la terre prédomine.

Mais ce qui me persuade principalement, que la façon d'enterrer les corps morts, est plus naturelle que celle de les brusler : c'est que comme il n'y a point de mort naturelle, que lors que la destruction de nostre estre se fait par l'inimitié naturelle des mesmes principes qu'ils composent, à cause que toutes les impressions des corps externes passent pour des violences & des passions contre nature. De mesme il n'est point naturel à vn corps mort d'estre consumé par le feu, ou par quelque autre agét exterieur. Il faut le mettre en lieu, où le feu, l'air, ny les animaux, ne puissent hâter sa destruction : qui pour estre naturelle, se doit faire par cette mesme inimitié, qui reste encore dans les Elemens qui le composent. La terre où l'on le met n'y doit rien côtribuer, non plus que les vers qui sont en cette terre, les corps morts s'y consumans par vne pourriture, qui est naturelle à tous les mixtes ; & ainsi toutes les autres façons de le destruire, ne luy sont pas si naturelles. Sur tout le bruslement luy est tout autant côtre nature, qu'il est opposé à la pourriture, & qu'il est côtre nature à tous les autres mixtes, ainsi que tous les Philosophes l'ont remarqué, apres Aristote en ses Meteores. Or le bruslement ne peut pas estre contre nature à toutes sortes de corps en general, & estre naturel à ceux, dont nous parlons, qui en font vne espece particuliere.

D'ailleurs, la raison nous enseigne d'oster de nostre presence tout ce qui accroist nostre affliction, & qui nous empesche de nous consoler d'vne perte où il n'y a plus de remede ; cela ne se peut faire apres la mort de nos amis, que par leur enterrement. Car de les exposer à l'air, ce seroit les mettre en veuë, & nous procurer à toute heure des renouuellemés d'affliction. Si on les faisoit brûler, il en resteroit des cendres, qui nous rafraichiroient vne memoire fort importune. Si on les precipite dans l'eau, ils reuiennent quelques iours apres plus hideux & plus effroyables qu'auparauant.

Puis apres c'est vne chose fort naturelle, que d'euiter la puanteur qui est ennemie de nostre nature. C'est ce qui ne se peut faire que par l'enterrement; car au lieu que l'odeur de ceux qu'on brusle immediatement apres vne mort violente, n'est simplement que desagreable; celle qui reuient des corps qui sont morts de longue maladie, & qui ont esté gardez quelque temps apres leur mort, est tout à fait insupportable. Outre qu'elle est fort dangereuse, pource que cela remplit l'air de vapeurs infectes, ennemies de nostre santé, & capables de causer la peste. Mesmes nous voyõs que ceux qui sont morts dans les batailles, & qui ne sont que demy enterrez, ou tout à fait exposez à l'air, le remplissent de vapeurs, qui apportẽt beaucoup de maladies. D'où vient que dans les Republiques bien policées, on enterroit les corps des bestes mortes, qui est vne coustume, dõt i'ay cy dessus tiré vn argument contre Charon, pour l'opinion commune.

Plusieurs estiment fort la coustume d'embaûmer les corps, & la trouuẽt fort naturelle. Pour moy i'auouë bien qu'elle est fort ancienne, puis qu'elle se pratiquoit en Egypte dés le temps de Ioseph; mais ie ne la trouue point naturelle. Car sans parler icy de certaines parties qu'il faut tousiours enterrer, il est certain que cette coustume est contraire à la nature particuliere d'vn corps mort, qui n'a plus aucune inclination que pour la corruption & la pourriture. Cela mesme contrarie le dessein de la nature vniuerselle, qui ne veut pas qu'on ait tant de soin de la conseruation des corps morts, ny qu'on empesche le dessein qu'elle a de les precipiter dans la ruine & dãs la destruction. Elle ne veut pas qu'aucune partie de cette matiere demeure inutile, & comme sans forme, ny que ce corps mort demeure toûjours en mesme estat. Elle se haste tant qu'elle peut de le destruire, & d'en separer les Elemens, afin de les employer ailleurs, & d'en accroistre le nombre de ses generations.

Encores y auroit-il plus de raison en cela, qu'en cette coustume barbare, qui se trouue dans les liures, touchant certains enfans qui mangeoient les corps de leurs peres, s'imaginans ne leur pouuoir pas donner vne sepulture plus honorable. Ie ne croy pourtant pas que cela soit iamais arriué : car mesme de cette façon il leur estoit impossible d'ensepulturer les corps de leurs peres, pource qu'ils récontroiēt

certaines parties trop dures pour estre mangées. Desorte que puis qu'ils enterroient ces
parties, il n'y auoit pas plus de mal d'enterrer
tout le reste. Ils eussent apres cela consideré,
que de ce qu'ils mãgeoient il n'y en auoit pas
la vingtiéme partie qui se conuertist en leur
substance, le reste estant changé en sales excremens. Desorte que la sépulture la plus honorable qu'ils dõnoient aux corps de leurs peres, estoit à proprement parler vn retrait. Ils
sçauoient outre cela, que cette coustume ne
pouuoit pas estre naturelle, n'y ayant rien qui
soit plus contraire à nostre nature, que de mã-
ger la chair d'vn corps mort de maladie. Sur
tout si la maladie a esté longue, & qu'elle ait
eu loisir de pourrir ce corps auãt la mort, il n'y
a rien de plus desagreable au goust, ny qui
puisse causer tant de maladies, lesquelles estãs
contre nature, la coustume qui les apporte, ne
peut pas estre plus naturelle. Et l'experience
nous apprend, qu'il n'y a rien de plus contraire
à la nature de l'homme, que le corps mort d'vn
autre homme. De là vient que l'infection qui
en sort, nous est plus insupportable que tout
autre, suiuãt cette maxime, qui passe pour vniuerselle en Physique, que plus vne chose est
parfaite en son estat naturel, plus elle est dangereuse apres sa corruption : iusques là que le

corps d'vn homme pourry nous feroit vn poifon tres-pernicieux. Apres cela, fans doute que ces peuples auoiét vne couftume de pouruoir aux corps morts, qui fe peut pratiquer en tout temps, & à l'égard de toutes fortes de corps. Or eft-il qu'il n'y auoit point d'apparence de manger les corps morts de pefte, ny de manger tous les hommes qui auoiét efté tuez en vne bataille. Ceux qui n'auoiét point d'enfans, ny d'autres parés, fuffent demeurez fans fepulture: n'eftât pas croyable que ces peuples euffent affez de charité pour fe réplir le corps de toute forte de charongnes. Enfin ceux qui croyent que la verole n'a commencé au môde que par la couftume des Ameriquains, qui fe mangent les vns les autres, ne croiront pas facilement que cela ait iamais efté pratiqué par les peuples, qui ont habité dans les autres parties du monde.

De forte que l'opinion commune eft tresbien fondée. De fait, encore que plufieurs nations ayent autrefois bruflé les corps morts, elles fe font enfin rägées au plus fort des voix, & ont abandonné leurs couftumes pour fuiure la noftre, qui eft, comme auoüent nos Aduerfaires, la plus ancienne & la plus generale.

FIN.

TABLE
ALPHABETIQVE
des matieres & choses plus remarquables contenuës en cet œuure.

A

Des Beilles, & de leur admirable police & industrieus artifice. Si conduites par l'instinct, ou par la raison, 207. & suiuans.

Action. Que toutes les actions qui se font auec promptitude, sont des productions de l'imagination, non de la raison, qui agit plus lentement, 175. 176. et suiuans. 196. 197.

De l'Ail, 41.

De l'Air. Que l'homme seul, entre tous les animaus, en dispose à sa volonté, 14.

De l'Ame vegetante, & de ses facultés, 78. 79.

Amitié. Que les bestes n'en sont pas capables, 104. 105. 106.

Animaus quelle part peuuent pretendre au monde, *Voyez* Monde.

Du soin que les hommes ont des autres animaus,

Table

Comparaison des bestes auec les captifs des Topinambours, 3. 4.

Que tous les Animaus ont esté creés pour le seruice de l'homme, 29. et suiuans.

De la diference qui les determine, 137. 138.

Que chaque espece d'Animaus a ses inclinations propres & particulieres, méme contraires à celles des autres, 373. 374.

Absurdité de Charon, voulant nous obliger à imiter les animaus les plus sauuages, & aprendre d'eus à viure selon la droite raison, 372. 374. & suiuans.

D'Aristipus, 278.

D'Aristote, 323.

Des Aspics, 41.

Des Aueugles qui ne manquent quasi jamais de sçauoir, lors qu'ils sont ariués aus lieus où ils ont coutume d'aler, 209.

B

Des Balenes, 35. 36.

Des Bestes, qu'elles n'ont ni raison ni raisonnement, 103. et suiuans insques à 210. Voyez Raison.

Bien. Que l'afection que nous auons pour les biens, cause la crainte de les perdre, 282. et suiu.

Si la crainte de les perdre nous les fait aimer dauantage, 285.

Des Bœufs du iardin de Suze, acoutumés à faire cent tours de roüe alentour d'vn puy, pour en tirer de l'eau, 206. 207.

Des Bois & forests, 23. 24.

Du Bouc, 218.

des matieres.

De la Brebis. que sa fuite voiant le loup, est vn efet de l'instinct, non de la raison, 116. *& suiu.*

Qu'il n'y a point d'antipathie entre ces deus animaus, 118. *& suinans.*

C

CAuse. Comment on peut dire que Dieu est la seule cause d'vn efet, 86. *et suiu.*

Que tous les efets ne doiuent pas se raporter à Dieu. *Là mesme.*

Du Centre du monde, 76.

Comment les choses pesantes y sont portées, ou attirées, 75. *& suiuans.*

Cerueau. que l'homme l'a beaucoup plus grand que les autres animaus, 139.

De la composition du Cerueau, tant aus hommes qu'aux bestes. Qu'elle ne sufit pas pour raisonner, 153. *& suiuans.*

De I. Cesar, 323.

Des Chiens, 376. 377.

Des Chiens couchans, de ceus des Bateleurs, & des Aueugles, comment instruits. Si ce qu'ils font après l'instruction, sont des efets d'vn raisonnement, ou de la pure imagination, 166. *et suiu.* 172. 181. *et suiu.*

Du Chien, qui pour sçauoir lequel de trois chemins aura esté celui de son maitre, en flairant seulement deus s'elance dans le troisiesme, sans s'arrester ni deliberer. Si cela est vn efet de la pure imagination, ou du raisonnemét, 195. *et sui.*

De quelles facultés se sert ce chien en cete ocasion, 197. 198.

Du Chien que Plutarque dit auoir veu en vn ba-

§ ij

Table

teau jeter des caillous dans vn vaiſſeau pour faire monter l'huile à laquelle il ne pouvoit toucher autrement, 200. 201.

De la Chymie, 29.

De Ciceron, 324.

Du Ciel. Que le Ciel dans ſon etenduë, & dans toutes ſes diuerſités, ne peut eſtre que pour l'homme ſeul, non pour les autres animaus, 5. 6. & ſuiuans.

Du mouvement des Cieus, voyés Mouvement.

De la domination & puiſſance que les Cieus ont ſur nos vies & ſur nos conditions, 10.

Qu'ils n'ont aucun pouuoir ſur nos volontés, là meſme.

De l'alteration qu'ils cauſent en nôtre ſanté, & des changemens que nôtre vie en reçoit, 10. 11.

Des Cigongnes, 230.

Des Cirons. La Nature vraiment admirable en la production d'iceus, 44. 45.

De Cyneas, 323.

De Claude Ceſar, 294.

Des Cometes. Seruent à l'homme ſeul, non aus beſtes, 18. 19.

Commandement. Que le gouuernement & commandement des hommes eſt plus naturel que celui des femmes, 424. 425.

De la conoiſſance de ſoi-méme, 335. & ſuiuans.

Qu'eſt-ce que ſe conoître ſoi-méme, 336. 337.

Qu'il n'eſt pas beſoin d'employer tout le temps de ſa vie à ſe conoître ſoi-méme. De l'Oracle de Delphe, 338. 339.

Calomnie de Charon contre les Philoſophes, 340.

des matieres.

Qu'il n'y a rien de si facile à aquerir que la conoissance de l'homme, 340. 341.

Rien de si conu que l'homme, 341. 342.

Que nous conoissons mieus que personne, la portée de toutes les puissances de nostre ame, 343. & suivans.

Qu'il n'y a que nous mémes qui sçachions les vertus morales que nous auons, & celles que nous n'auons pas, 353. 354.

Reponse au proverbe que l'on objecte, qu'vn chacun est aueugle en ce qui regarde ses defauts, 354. 355.

D'où vient que les honnestes gens ne se corigent pas de leurs defauts, s'ils les conoissent, 355. 356.

Reponse au reproche que plusieurs font aus hommes de Letres, de la trop bonne opinion qu'ils ont de leur sçauoir, 357. & suivans.

Que les plus grands hommes qui se meslent des Sciences, & à qui elles ont aquis plus de reputation, sont les mémes qui en ont plus mauuaise opinion, 358. 359. & suivans.

Qu'il n'y a point de plus asseuré moien de iuger de la bonté d'vn Liure, que de s'en raporter au iugement que l'Auteur en fait en sa preface, 360. Personne ne peut si bien iuger de nos trauaus, que nous-mémes, 361. & suivans.

Du Coq. De son chant. Pourquoi chanter la nuit, 229. 230.

Coutume. Qu'il y a des coutumes fondées sur des raisons naturelles, & plus conformes à la Nature, que celles qui leur sont contraires, 425. & suivans.

Coutume, *Voyez* Habitude.

D

Défiance. Qu'il n'est pas bon de se defier de tout, 290.

De Democrite, 298.

Depos. Qu'il n'est pas permis de le retenir, & d'en disposer à son profit, 421. 422.

Dieu. Que les sentimens que nous auons de Dieu, & nos inclinations à le seruir, sont naturels. Moyens pour le reconoître, 396. *& suiuans.*

De Diogenes, 278. 279.

De la Discipline & instruction dont les bestes sont capables. Qu'elle n'a aucun efet acompagné de raisonnement, 160. *et suiuans.* & 187. 188.

E

Eau. Qu'elle est froide naturellement. Ou, moiens pour reconoître que la froidure est naturelle à l'eau, 397. 399.

Des Elemens, 12.

Que l'homme s'en peut dire le maitre, 12. 13.

De l'Elephant, 32. 33.

Des Elephans portans des pieces de bois dans les fossés, où leurs compagnons estoient engagés, pour leur aider à en sortir; Histoire fabuleuse, 204. 205.

D'vn Elephant de Cochin, 205.

De l'Entendement, 313. 318.

Comment il peut estre empesché de bien faire ses actions, 315. 316.

De l'Esclauage. Que c'est vne chose contre Nature, 417.

des matieres.

De l'Eſtimatiue, & de ſes efets, ſelon quelques Philoſophes. Rejetée par l'Auteur, 58. *& ſuinans.*

F

Facultés de l'ame. Qu'vn homme peut les auoir toutes également parfaites, 304. *& ſuinans.*

Du Feu, 13.

Qu'il n'a point été creé pour les beſtes ; mais pour l'homme, luy ſeul pouuant tirer profit de ſes proprietés, 13. 14.

De l'excelence de cet element, 446.

Flaterie. Du reproche que Diogenes fit à Ariſtipe, 278. *et ſuinans.*

De la Fourmis, & de ſa préuoiance. Si conduite par l'inſtinct ou par la raiſon, 164. *et ſuinans.* & 378.

G

De la Generation & coruption de toutes choſes, 11.

Generation de l'homme. Comment ſe fait ſa conformation, & l'organiſation de ſes parties, 83. 84.

Que la chaleur naturelle, ni l'ame de la mere, ne ſont pas capables de faire cete organiſation, *Là meſme.*

De la Glace. Vtile à l'homme ſeul, 18.

H

Habits. Que les Lois diuines & humaines, la raiſon & la Nature méme, défendent à l'homme de ſe traueſtir en femme, 274. 275.

Que les Habits ne ſont point faits pour eteindre nôtre nature, comme veut Charon, 437.

§ iiij

Table

Du besoin que nous en auons, 437. 438.
Que les Habits sont naturels, 438.
De ceus qui vont nuds, sans habits, 439.
Que de la nudité du visage & des mains on ne doit point tirer vne consequence pour la nudité entiere du corps, 442. 443.
Que l'inuention des maisons n'est pas plus ancienne ni plus naturelle, quoi que plus vniuerselle, que celle des vestemens, 444. 445.
Habitude. Du grand pouuoir qu'elle a sur nous, changeant la nature de toutes nos facultés, empéchant méme l'entendement de raisonner & de iuger, 164. 165.
Des Habitudes de l'entendement, qui s'aquierent par raison, 189. 190.
Que tout ce qui s'apele Habitude dans les Escoles, n'est pas vne vertu aquise, 407. 408.
Des Herbes. Qu'il n'y en a point, pour vile & chetiue qu'elle soit, qui n'aie quelque vertu & proprieté particuliere vtile à l'homme, 26. 27. 28.
Les plus nobles & plus excelentes méprisées & delaissées par les bestes, 24. 25.
Des Hirondelles; de leur preuoiance, & industrieus artifice à former leurs nids. Si conduites par l'instinct, ou par la raison, 110. et suiu. & 230.
Homme. Qu'il est la fin du monde, le tout se raportant à lui comme à sa derniere fin, 2. et suiu. Les Cieus, les Elemens, les Mixtes creés pour l'vsage & le seruice de l'Homme principalement. Voyez Cieus, Elemens, Mixtes.

des matieres.

Que tous les autres animaus n'ont esté creés que pour son service, 29. *& suinans.*

Que son industrie recompense sa foiblesse corporelle, pour le garentir de la contrarieté des autres animaus ses ennemis plus forts que lui, 30.

L'Homme seul nai pour commander aus autres animaus, 31. 32.

Tous les animaus s'assujetissent à l'Homme, *là mesme.*

De la diference specifique de l'Homme: que c'est la raison, 131. *et suinans.*

Reponse à ceus qui veulent que ce soit conoitre Dieu. 134. 135.

Pourquoi l'Homme apelé petit monde, 211.

Contient toutes les facultés des autres substances, 211. 212.

Du droit d'Hospitalité: qu'il n'a iamais esté permis de le violer, 419. 420.

I

De l'IMagination, 346. 347.

Combien elle a de pouuoir sur nous, 165. *et suinans.*

Que les objets imaginés attirent à eus toutes les parties de nôtre corps, malgré même la resistance de la raison, 183. *et suinans.*

De l'Immortalité de l'ame: Des preuues d'icelle. Dessein de l'Auteur, 49. *et suinans.*

Insectes. Pourquoi la Nature en met de tant de sortes au monde, 39. 40. 43. *et suinans.*

Vtiles à l'homme, *là mesme.*

Instinct. Erreur de plusieurs touchant la signification de ce terme, 56. 57.

Diuerses opinions touchant l'Instinct, 58. *et suiuans.*

Que ce n'est point cete pretenduë & nouuelle faculté de l'ame, nommée Estimatiue, *la mesme.*

Qu'est-ce que l'Instinct : de sa nature, & en quoi il difere de la raison, 62. *et suiuans* 73. 74. 129. 130.

Des mouuemens de l'Instinct. 64.

Actions & mouuemens de l'Instinct en l'homme, 64. *et suiuans.*

Que ses actions & ses mouuemens doiuent estre estimés & dits naturels, non violens, 70. 71. 72.

Preuues de l'Instinct en general, 73. *& suiuans.*

De l'Instinct dans les pierres, arbres, & autres choses insensibles, 74. *& suiuans.*

Merueilleuse conduite de l'Instinct dans la conformation des animaus & l'organisation de toutes leurs parties, 82. 83.

Reponse à l'objection faite, touchant tant de corps si mal faicts, la science de Dieu n'étant non plus defectueuse que son pouuoir, 93. *& suiuans.*

Pourquoi en la formation des corps, Dieu ne perfectionne pas les esprits ou organes, auant que de les mettre en œuure, 99. 100. *& suiuans.*

Conduite admirable de l'Instinct en la preuoiance des fourmis, & en l'artifice industrieus des mouches à miel, 104. *et suiuans.*

des matieres.

Que les efets de la conduite de l'Instinct sont plus constans, plus certains & plus asseurés, que ceus qui se font par la conduite de la raison, 107. 108. 109.

Que le soin que les bestes ont de leurs petits, est vn témoignage de l'Instinct, non vne marque de Raison, 113. *et suiuans.*

Moien bien facile pour reconoitre la prouidence de Dieu en la conduite des animaus, & pour discerner les actions qui viennent de l'Instinct, d'auec celles qui se font par raison, 123. 124.

Reponse à l'objection : que si les bestes agissoient par Instinct, il s'ensuiuroit qu'elles seroient plus excelentes que nous, 125. 126.

Que ce n'est point vne temerité de preferer son propre Iugement à celui de tous les autres, 288. *et suiuans.*

Du Iugement : qu'est-ce ? 310. 313. 314.

Que le Iugement & la memoire requierent vne méme disposition, 311. 312.

Iugement speculatif & Iugement practic, 314.

D'où procede le defaut de Iugement, 314. 315. *et suiuans.*

Conditions requises pour faire vn bon esprit, & vn homme judicieus, 318.

Que l'on ne peut auoir de Iugement sans memoire ; Si bien la memoire sans Iugement, 318. 319.

Que le Iugement ne depend point d'vne disposition contraire à celle de la memoire, 319.

Table

D'où vient que plusieurs qui n'ont point de Iugement, ne laissent pas d'auoir la temperature du cerueau assés bonne. Comparés à ceus qui sont yvres, 317.

Comment se fait, que certaines personnes raisonnent naturellement fort bien, & paroissent fort iudicieus en ce qui concerne les afaires d'autrui, non pour ce qui regarde les leurs, *là mesme.*

Que le Iugement n'a rien d'incompatible auec la memoire, 318. *et suivans.* Comparé à la memoire artificielle, 321.

Plusieurs personnes tres-iudicieuses, qui auoiĕt la memoire excelente, 322. *et suivans.*

Comme l'entendement iuge des choses, 329. 330. *Voyez* Memoire.

De l'estime qu'vn chacun fait de son Iugement, 347. 348.

Que nous ne deuons point douter de ce que nous sçauons bien estre veritable, 292. 293.

Stupidité de Vitellius, & de Claude Cesar, 293. 294.

Permis à vn homme d'esprit de s'asseurer de son Iugement dans des ocasions & sur des sujets, où presque tous les hommes se méprennent tous les iours, 294. 295.

Que la verité se fait conoitre quelquefois si euidemment, qu'il faut estre hors du sens pour ne s'en raporter pas plutot à ce qu'elle nous en dit, qu'au Iugement de tout le reste des hommes ensemble, 296. *et suivans.*

Quelquefois la verité est si euidente, qu'elle se

des matieres.

fait conoitre par elle-méme, sans qu'il faille demander à quoi on la peut conoitre, 301. 392.

De la Iustice, 407. 408.

L

Des **L**Armes: qu'elles ne sont point inutiles, 281.

Permis de pleurer, quand on en a sujet, 281.

De la Liberté: que c'est vne chose naturelle à tous les hommes, 416. 417.

De la Logique, 300. 301.

Loi. Des Lois de la Nature, 383. 384.

Que les Lois ne laissent pas d'estre naturelles, encore qu'elles ne soient pas receuës vniuersellement par tous les hommes, 384. 385. *et suiuans*.

Qu'il n'est pas necessaire absolument qu'vne Loi naturelle soit aprouuée de tous les hommes, comme veut Charon, *là mesme*.

Reponse à quelques objections, 393. *et suiuans*.

Contre ce que Charon aporte, qu'vne chose sera estimée juste aujourd'hui par les hommes, qui leur sembloit hier injuste, 405.

Reponse à cette objection; qu'il ne peut y auoir de maximes de Droit qui soient naturelles, atendu que dans la pluspart des afaires il se rencontre des contestations, 406.

Qu'il y a des Lois qui ont esté vniuersellement reconuës iustes, & pratiquées par tous les peuples de la terre, 409. *et suiuans*.

Du Loup. Pourquoi il en veut plus à la brebis, qu'au reste des animaus, 118. 119.

Table

M

De la **M**Anne, 17.

De Martin Guerre, 298.

Medecine ordonnée à vn malade. Si la repugnance que le malade a quelquefois de prendre cete Medecine, est efet d'vn raisonnement, ou de la pure imagination, 168. *et suiuans.*

De la Mediocrité au boire & au manger. Du réproche qu'Aristipe fit à Diogenes lauant des chous, 278. *et suiuans.*

De la Mer. De la fin de sa creation, 14. 15. Plus en faueur de l'homme que des poissons, *là mesme.*

De la superiorité de l'homme sur la Mer, 16.

De la Memoire: qu'elle n'a rien d'incompatible auec le jugement, 305. *et suiuans.*

Que le temperament de la Memoire est sec, non pas humide, 306. 307.

Melancoliques ont la Memoire plus excelente que les phlegmatiques, *là mesme.*

Dormir immediatement apres le repas, étoufe la Memoire, 307.

Pourquoi retenir mieus au matin qu'au soir, 308.

L'humide prejudicie à la Memoire, 306. 307.

Que les enfans sont extremement oublieus, 309.

D'où vient qu'ils retiennent assés facilement

beaucoup de choses, 309. 310.

N'ont pas la Memoire si excelente que les hommes de 25. ans, 310.

Pourquoi vn ieune homme de vingt-cinq & trente ans a les facultés de l'ame si excelentes là mesme.

Que la Memoire & le iugement se peuuent rencontrer en vne méme personne, 311.

Pourquoi ceus qui ont bonne Memoire manquent souuent de iugement, 312. & suiuans.

Pourquoi les fols ont la Memoire bonne, mais sans iugement, 316.

Comme plusieurs n'ont ni Memoire ni iugement, plusieurs aussi ont l'vn & l'autre, 319. et suiuans.

Que la Memoire est absolument requise pour le iugement, 326. et suiuans.

Reponse à quelques objections, 330. & suiuans. Voyez Iugement.

Contre ceux qui se plaignent de n'auoir point de Memoire, 320.

D'vn homme qui n'auoit point du tout de Memoire, 327.

Qu'elle est aussi puissante que la presence de l'objet, & quelquefois dauantage, 168. et suiuans.

Que la Memoire d'vn mal estant renouuelée en l'imagination, excite des passions reelles, & fait des mouuemens pareils à ceus que fait le mal méme, 172. 173. et suiuans.

Table

Des Meteores, 16. et suiuans.
   Destinés aus vsages de l'homme, peu exceptés, là mesme.
Des Mineraus, Voyez Mixtes.
Des Mixtes, 21. et suiuans.
   Produits & faits pour les hommes seulement, là mesme.
   Que les bestes n'ont aucune part aus Mineraus, 21. 22.
   Que les Vegetaus ne seruent aus bestes pour leur nourriture seulement ; encor non pas tous, 23. 24.
   Que les plus nobles & les plus estimés entre les Vegetaus, ne sont que pour les hommes seulement, non pour les bestes aucunement, là mesme.
   Des Animaus, Voyez Animaus.
Monde creé pour l'homme, 2. et suiuans.
   Opinion contraire de Charon combatuë, là mesme.
   Comment se doit entendre la part que les autres animaus peuuent pretendre au Monde, aiant été fait en partie pour eus, là mesme.
   Que de tous les animaus il n'y a que l'homme, à qui tout le Monde serue, 5. et suiuans.
Des Monstres, & de leurs causes, 93. et suiuans.
Mouuement des Cieus : qu'il ne se fait point pour eus-mémes, ni pour vne fin qui leur soit vtile, 9.
Mouuemens diferens de trois sortes dans les conoissances & les actions de l'homme, 63. 64.
Du Mulet de Thales, qui tombant dans l'eau chargé

des matieres.

chargé de sel, & sentant sa charge devenuë plus legere, auoit coutume de s'y plonger quand il y passoit. Histoire fabuleuse, 198. 199.

N

Nature, qu'est-ce? 86.

Qu'il n'est pas necessaire que nous conoissions toutes les causes qui sont en la Nature, 222. et suiuans.

Opinion de Charon touchant les Lois de la Nature, 366. et suiuans.

Ce que signifie le mot de Nature, 372.

Absurdités de Charon sur ce même sujet, 371. et suiuans.

Du droit naturel, & des Lois naturelles, 383. 384. *Voyez* Loi.

De la Nudité. Opinion de Charon en faueur de la Nudité. Reponse à tout ce qu'il alegue pour cela, 436. 437. & suiuans.

De la Nudité d'Adam, 439. 440. *Voyez* Habits.

Que la Nudité est dangereuse, donnant des ocasions de pecher, 440.

Reponse à ce que Charon dit des parties honteuses, qu'elles sont aussi honnestes que le visage; Et qu'il n'est pas besoin de les couurir, la Nature les aiant sufisamment cachées, & mis à couuert de nos yeus, 441. 442.

Reponses à plusieurs autres instances de Charon, en faueur de la Nudité, 442. & suiuans.

O

De l'Odorat du chien: combien excelent, 195. & suiuans.

Table

De l'Oignon, 41.

Des Oisons. Qu'ils ne sont au monde que pour le seruice de l'homme. De leur vtilité, 3. 4.

D'vn Oison qui pressé de la soif, tiroit vne cheuille de bois, qui étoit au fond d'vn cuuier, pour en tirer de l'eau, 202. 203.

Opinion. Que l'opinion & l'auis du public est preferable au sentiment & iugement d'vn particulier, 149. 150.

P.

De la PArole : qu'elle est propre à l'homme. Extrauagances & contradictions de Charon, voulant nous persuader que les bestes parlent, 235. et suiuans

Comparaison des bestes auec les muëts & les petits enfans, en ce qui concerne la Parole, 236. 237. 240.

Diference entre les gestes des bestes & ceus des muëts, 237. 2, 8.

Que diuersifier la voix, tant aus bestes qu'aus muëts, n'est pas proprement parler, 239. 240.

Diference entre la Parole & la voix, 237. 239. 240.

Qu'vn petit enfant nourri parmi les bestes, ne parleroit point du tout, 241.

Vn sourd de naissance est muët, *là mesme*.

Que l'oüie ne sert que pour aprendre à parler, non pas à former la Parole, 241. 242.

Que la diuersité de la voix des bestes, leur est naturelle, & ne tient rien de la Parole, 237. 239. 240. *& suiuans*.

des matieres.

Du chant du rossignol, & des autres oiseaus, 242. 243.

Contre le reproche que Charon nous fait, que nous nions les bestes parler, seulement à cause que nous ne les entendons pas, 244. 245.

Que les bestes ne parlent point, 245. *& suiu.*

Comment les oiseaus peuuent aprendre à proferer quelques paroles, sans auoir la faculté de parler ni aucune sorte de raison, 247. *et suiu.*

Des Perroquets, 249. 250.

Peres & meres. La Loi naturelle nous commande de les honorer, 412.

De la Loi ordonnant de les tuer parmi certains peuples, lors qu'ils étoient paruenus à vn âge decrepit, 413.

Que ces parricides violoient quantité de loix, 415.

Philosophes. De leur sote vanité, 151.

Sujets à la méme foiblesse qu'ils reprochent au peuple, 151. 152.

Plus ignorans que sçauans, 152. 153.

Pierres & autres choses pesantes, portées ou atirées à leur centre par l'instinct seulement, 75. *et suiuans.*

Des Plantes. Toutes produites en faueur de l'homme: Peu pour les bestes, encor pour leur nouriture seulement. 22. *et suiuans.*

Que les bestes n'ont aucune part aus Plantes plus nobles & plus excelentes, 23. 24. 25.

Qu'entre les Plantes les plus viles & les plus chetives, il n'y en a pas vne qui ne soit ou ne puisse estre vtile aus hommes, 26. 27.

§§ ij

Table

Plantes conduites par l'instinct en leur figure & forme exterieure, 78. *et suiuans.*

Que la culture d'icelles les conserue en leur nature, & leur en facilite la perfection, 381. 382.

De Platon, 274, *et suiuans.*

Du Poison de plusieurs animaus. Vtile à l'homme, 38. 39. 40.

Des Poissons. Creés & produits pour la nouriture & le plaisir de l'homme, 35. 36.

De la Polygamie. Qu'elle est contre la Nature, & contre la premiere de ses maximes, De n'obliger personne qu'à ce que nous voudrions nous estre fait, 427. 428.

Inconveniens & desordres procedans de la Polygamie, 429. *et suiuans.*

Que les Turcs en cela violentent la Nature en plusieurs façons, 432.

Plusieurs autres raisons & considerations contre la Polygamie, 432. *et suiu.*

Reponse aus objections que l'on fait en faueur de la Polygamie, 434. 435.

Que la Polygamie n'est pas vn moien pour peupler dauantage le monde, 436.

De la Poudre à canon, 20.

Preuoiance. Diference entre celle de la fourmis & celle de l'homme, 104. 105.

De la Prudence, 418. 419.

R

Raison qu'est-ce? 372.

Que l'homme la tient de Dieu, non du Ciel, 8.

des matieres.

Que le Soleil n'en a point, 8. 9.

Qu'elle ne se contrarie point à elle-même; Et qu'elle n'est point à tous visages, 272. *et suiu.*

Raison. De l'opinion de ceux qui croient que les bestes aient l'vsage de raison. Comment & pourquoy les Libertins la soustiennent puissamment, 46. *et suiuans.*

Qu'elle ne contrarie point à la creance de l'immortalité de nôtre ame, 49. *& suiuans.*

Qu'elle ne contrarie non plus au passage de l'Ecriture Sainte, où il est dit, que *Les cheuaus & les mulets n'ont point d'intellect*, 54. 55.

Que les plus merueilleuses actions des bestes doiuent estre atribuées à l'instinct plutot qu'à la Raison, 103. *& suiuans.*

Que les bestes ne raisonnent point, 128. *et suiuans.*

La Raison est seule la diference specifique de l'homme, 131. *& suiuans.*

Impossible d'atribuer de la Raison à vne espece de bestes, qu'on ne l'atribuë à toutes les autres; qui seroit vne extrauagance, 138. 139.

Si les bestes raisonnoient, elles raisonneroient auec nous, & nous parleroient, 142.

Si elles estoient raisonnables, elles s'imagineroient des gestes significatifs, & comprendroient les nôtres, comme font les muets, 142. 143.

Elles aprendroient à écrire aussi-bien que les petits enfans, pour faciliter dauantage leur communication, 143. 144.

Qu'elles n'ont point du tout de Raison,

Table

aiant moins que les hommes hebetés, que les fols, furieus, & que les petis enfans, 144. *et suiuans.*

Reponſe à cete objection; que la compoſition du cerueau, dont l'ame ſe ſert pour raiſonner, étant toute pareille, & la méme dans les beſtes que dans les hommes, cela montre qu'elles raiſonnent, 153. *et ſuiuans.*

Reponſes à diuerſes autres objections faites en faueur du raiſonnement des beſtes, 156 *& ſuiu.*

Que les beſtes ne font point d'abſtractions vniuerſelles, 157. 158.

Qu'elles ne ſçauent point compter, 158. 159.

Reponſe à l'autorité de certains Philoſophes, qui ont ſoutenu la Raiſon des beſtes, 148. 149.

Que la diſcipline, dont les beſtes ſont capables, n'eſt point vne marque de leur Raiſon, 160. *et suiuans.*

Que la coutume eſt capable de leur faire faire ce qu'elles font par inſtruction, 164. 165.

Qu'en toutes les actions que les beſtes font par inſtruction, il n'y a que des efets d'vne imagination toute pure, aidée de la memoire ſeulement, ſans aucune aparence de Raiſon. Diuers exemples, 165. *et ſuiuans.*

Des Renards. Hiſtoire du Renard, duquel les Thraciens ſe ſeruoient pour conoitre ſi la glace d'vne riuiere étoit aſſés forte, pour porter eus & leur bagage: fabuleuſe, 191. *et ſuiuans.*

Des Reptiles ſur la terre. Vtiles à l'homme, 37.

Pourquoi infectés de poiſon : que ce poiſon y eſt neceſſaire; & que leur poiſon a ſes vſages

des matieres.

vtiles à l'homme, 37. 38. 39.

S

Sagesse. Absurdité de Charon, enseignant à tous les hommes, qui veulent paruenir à la vraie Sagesse, de suiure leur nature, sans se soucier des opinions, 379. 380.

Des Saisons de l'année: que le changement d'icelles ne se fait que pour le bien de l'homme, 6. 7. L'homme seul tire profit de cete diuersité des Saisons, 7.

De la Saliue, & de ses qualités, 265. 266.

Science. Absurdité de Charon, enseignant que les Sciences étoufent la nature de l'homme, & ses bonnes inclinations, 380. 381.

Que toutes les Sciences seruent à produire ou perfectionner les inclinations de l'homme, *Là mesme.*

Des Scorpions, 41.

Sens plus excelens les vns que les autres, 217.

De la certitude des Sens, 257. *et suiuans.*

Moyens par lesquels ils se peuuent tromper: autrement non, 258.

Reponse à ce que l'on alegué, qu'au retentir d'vn valon, on oit le son d'vne trompete, comme venant de deuant nous, encore que la trompete soit derriere, 258. 259.

De la nature & du pouuoir des objets externes receus par les Sens, & communiqués à l'ame, 260. 261.

De ceus qui détournent la veuë en se faisant saigner, 261.

§§ iiij

Table

Contre ce que Charon aporte, que la douleur & le sentiment renuersent toutes les resolutions de vertu & de science, 261. 262.

De l'etonnement que la veuë d'vn precipice cause à ceus qui sont en lieu asseuré, 262.

Reponse à ce que Charon dit, qu'il ne se faut pas fier aux Sens, parce que souuent ils sont trompez par l'entendement, 263.

Pourquoi les yeus ne découurent pas toute la grandeur des Astres, 263. 264.

Pourquoi vne tour quarrée paroitre de loin ronde, 264.

Pourquoi vn bâton paroitre courbé dans l'eau, là mesme.

Absurdités de Charon, 266. 267.

Objection d'vne bale d'arquebuse, laquelle touchée auec le second doigt, celui du milieu étant pardessus entrelassé, paroit double, 267. *& suiuans.*

De certaines bagues & autres figures qui nous trompent, 269. 270.

Extrauagance de quelques anciens Philosophes, 271.

Du 6. Sens établi par Charon. 210. 217.

Que l'homme ne l'aiant pas, les autres animaus ne le peuuent & ne doiuent l'auoir. 210. *et sui.*

Que ce 6. Sens ne peut estre, n'y aiant point d'organe particulier pour lui, comme il y en a pour les autres Sens, 216. *& suiuans.*

Que ce seroit contre la fin pour laquelle l'homme a été mis au monde, s'il n'auoit pas ce 6. Sens, 221. 222.

des matieres.

Il n'y a point d'aparence que la Nature en euſt priué l'homme, 225. 226.

Que les beſtes ne doiuent point l'auoir non plus que l'homme, ne leur étant neceſſaire, 226. 217.

Que le chant du coq n'eſt point vn efet d'vn ſixieſme Sens, 228. 229.

Reponſe à l'objection du préſentiment que quelques oiſeaus ont du changement des ſaiſons & du temps, 230. 231.

Reponſe à cete autre, que les qualités oculte̅s ne nous ſont inconuës, qu'à cauſe que nous n'auons pas aſſés de Sens externes pour les conoître, 233. 234.

Sentiment. Que les beſtes l'ont plus excelent que les hommes, & que c'eſt la diference qui les determine, 137. 138.

Que l'homme ne doit pas auoir le Sentiment ſi parfait que les beſtes, 214.

Qu'il étoit bien neceſſaire que les hommes euſſent autant d'eſpeces de Sentiment que les beſtes, mais non pas qu'ils l'euſſent auſſi excelent, 215. 216.

Sepulture. De la coutume d'enterrer les morts, 445. *et ſuiuans.*

Reponſe à ce que Charon dit, qu'il eſt plus noble d'eſtre conſumé par le feu, *là méſme.*

Reponſes à pluſieurs autres objections du méme Charon, contre l'enterrement des morts, 447. 448.

Que la coutume d'enterrer les corps morts eſt plus anciéñe & meilleure, que celle de les

Table

bruler, 451. 452.

Que la coutume de les embaumer, n'est point naturelle, & qu'elle contrarie au dessein de la Nature, 453. 454.

De la coutume barbare de certains enfans, qui mangent les corps de leurs peres, 454. 455.

De Socrates, 299.

De Solon, 279.

Substance. Que les plus nobles Substances contiennent tout ce qu'il y a de degrés de perfection & de facultés dans les autres Substances d'vne espece moins excelente, 211. *& suiuans.*

T

Des Taupes. Si elles ont le sens de la veuë, 216. 219.

Du Taureau, 32.

De la Terre. En la disposition & sous la puissance de l'homme, non des bestes, 15. 16.

Qu'elle ne fut iamais mere de corruption, comme Charon l'apéle, 447.

De Themistocle, 322.

Du Tonnerre. Vtile à l'homme, non aus bestes, 19. 20.

De la Tristesse. Naturelle à l'ame, non volontaire, 280.

Que nous deuons nous atrister des priuations de nôtre bien, *Là mesme.*

V

Des Vegetaus, *Voyez* Mixtes.

Des Vents. Vtils à l'homme seul, & en sa disposition pour s'en seruir, non des autres animaus, 18.

des matieres.

Des Vers à soie, 44.

Vertu. Que la Vertu est reconuë Vertu vniuersellement; contre quelques-vns qui disent que ce qui est Vertu en vn païs, est vn vice en quelque autre, 418. *& suiuans.*

Vestemens, *Voyez* Habits.

De la Veuë, 219. 220.

Vie. Que la Loi naturelle permet de defendre sa Vie, & de repousser la force par la force, 420.

Des Viperes, 38.

Pourquoi venimeuses, 40.

De Vitellius, 292.

Volonté. De sa determination aus actions que nous faisons, 161. 162.

X

De Xerxés, 16.

Z

Zoophytes, 212.

FIN.

Extraict du Priuilege du Roy.

PAr grace & Priuilege du Roy, il est permis à Clavde le Grovt & Iean le Mire, Marchands Libraires à Paris, de faire imprimer, vendre & debiter le present Liure intitulé: *Considerations sur la Sagesse de P. Charon*, composé par P. G. D. en M. durant le temps & espace de huict ans: Et defenses sont faites à tous autres de le faire imprimer, contrefaire ny alterer, à peine de confiscation des exemplaires, & de deux mil liures d'amande; comme il est plus amplement contenu aux Lettres de Priuilege, obtenuës le 30. iour de Ianuier 1643.

Et Signées,

CROISET.

Les Lecteurs sont priez de corriger les fautes qui suivent, & d'excuser toutes les autres.

Page 2. ligne 29. lisez : ne soit en partie. p. 3. l. 21. lisez : raison pour lesquelles elles sont placées. p. 9. l. 17. lisez : qui leur soit. l. 18. lisez : mais elles. l. 27. effacez tous. p. 17. l. 8. lisez : la Nature. p. 19. l. 24. lisez : expérimentées l. 26. lisez : & nous a porté. p. 23. l. 12. lisez : dont la Nature semble auoir si fort negligé quelques-vns, qu'ils. l. 25 lisez qu'ils. p. 31. l. 14. lisez : qu'elles ont. p. 32. l. 6. lisez : d'autres s'assujettissent aux hommes, comme cela se void aux chiens. p. 33. l. 14. lisez : le feroit. p. 35. l. 22. lisez : hardis pour attaquer les balaines, afin de les estouffer, en leur bouchant les auenuës de la respiration, où les cramponner. p. 36. l. 9. lisez : si les Oisons. p. 40. l. 3. lisez : les poux & les vers. p. 42. l. 18. lisez : s'il ne nourrissoit. p. 44. l. 10. lisez : se rapporte. p. 49. l. 18. lisez : estimé tres-faux. p. 50. l. 3. lisez : qu'elle fait. p. 51. l. 23. lisez : ne se peust. p. 52. l. 3. lisez : creus. p. 53. l. 23. lisez : au cours de l'Euangile. p. 54. l. 3. lisez : pource que la Philosophie ne contrarie en rien ce qui. l. 27. lisez : que nous entendons. p. 61. l. 27. lisez : qu'elle est en ce sujet. p. 80. l. 27. lisez : monstrer que la nourriture & les autres actions que les plantes ont communes auec nous, se font par des parties que les Liures de cette sciente nomment similaires & homogenes. p. 83. l. 7. lisez : j'accorde toutes. l. 24. lisez : heterogenes. p. 91. l. 20. lisez : si apres qu'vn Philosophe auroit monstré que le monde a commencé, il prouuoit. p. 93. l. 10. lisez structure de nos organes. p. 94. l. 24. lisez : lesquelles ne font. l. 25. lisez : n'est pas suffisante. p. 97. l. 3. lisez : de sa fin. p. 100. l. 16. lisez : ausquels son instinct. p. 101. l. 24. lisez : on seroit. p. 104. l. 10. lisez : toute leur raison. p. 106. l. 15. lisez : blé doiue germer. p. 107. l. 6. lisez : assez les admirer. p. 109. l. 26. lisez : ie n'excuse. p. 112. l. 16. lisez : d'aide de la. l. 21. lisez : leurs nids. p. 115. l. 10. lisez : leurs enfans. p. 118. l. 16. lisez : seruira. l. 20. lisez : n'ont pas. p. 125. l. 10. lisez : qu'vne miserable objection. p. 137. l. 20. lisez : en rappellant les esprits. p. 138. l. 19. lisez chantées p. 149, l. 25, lisez : qu'on luy fait. p. 151, l. 5, lisez : ne s'estendent pas fort loin. p. 155, l. 5. effacez externes p. 156, l. 19, lisez : pour nous rauir les sens par la douceur de les accords. p. 157, l. 18, lisez : & des especes. p. 158, l. 5, lisez : est de se changer p. 168, l. 8, lisez : peine à comprendre. p. 175, l. 26, lisez : ne se renouuellent. p. 179. l. 26, lisez : dans les bestes. p. 187. l. 26, lisez : peuuent s'arrester. p. 201, l. 6, effacez pour moins. p. 205, l. 15, lisez é de Portugal. p. 210, l. 5, lisez : le nombre. p. 222, l. 4, lisez : la reconnoistre. p. 223, l. 6, lisez : ignorerions. p. 245, l. 21, lisez : le ris & les souspirs.

Fautes à corriger en la seconde Partie.

Pag. 255, l. 8, lisez : s'attachast. p. 268, l. 16, lisez : forcée & contrainte. p. 270, l. 9, lisez : nous aurions p. 274, l. 26, lisez : impertinente. p. 275, l. 16, lisez : auoir persuadé. l. 26, lisez : distinction. p. 281, l. 27, lisez : condamnoient. p. 283, l. 24, lisez : Thrascas. p. 289, l. 4, lisez : qu'ils trouuent. p. 292, l. 28. lisez : qu'eux aussi n'en. p. 297, l. 13, lisez : Menechme. p. 302. l. 12, lisez : ce seroit estre ridicule. p. 315. l. 20, lisez : qu'aucune disposition Physique n'est contraire. p. 316, l. 21, lisez : grande chaleur dans les esprits. p. 320, l. 2. lisez : beaucoup d'hommes. p. 322, l. 17, lisez : Politiques. p. 322. l. 25. lisez : l'exemple. p. 327, l. 25, lisez : qu'on luy pouuoit. p. 332, l. 4, lisez : vostre. p. 335, l. 26, lisez : d'auantages naturels. p. 352. l. 22. lisez : preferent. p. 354, l. 19, lisés : petites choses ausquelles. p. 355, l. 27, lisés : maladies connuës. p. 365. l. 16, lisés : j'en aurois besoin de beaucoup dauantage pour l'entendre. p. 367, l. 16. lisés : il adjouste. p. 369, l. 5, lisés : du Chapitre. p. 378, l. 12, lisés : elle puisse estre contrariée. l. 20, lisés : elles ont. p. 385, l. 21, lisés : telle que. l. 25, lisés : Chapitre iusques à la fin. p. 386, l. 16, effacés : Autheurs. p. 388, l. 18, lisés : n'est pas. p. 390, l. 5, lisés : qu'on eust. p. 410, l. 5. lisés : societé. p. 414, l. 24, lisés : ces parricides. p. 415, l. 12, lisés : les vns des autres. p. 415, l. 27, lisés : celle qui. p. 419, l. 3. lisés : la liberalité. p. 446, l. 16, lisés : n'approcha.

www.ingramcontent.com/pod-product-compliance
Lightning Source LLC
Chambersburg PA
CBHW050555230426

43670CB00009B/1133